U0851767

铁路客运岗位业务指导丛书

铁路客运业务知识问答

王淑霞 主 编
董雅敬 李 珂 副主编

中国铁道出版社有限公司

2021年·北 京

内 容 简 介

本书共分为 23 个部分，主要对铁路职业道德、铁路相关法律法规、铁路基本规章、铁路客运规章、铁路旅客运输安全管理、铁路旅客车票实名制管理、铁路电子客票、客运站旅客服务作业标准、应急处置及中国国家铁路集团有限公司客运相关文电进行了全面的梳理和归纳总结。

本书为铁路客运相关岗位职工培训教材，适用于铁路客运职业技能竞赛参赛者赛前培训使用，也可作为铁路客运相关专业技术人员和管理干部日常学习参考。

图书在版编目(CIP)数据

铁路客运业务知识问答/王淑霞主编．—北京：中国铁道出版社有限公司，2021.9
(铁路客运岗位业务指导丛书)
ISBN 978-7-113-28361-2

Ⅰ.①铁… Ⅱ.①王… Ⅲ.①铁路运输-旅客运输-问题解答 Ⅳ.①U293-44

中国版本图书馆 CIP 数据核字(2021)第 185673 号

书　　名：**铁路客运业务知识问答**
作　　者：王淑霞

责任编辑：薛丽娜　　　**编辑部电话**：(010)51873023
封面设计：刘　莎
责任校对：焦桂荣
责任印制：高春晓

出版发行：中国铁道出版社有限公司(100054，北京市西城区右安门西街 8 号)
网　　址：http://www.tdpress.com
印　　刷：三河市国英印务有限公司
版　　次：2021 年 9 月第 1 版　2021 年 9 月第 1 次印刷
开　　本：880 mm×1 230 mm 1/32　**印张**：11.25　**字数**：226 千
书　　号：ISBN 978-7-113-28361-2
定　　价：45.00 元

版权所有　侵权必究

凡购买铁道版图书，如有印制质量问题，请与本社读者服务部联系调换。电话：(010)51873174
打击盗版举报电话：(010)63549461

前 言

随着铁路的快速发展和新技术、新设备的大量投入使用，对铁路职工的综合素养和业务素质提出了更高的要求。为了全面提高客运职工业务素质，调动广大职工学业务、练技能的积极性，在2009—2019年举办了四届“全路客运系统职业技能竞赛”。针对“全路客运职业技能竞赛”比武选手备赛需要准备大量的业务知识书籍的情况，本书结合2009年、2012年、2015年、2019年、2021年《关于客运系统职业技能竞赛参考书目》，特编写了《铁路客运系统业务知识问答》一书。

此书本着实际、实用的原则，对铁路职业道德、铁路相关法律法规、铁路基本规章、铁路客运规章、铁路旅客运输安全管理、铁路旅客车票实名制管理、铁路电子客票、客运站旅客服务作业标准、应急处置及中国国家铁路集团有限公司客运相关文电进行了全面的梳理和归纳总结。全书采用问答的形式，简单易学，通俗易懂，力求做到表达准确、重点突出、结构严谨、切合实际。本书可作为铁路客运相关岗位职工培训教材，尤其适用于铁路客运职业技能竞赛参赛者赛前培训使用，本书也可作为铁路客运相关专业技术人员和管理干部日常学习参考。

全书由大秦铁路股份有限公司职工培训基地王淑霞主编，大秦铁路股份有限公司太原站董雅敬、北京铁路局客运部李珂副主编，大秦铁路股份有限公司介休车务段冀丽琴、大秦铁路股份有限公司太原站杜云海参与编写。本书在编写过程中，得到了有关领导和同行们的大力支持，也参考了许多有关的书刊和资料，在此一并表示衷心的感谢。

书中有不妥之处，敬请读者批评指正。

编　者
2021年6月

目　录

第一部分　铁路职业道德

1. 什么是职业道德? …… 2
2. 什么是铁路职业道德? …… 2
3. 铁路职业道德的宗旨和原则是什么? …… 2
4. 为什么说铁路职业道德是和谐铁路建设的重要保证? …… 2
5. 铁路职业道德基本规范是什么? …… 3
6. 尊客爱货、热情周到的含义是什么? …… 3
7. 为什么要尊重旅客、货主? …… 3
8. 尊重旅客、货主应做到哪些? …… 3
9. 尊客爱货、热情周到的具体要求有哪些? …… 3
10. 遵章守纪、保证安全的含义是什么? …… 4
11. 遵章守纪、保证安全的具体要求有哪些? …… 4
12. 团结协作、顾全大局的具体要求是什么? …… 4
13. 注重质量、讲究信誉的具体要求是什么? …… 5
14. 艰苦奋斗、勇于奉献的含义是什么? …… 5
15. 廉洁自律、秉公办事的含义是什么? …… 5
16. 廉洁自律、秉公办事的具体要求有哪些? …… 5
17. 爱路护路、尽职尽责的具体要求是什么? …… 5
18. 率先垂范、当好公仆的含义是什么? …… 5
19. 率先垂范、当好公仆的具体要求是什么? …… 6

第二部分　铁路安全相关法律法规

1.《民法典》对运输合同如何定义？ …………………………… 8
2.《民法典》对承运人的权利、义务有何规定？ ……………… 8
3.《民法典》对旅客、托运人或者收货人的权利、义务有何规定？ …………………………………………………… 9
4.《民法典》对客运合同成立有何规定？ ………………… 10
5. 制定《安全生产法》的目的是什么？何时开始实施？ …… 10
6.《安全生产法》的适用范围有哪些？ …………………… 10
7.《安全生产法》所规定的安全生产工作应该坚持的方针是什么？ ………………………………………………… 10
8.《安全生产法》所规定的安全生产工作的机制是什么？ …… 11
9.《安全生产法》规定的生产经营单位的义务是什么？ ……… 11
10.《安全生产法》规定生产经营单位的从业人员的权利、义务是什么？ ……………………………………………… 11
11.《安全生产法》规定的生产经营单位的工会的职能是什么？ ……………………………………………………… 11
12. 国务院安全生产监督管理部门以及有关部门的职责是什么？ ……………………………………………………… 12
13.《安全生产法》对生产经营单位及安全生产管理人员的职责如何规定的？ ……………………………………… 12
14.《安全生产法》对生产经营单位有关从业人员的安全生产教育是如何规定的？ …………………………………… 12
15.《安全生产法》对生产经营单位采用新工艺、新技术、新材料是如何规定的？ …………………………………… 13
16.《安全生产法》对生产经营单位特种作业人员的从业要求是什么？ ……………………………………………… 13

17.《安全生产法》规定生产经营单位与从业人员订立合同的要求是什么？…… 13
18.《安全生产法》规定从业人员的安全生产权利是什么？…… 13
19.《安全生产法》规定从业人员的安全生产义务是什么？…… 14
20.《安全生产法》对生产经营单位制定安全事故应急预案是如何规定的？…… 14
21.《安全生产法》规定安全事故调查处理的原则是什么？…… 15
22.《安全生产法》对安全事故调查处理的法律责任是如何划分的？…… 15
23.《安全生产法》规定安全生产监督管理部门的法律责任是什么？…… 15
24.《安全生产法》规定承担安全评价、认证、检测、检验职责的机构法律责任是什么？…… 15
25.《安全生产法》规定生产经营单位的主要负责人未履行生产管理职责，导致发生生产安全事故应如何处理？…… 16
26.《安全生产法》规定生产经营单位的从业人员不落实岗位安全责任，不服从管理，违反安全生产规章制度或者操作规程的应负什么法律责任？…… 16
27.《安全生产法》中对生产经营单位拒绝、阻碍有关部门监督检查的，应负什么法律责任？…… 16
28.《安全生产法》规定危险物品、重大危险源的含义是什么？…… 17
29.《安全生产法》中国务院规定的生产安全事故是如何划分的？…… 17
30. 制定《铁路法》的目的是什么？…… 17
31.《铁路法》规定的铁路包括哪些？…… 17

32.《铁路法》中全国铁路工作的主管部门是什么？行使行政管理职能的部门是什么？…… 18
33.《铁路法》中国家对于全国铁路工作的规划是什么？…… 18
34.《铁路法》规定铁路运输企业的宗旨是什么？…… 18
35.《铁路法》规定公民对于铁路设施的义务是什么？…… 18
36.《铁路法》对铁路运输合同是如何规定的？…… 18
37.《铁路法》中规定旅客乘车条件是什么？…… 18
38.《铁路法》对于国家铁路和地方铁路的货物运输计划是如何规定的？…… 18
39.《铁路法》中铁路运输企业不承担赔偿责任的情况有哪些？…… 19
40.《铁路法》中国家铁路的旅客票价率和货物、行李的运价率是如何制订的？…… 19
41.《铁路法》中铁路运输企业的旅客、货物联运是如何规定的？…… 19
42.《铁路法》中发生铁路运输合同争议应如何处理？…… 19
43.《铁路法》中规定铁路的标准轨距是多少？窄轨铁路轨距是多少？…… 20
44.《铁路法》规定维护铁路治安秩序的机构是什么？…… 20
45.《铁路法》中危险品的运送规定是什么？…… 20
46.《铁路法》中对损毁行车设施、铁路线路的行为应如何处置？…… 20
47.《铁路法》中对偷乘、攀附列车行为应如何处置？…… 21
48.《铁路法》中对在铁路线上行走、坐卧的行为应如何处置？…… 21
49.《铁路法》对在铁路线路范围内放牧的规定是什么？…… 21

50.《铁路法》规定对聚众拦截列车、冲击行车调度机构行为应如何处置? …… 21
51.《铁路法》规定对哄抢铁路运输物资的行为应如何处置? …… 21
52.《铁路法》规定对寻衅滋事,扰乱公共秩序的行为应如何处置? …… 21
53.《铁路法》中规定在列车内发生传染病时应如何处理? …… 21
54.《铁路法》规定发生铁路交通事故的处理流程是什么? …… 22
55.《铁路法》规定发生铁路行车事故并造成人身伤亡时,铁路运输企业的赔偿责任是如何划分的? …… 22
56.《铁路法》对铁路事故中因自身原因造成人身伤亡的情况有哪些? …… 22
57.《铁路法》规定携带危险品以及管制物品进站导致重大事故的,应如何处置? …… 22
58.《铁路法》规定对故意损毁移动行车信号装置、放置足以使列车倾覆的障碍物造成严重后果,应付什么法律责任? …… 22
59.《铁路法》对于盗窃行车设施零部件、线路器材行为的法律责任是什么? …… 23
60.《铁路法》规定对于聚众拦截列车不听制止的、冲击铁路行车调度机构的、聚众哄抢铁路运输物资的主要分子应负的法律责任是什么? …… 23
61.《铁路法》对在列车内发生伤害旅客的行为应如何处置? …… 23
62.《铁路法》规定对于倒卖车票行为应负的法律责任是什么? …… 23

63.《铁路法》规定对擅自在铁路线路上铺设平交道口、人行过道的行为应如何处置？ …………………………………… 23
64.《铁路法》对铁路运输企业多收运费、票款、运输杂费的情况是如何规定的？ …………………………………… 24
65.《铁路法》对铁路职工利用职务之便走私、投机倒把的行为应负的法律责任是如何规定的？ ……………………… 24
66.《铁路法》对铁路职工玩忽职守、违反规章制度、滥用职权谋取私利的行为应付什么法律责任？ ………………… 24

第三部分　铁路旅客运输安全管理

1.《铁路安全管理条例》何时实施？ …………………………… 26
2.《铁路旅客运输安全检查管理办法》何时开始施行？ ……… 26
3. 为什么要制订《铁路旅客运输安全检查管理办法》？ ……… 26
4.《铁路旅客运输安全检查管理办法》中旅客运输安全检查是指什么？ ……………………………………………… 26
5.《铁路旅客运输安全检查管理办法》中危险品是如何定义的？ ……………………………………………… 26
6. 旅客在安全检查中有哪些义务和权利？ …………………… 26
7.《铁路旅客运输安全检查管理办法》中规定，旅客不配合铁路进行安全检查时应如何处理？ ……………………… 27
8.《铁路旅客运输安全检查管理办法》对旅客物品开包安检有何规定？ ……………………………………………… 27
9.《铁路旅客运输安全检查管理办法》对查出的危险品处理有何规定？ ……………………………………………… 27
10.《铁路旅客运输安全检查管理办法》对无法判明性质的物品应如何处理？ ………………………………………… 27

11.《铁路旅客运输安全检查管理办法》中规定哪些情况应交由公安机关处理？…… 27
12.《铁路旅客运输安全检查管理办法》规定，对安检时发现的枪支弹药等危险物品应如何处理？…… 28
13. 旅客进站时携带禁止携带物品、超过规定数量的限制携带物品或者疑似危险物品怎么处理？…… 28
14. 旅客进站时违法携带、夹带管制器具或者违法携带、托运烟花爆竹、枪支弹药等危险物品或者其他违禁物品怎么处理？…… 28
15. 铁路运输企业在铁路旅客运输安全检查管理中有哪些责任和权利？…… 28
16. 公安部门在铁路旅客运输安全检查管理中有哪些职责？…… 29
17. 铁路监管部门在铁路旅客运输安全检查管理中有哪些职责？…… 29
18. 火车票实名购买、查验对铁路运输企业及旅客分别有何要求？…… 29
19. 铁路运输企业对旅客的安全检查有什么要求？…… 29
20. 铁路运输托运人托运货物、行李、包裹，不得有哪些行为？…… 30
21.《铁路危险货物运输管理规则》（铁总运〔2017〕164 号）何时实施？…… 30
22.《铁路危险货物运输管理规则》指出哪些物品属于危险货物？…… 30
23. 危险货物如何分类？…… 30
24. 托运人托运危险货物时，应注意哪些事项？…… 32

25. 危险货物运输有何要求？ …………………………………… 32
26.《铁路进站乘车禁止和限制携带物品的公告》规定禁止携带枪支、子弹类(含主要零部件)有哪些？ ……………… 32
27.《铁路进站乘车禁止和限制携带物品的公告》规定禁止携带爆炸物品类有哪些？ …………………………………… 33
28.《铁路进站乘车禁止和限制携带物品的公告》规定禁止携带器具有哪些？ ………………………………………… 33
29.《铁路进站乘车禁止和限制携带物品的公告》规定禁止携带易燃易爆物品有哪些？ ……………………………… 33
30.《铁路进站乘车禁止和限制携带物品的公告》规定禁止携带剧毒性、腐蚀性、放射性、传染性、危险性物品有哪些？ ………………………………………………… 34
31.《铁路进站乘车禁止和限制携带物品的公告》规定禁止携带危害列车运行安全或公共卫生的物品有哪些？ ………………………………………………… 34
32.《铁路进站乘车禁止和限制携带物品的公告》规定限量携带物品有哪些？ ………………………………………… 34

第四部分　铁路客运人员人身、作业及电气化安全

1.《电气化铁路有关人员电气安全规则》对牵引供电设备带电是怎样规定的？ …………………………………… 36
2.《电气化铁路有关人员电气安全规则》对电气化相关人员的安全培训如何规定？ ………………………………… 36
3. 作业人员与牵引供电设备的安全距离有何规定？ ………… 36
4. 电气化区段如何进行上水、保洁工作？ ………………… 36
5. 发现牵引供电设备断线或损坏时如何处理？ …………… 37

6.《电气化铁路有关人员电气安全规则》规定如何在站内和人多处设置安全警示？ …………………………………… 37
7. 各种车辆和行人通过电气化铁路平交道口必须遵守哪些规定？ ………………………………………………… 37
8. 电气化区段如何扑救火灾？ ……………………………… 37
9. 在电气化区段发现有人扒乘列车时如何处理？ ………… 38
10. 客运人员上岗前、工作中应遵守哪些规定？ ………… 38
11. 为保证人身安全，客运人员上线作业时必须遵守哪些规定？ …………………………………………………… 38
12. 为保证人身安全，对提职、改职、定职的新职人员有哪些要求？ …………………………………………………… 38
13. 如何保证安全横越线路？ ………………………………… 38
14. 横越线路时严禁踩踏哪些部位？ ………………………… 39
15. 如何安全横越停留的列车、车辆？ ……………………… 39
16. 顺线路走时如何保证安全？ ……………………………… 39
17. 旅客列车上水员作业中如何保证安全？ ………………… 39
18. 客运人员在清扫线路时如何保证作业安全？ …………… 39
19. 客运人员进行高空作业时应怎样保证安全？ …………… 39
20.《铁路旅客运输管理规则》规定客运人员使用电器时应注意什么？ ……………………………………………… 40
21.《铁路旅客运输管理规则》规定电气化区段禁止哪些作业？ …………………………………………………… 40

第五部分　铁路消防管理

1. 新职工和改变工种人员对消防安全知识的培训教育有何要求？ …………………………………………………… 42

2. 哪些人员必须进行消防专业知识培训？ …………………… 42
3. 火灾扑救应当坚持什么原则？ ………………………… 42
4.《铁路旅客列车消防管理规定》对严格“三乘联检”制度有何要求？ ……………………………………………… 42
5. 防止火灾发生的基本措施是什么？ ……………………… 43
6. 容易造成客车火灾的原因有哪些？ ……………………… 43
7. 旅客列车发生火灾时应怎样进行现场应急处置？ ……… 43
8. 电气火灾的特点是什么？ ………………………………… 43
9. 扑灭电气火灾应注意什么？ ……………………………… 44
10. 车厢闷顶、车壁板内的电线发生短路起火时，初期有什么明显迹象？ ……………………………………… 44
11. 客车运行中出现电气装置打火、冒烟时应如何处理？ …… 44
12. 哪些情况不能用水灭火？ ………………………………… 44
13. 消防工作的“四懂四会”是什么？ ……………………… 45
14. 灭火的基本方法有哪四种？ ……………………………… 45
15. 常用的灭火器主要有哪几种？ …………………………… 45
16. 扑灭电气火灾应注意什么？ ……………………………… 45

第六部分　《铁路技术管理规程》相关知识

1.《技规》的适用范围是什么？ ………………………………… 48
2.《技规》包括哪几部分？ ………………………………… 48
3.《技规(高速铁路部分)》适用于怎样的铁路？ ………… 48
4. 200 km/h 客货共线铁路有关货运技术设备的要求参照《技规》的哪部分执行？ ………………………………… 48
5. 客运专线铁路建筑限界是如何规定的？ ………………… 48
6. 铁路线路分为哪几种线路？ ……………………………… 49

7. 什么是正线? …… 49
8. 什么叫站线? …… 49
9. 什么叫段管线? …… 49
10. 什么叫岔线? …… 49
11. 什么叫安全线? …… 49
12. 什么叫轨距? 直线轨距标准是多少毫米? …… 49
13. 为保证人身安全,除专业人员执行有关规定外,其他人员与牵引供电设备带电部分的距离是多少? …… 49
14. 在设有接触网的线路上,一般情况下能否攀登车顶及在车辆装载的货物之上作业? 如确需作业时,须如何进行? …… 50
15. 双线电气化铁路实行 V 形天窗作业时,为确保人身安全,应在哪些方面采取相应措施? …… 50
16. 机车应有哪些识别的标记? …… 50
17. 在哪些区段运行的机车应有"电化区段严禁攀登"的标识? …… 50
18. 道岔是如何编号的? …… 50
19. 股道是如何编号的? …… 50
20. 列车速度大于 120 km/h 时,线路安全防护设施如何设置? …… 51
21. 对铁路技术作业的专用通道和处所,须设置的警示标志是什么? …… 51
22. 《技规(高速铁路部分)》规定,站内能否设置平过道? …… 51
23. 哪些人员必须执行列车调度员命令、口头指示,服从调度指挥? …… 51
24. 《技规(高速铁路部分)》规定,列车按运输性质分为哪两类? …… 51

25.《技规(高速铁路部分)》规定,列车运行等级顺序是什么? …… 51
26. 行车工作必须坚持什么原则? …… 52
27. 高速铁路列车调度台原则上应怎样设置? …… 52
28. 高速铁路与普速铁路间联络线的行车调度指挥原则上纳入哪里调度指挥? …… 52
29.《技规(高速铁路部分)》规定,列车或单机在车站时,所有乘务人员应按谁的指挥进行工作? …… 52
30. 高速铁路行车组织工作,应根据什么办理? …… 52
31.《高速铁路行车组织细则》是由哪里制定的? …… 52
32. 列车运行的上下行是如何规定的? …… 52
33. 列车运行方向是如何规定的? …… 53
34. 列车编定车次是如何规定的? …… 53
35. 铁路地面固定设备的系统时钟,当具备条件时,应接入什么同步网? …… 53
36. 铁路行车房舍内和办理行车工作的有关人员的钟表时刻应与哪里的时钟校对? …… 53
37. 指挥列车运行的命令(运行揭示调度命令除外)和口头指示,只能由谁发布? …… 53
38. 车辆乘务员、客运乘务组等列车乘务人员发现哪些危及行车和人身安全情形时,应使用紧急制动阀(紧急制动装置)停车? …… 53
39. 使用车辆紧急制动阀时,应注意什么? …… 54
40. 什么叫长大下坡道? …… 54
41. 行车有关人员,接班前应注意什么? …… 54
42. 行车有关人员在执行职务时的要求是什么? …… 54

43. 需要组织旅客下车或换乘其他列车时，应在车站哪里进行？ …… 54
44. 必须在站内不邻靠站台的线路或区间组织旅客下车或换乘时，需经谁批准？ …… 54
45.《技规（高速铁路部分）》规定，客运站房，应该设有哪些设施设备？ …… 55
46.《技规（高速铁路部分）》规定，旅客站台应为高站台还是低站台？还应设置哪些东西？ …… 55
47.《技规（高速铁路部分）》规定，列车通过速度大于 80 km/h 时，站台边缘距线路中心线、安全标线距站台边缘、设置安全防护设施的距离分别有何规定？ …… 55
48. 有 200 km/h 及以上列车通过的旅客站台须设置什么防护设施？ …… 56
49.《技规（高速铁路部分）》规定，旅客站台列车通过最高速度有何规定？ …… 56
50.《技规（高速铁路部分）》规定，给水设备及建（构）筑物，应包括哪些设备？ …… 56
51.《技规（高速铁路部分）》规定，为保证供水质量，应按需要配备哪些设备？ …… 56
52.《技规（高速铁路部分）》规定，哪些车站宜设旅客列车给水站？ …… 56
53.《技规（高速铁路部分）》规定，给水管道应尽量避免穿越铁路线路，必须穿越时，应设什么？ …… 56
54. 机车按牵引动力如何分类？ …… 57
55. 车辆按用途分为哪几种？ …… 57
56. 两列动车组重联或解编时，由谁负责引导、确认？ …… 57

57. 动车组重联时，被控动车组应退出占用，主控动车组使用什么模式与被控动车组连接？ …………………… 57
58. 动车组解编操作时，主控动车组转换为调车模式后，必须一次移动多少米以上方可停车？ …………………… 57
59. 列车机车与第一辆车的连挂由谁负责是如何规定的？…… 57
60.《技规(高速铁路部分)》规定中，车辆应有哪些识别的标记？ …………………… 57
61. 什么叫列车？ …………………… 58
62. 动车组列车为怎样的编组列车？ …………………… 58
63. 动车组以外的旅客列车尾部标志灯的摘挂、保管，由什么部门负责？ …………………… 58
64. 动车组以外的列车中相互连挂的车钩中心水平线的高度差有何规定？ …………………… 58
65. 口笛、号角鸣示方式中“停车”的鸣示方式是什么？ ……… 58
66. 信号是指示什么作业的命令？ …………………… 58
67. 信号显示方式及使用方法有何规定？ …………………… 58
68. 铁路信号分几类？视觉信号的基本颜色及作用是怎样规定的？ …………………… 58
69.《技规(高速铁路部分)》规定中，听觉信号指的是什么？ …………………… 59
70. 视觉信号如何分类？其使用范围有何规定？ …………… 59
71. 隧道内采用什么信号？ …………………… 59
72. 铁路沿线及站内，装饰彩布、标语和灯光设置有何要求？ …………………… 59
73. 停车信号的手信号是如何规定的？ …………………… 59
74. 减速信号的手信号是如何规定的？ …………………… 60

75.《技规(普速铁路部分)》适用于怎样的铁路? …………… 62
76. 车辆按用途分为哪几类? ………………………………… 62
77. 什么是避难线? ……………………………………………… 62
78. 列车运行速度 120 km/h 及以上线路有何要求? ………… 62
79. 铁路道口、人行过道的等级、标准、铺设、拆除及需否看守,由哪里决定? ………………………………………………… 62
80.《技规(普速铁路部分)》规定,对站内平过道有何要求? ………………………………………………………… 62
81.《技规(普速铁路部分)》规定,车站两端咽喉区内能否设平过道? ……………………………………………… 62
82. 在电气化铁路上,铁路道口通路两面应设限高架,其通过高度有何限制? ………………………………………… 62
83. 安全线设置应符合哪些规定? …………………………… 63
84. 旅客站台、货物站台的高度是如何规定的? …………… 63
85. 在非电气化区段的车站上,车辆调动频繁的站场内,天桥的高度是如何规定的? ………………………………… 63
86. 货物高站台边缘(只适用于线路的一侧)在高出轨面的 1 100～4 800 mm 范围,距线路中心线距离是如何规定的? ………………………………………………………… 63
87. 列车或单机在车站时,所有乘务人员应按谁的指挥进行工作? ………………………………………………………… 63
88. 在调度集中区段,调度集中控制车站有关行车工作由谁直接指挥? ………………………………………………… 64
89. 全国铁路的行车时刻,是如何规定的? ………………… 64
90.《技规(普速铁路部分)》规定,列车按运输性质是如何分类的? ……………………………………………………… 64

91.《技规(普速铁路部分)》规定,列车运行等级顺序是怎样的? …… 64
92. 特别笨重、巨大的物件和可能破坏铁路设备、干扰行车的物体怎样通过道口? …… 65
93. 行车有关人员,接班前有何要求? …… 65
94.《技规(普速铁路部分)》规定,铁路职工或其他人员发现设备故障危及行车和人身安全时,应如何处理? …… 65
95.《技规(普速铁路部分)》规定,在铁路线路允许行人、自行车通过,禁止机动车通过的人行过道应设置什么? …… 65
96.《技规(普速铁路部分)》规定,旅客列车停靠的高站台边缘距线路中心线的距离、安全标线距站台边缘有何规定? …… 65
97. 非高站台安全标线与站台边缘距离是如何规定的? …… 66
98.《技规(普速铁路部分)》规定,车站按技术作业是怎样分类的? …… 66
99.《技规(普速铁路部分)》规定,车站按业务性质是怎样分类的? …… 66
100.《技规(普速铁路部分)》规定,客运站房的设施设备是如何规定的? …… 66
101. 客车内是否应有紧急制动阀及压力表? …… 67
102. 哪些机车车辆禁止编入列车? …… 67
103. 列车进行编组应考虑哪些因素? …… 67
104. 列车重量应根据什么来确定?编组超重列车时应注意什么? …… 68
105. 列车长度如何确定? …… 68
106. 超长列车运行办法,由哪里规定? …… 68
107. 动车组以外的旅客列车隔离车有何规定? …… 68

108. 行李车、邮政车、发电车等非乘坐旅客的车辆起什么作用？ …… 68
109. 在装设集中联锁的区段，哪些情况旅客列车可不挂隔离车？ …… 68
110. 如隔离车在途中发生故障摘下时，可否无隔离车继续运行？ …… 68
111. 局管内旅客列车经谁批准，可不隔离？ …… 68
112. 旅客列车、回送客车底允许编挂货车吗？ …… 69
113. 旅客列车中，与机车相连接的客车端门及编挂在列车尾部的客车后端门须加锁吗？动车组列车驾驶室与旅客乘坐席间的门须锁闭吗？ …… 69
114.《技规(普速铁路部分)》的听觉信号指的是什么？ …… 69
115. 发车信号的手信号是如何规定的？ …… 69
116. 通过手信号是如何规定的？ …… 69
117. 引导手信号是如何规定的？ …… 69
118. 特定引导手信号显示方式是什么？ …… 69
119. 听觉信号的时间长短有何规定？ …… 70
120.“起动注意信号”的机车鸣示方式是什么？ …… 70
121.“呼唤信号”的机车鸣示方式是什么？ …… 70
122.“警报信号”的机车鸣示方式是什么？ …… 70
123.“紧急停车信号”的机车鸣示方式是什么？ …… 70
124. 各种信号机和表示器的灯光排列、颜色和外形尺寸，必须符合哪些标准？ …… 70

第七部分　铁路旅客计划运输组织工作

1. 旅客计划运输有何原则？ …… 72

2. 旅客运输计划如何分类？ …………………………………………… 72
3. 旅客运输计划的主要内容是什么？ ………………………………… 72
4. 编制旅客运输计划的主要依据是什么？ …………………………… 72
5. 客流如何形成？其主要组成要素是什么？ ………………………… 72
6. 客流调查有何作用？ ……………………………………………… 72
7. 旅客运输统计报告资料有何作用？ ………………………………… 73
8. 旅客运输统计报告资料主要包括哪些内容？ ……………………… 73
9. 客流调查如何分类？ ……………………………………………… 73
10. 客流调查范围如何分类？ ………………………………………… 73
11. 客流调查形式有哪些？ …………………………………………… 73
12. 何为客运量预测？如何分类？预测方法有哪些？ ……………… 74
13. 客流计划的编制步骤有哪些？ …………………………………… 74
14. 客流图如何分类？ ………………………………………………… 74
15. 列车定员如何计算？ ……………………………………………… 74
16. 列车车厢号有何规定？ …………………………………………… 75
17. 如何在保证列车服务质量的前提下解决运能不足的问题？ ……………………………………………………………… 75
18. 日计划编制的时间标准如何规定？ ……………………………… 75
19. 行包流调查的主要内容有哪些？ ………………………………… 75
20. 为了计划地组织行包运输，车站应把握好哪些环节？ …… 76
21. 怎样承运大批行包？ ……………………………………………… 76
22. 如何进行装卸车作业？ …………………………………………… 76
23. 如何装运中转行李、包裹？ ……………………………………… 76
24. 到达的行李、包裹如何交付？ …………………………………… 76
25. 如何做好站台候车旅客的组织工作？ …………………………… 76
26. 编制旅客列车运行图的重要意义是什么？ ……………………… 77

27. 列车运行图中的旅客列车分类和车次是如何规定的？…… 77
28. 运行图的时间是如何确定的？………………………… 78
29. 编制旅客列车运行图应遵循什么原则？……………… 78

第八部分　铁路运输收入管理

1. 何为铁路运输收入？ ………………………………… 80
2. 铁路运输收入如何分类？何为客运收入？ …………… 80
3. 铁路客货运输票据的范围和性质是什么？ …………… 80
4. 运输费用的核收方式有哪些？ ……………………… 81
5. 运输费用的结算方式有哪些？ ……………………… 81
6. 军事运输费用如何结算？ …………………………… 81
7. 货物品名、重量不符应如何处理？…………………… 82
8. 运输变更后费用如何处理？ ………………………… 82
9. 发生多、少收款应如何处理？………………………… 83
10. 多、少收款超过 180 天无法处理时怎么办？ ………… 83
11. 发生多、少缴款如何处理？ ………………………… 83
12. 运输收入进款管理有何要求？……………………… 84
13. 车站向银行送存运输收入进款时如何做好安全措施？…… 84
14. 旅客列车如何做好收入进款管理？………………… 84
15. 运输收入进款的动支范围有哪些？………………… 84
16. 运输收入事故如何分类？…………………………… 85
17. 运输收入事故等级如何规定？……………………… 85
18. 事故金额如何计算？………………………………… 85

第九部分　客运规章相关知识

一、车票的种类和车票发售 ………………………………… 88

1. 车票票面(特殊票种除外)主要应当载明哪些内容? ……… 88
2. 车票中包括哪几种? …………………………………… 88
3. 车票有何作用? ………………………………………… 88
4. 软座客票如何发售? …………………………………… 88
5. 加快票如何发售? ……………………………………… 89
6. 卧铺票的发售有何规定? ……………………………… 89
7. 空调票如何发售? ……………………………………… 89
8. 发售儿童票有何规定? ………………………………… 89
9. 发售学生票时有何条件和限制? ……………………… 90
10. 哪些情况不得发售学生票? …………………………… 90
11. 发售学生票时对学生所在的学校有哪些要求? ……… 90
12. 什么是“没有工资收入的学生”? 怎样确定? ………… 91
13. 学生票的使用次数有何规定? ………………………… 91
14. 发售学生票时对径路有何规定? ……………………… 91
15. 车站应在什么位置设置测量儿童身高的标准线? 对学生、成人购票身高有何要求? ……………………………… 91
16. 享受残疾军人票的人员有何范围? …………………… 91
17. 对享受残疾军人票的证件和人员有何规定? ………… 92
18. 什么是团体旅客? 车站应如何组织? ………………… 92
19. 什么是异地票、联程票和往返票? …………………… 92
20. 异地票、联程票能办理改签吗? ……………………… 92
二、车票的签证与有效期 ……………………………………… 92
1. 车票的有效期如何计算? ……………………………… 92
2. 如何办理车票有效期延长手续? ……………………… 93
3. 哪些情况可延长车票的有效期? ……………………… 93
4. 旅客购票后,能否在中途站上车? …………………… 93
5. 旅客乘车后能否中途下车,并恢复旅行? …………… 94

6. 旅客乘车后能否变更座位、铺位？ …………………………… 94
7. 因铁路责任使旅客不能按票面记载的日期、车次、座别、卧别乘车应怎样办理？ ……………………………………… 94
8. 旅客在中转站或列车上能否变更径路？ ………………………… 94
三、乘车条件及不符合乘车条件的处理 ……………………………… 95
1. 旅客乘车的基本条件是什么？ ………………………………… 95
2. 旅客在乘车途中，有效期终了如何处理？…………………… 95
3. 哪些人站车不予运送？发现后如何处理？ ………………… 95
4. 对无票、持伪造或涂改车票乘车时如何处理？……………… 95
5. 持用低等级车票乘坐高等级列车、铺位、座席时如何处理？ ……………………………………………………………… 95
6. 旅客持没有规定的减价凭证或不符合减价条件的车票乘车时，如何处理？……………………………………………… 96
7. 儿童超高如何处理？ ……………………………………………… 96
8. 对无票乘车而又拒绝补票的人如何处理？ ………………… 96
9. 对在站车内寻衅滋事、扰乱公共秩序的人如何处理？……… 96
10. 哪些情况旅客按规定补票，核收手续费？ ………………… 96
11. 哪些情况旅客只核收手续费？…………………………………… 96
四、退票和误售、误购的有关规定 …………………………………… 97
1. 因承运人责任致使旅客退票如何办理？ …………………… 97
2. 发生线路中断旅客要求退票时如何办理？ ………………… 97
3. 中途站或列车发现误售误购车票如何处理？ ……………… 97
4. 发站发现误售误购车票如何处理？ ………………………… 97
5. 因误售、误购车票或旅客误乘时，应怎样办理？ ………… 98
五、线路中断列车停止运行后的处理规定 ………………………… 98
1. 线路中断列车停止运行后，车站应做好哪些工作？……… 98
2. 线路中断后停止运行站对旅客车票应如何处理？ ………… 98

3. 线路中断后在发站或由中途站返回发站停止旅行时对旅客车票如何处理？ …… 98
4. 线路中断后在停止运行站或返回中途站如何办理退票？ …… 98
5. 线路中断后铁路组织绕道运输时对车票如何处理？ …… 99
6. 线路中断后铁路对在发站或中途站要求等候继续旅行的旅客的车票如何处理？ …… 99
7. 线路中断后车站能否给旅客开具证明？ …… 99
8. 线路中断后旅客自行买票绕道乘车时票价如何处理？ …… 99
9. 线路中断时，对行李、包裹应如何处理？ …… 99
六、旅客携带品的有关规定 …… 100
1. 旅客可免费携带品的重量、体积如何规定？ …… 100
2. 物品在列车内如何摆放？ …… 100
3. 哪些物品不得带入车内？ …… 100
4. 在发站发现旅客违章携带物品如何处理？ …… 100
5. 在车内或下车站发现旅客违章携带物品如何处理？ …… 100
6. 旅客超重、超大的物品价值低于运费时，如何处理？ …… 101
7. 暂存处的设置、物品存取有何规定？ …… 101
七、遗失物品的处理规定 …… 101
1. 旅客的遗失物品如何处理？ …… 101
2. 车站对旅客的遗失物品如何管理？ …… 101
3. 列车上拾到旅客遗失的现金时如何处理？ …… 102
4. 旅客遗失的哪些物品不办理转送？ …… 102
八、行李、包裹运输 …… 102
1. 行李的范围指什么？ …… 102
2.《细则》中对行李的解释是什么？ …… 102
3. 行李中不得夹带哪些物品？ …… 102

4.《细则》规定行李中不得夹带物品的具体含义是什么？ …… 102
5. 承运人应为托运人提供什么样的服务？ …………………… 103
6. 行包运输组织原则及要求是什么？ ………………………… 103
7. 哪些物品不能按行李、包裹运输？ ………………………… 103
8. 什么是包裹？ ……………………………………………… 103
9. 行李托运次数如何规定？ ………………………………… 103
10. 行李、包裹的包装有何规定？ …………………………… 104
11.《细则》中规定什么情况可延长行李免费保管天数？ …… 104
12. 包裹到达通知有何具体规定？ ………………………… 104
13.《细则》中对包裹到达通知的方式如何规定？ ………… 104
14. 收货人领取行李、包裹的依据是什么？丢失时如何领取？ ……………………………………………………… 104
15.《细则》规定收货人丢失行李、包裹票时如何办理领取手续？ ……………………………………………………… 104
16. 发站发现品名不符时，车站如何处理？ ………………… 105
17. 到站发现行李、包裹重量不符时如何处理？ …………… 105
18. 对于无法交付的物品什么时候可以予以变卖？ ………… 105
19. 包用行李车的含义是什么？ …………………………… 105
20. 什么是铁路保价运输？ ………………………………… 105
21. 行李、包裹运输的损失赔偿标准是多少？ ……………… 106
22. 铁路对行李、包裹运输的包装有什么要求？ …………… 106
23. 行李、包裹逾期时，收货人如何处理？ ………………… 106
24. 行李、包裹的运到期限是如何计算的？ ………………… 106
25. 行李、包裹运到后，承运人是否免费保管？ …………… 106
26. 收货人如何提取行李、包裹？ ………………………… 107
27. 如何办理行李、包裹变更手续？ ……………………… 107
28. 发现无票运输的物品，如何处理？ …………………… 107

29. 对行李、包裹事故,如何提出赔偿? …………………… 108
30. 发生旅客伤害、行李或包裹事故时,应当在什么期限内提出赔偿? …………………………………………… 108
31. 铁路对哪些原因造成的旅客身体伤害不承担责任? …… 108
32. 铁路对哪些原因造成的行李、包裹损失不承担责任? …… 108
九、客运运价 ………………………………………………… 109
1. 客运运价包括什么? ………………………………………… 109
2. 国家铁路的旅客票价率和行李、包裹运价率,《价规》有何规定? ………………………………………………… 109
3. 旅客和行李、包裹的票、运价里程计算的依据是什么? …… 109
4. 什么是接算站? ……………………………………………… 109
5. “接算站”在示意图和里程表中分别怎样表示? ………… 109
6. 列车不经由连接两线接算站运价里程如何计算? ………… 110
7. 旅客列车在非红线区间折返运行时运价里程如何计算? ……………………………………………………… 110
8. 旅客列车折返(含环线)运行同一车站同程两次停靠并均办理旅客乘降业务时运价里程如何计算? ………… 110
9. 准轨铁路与窄轨铁路间里程怎样接算? ………………… 110
10. 营业办理限制在里程表中怎样表示? ………………… 110
11. 旅客票价里程如何计算? ……………………………… 111
12. 旅客行李运价里程如何计算? ………………………… 111
13.《价规》中旅客包裹运价里程如何计算? ……………… 111
14. 计算旅客票价,行李、包裹运价的起码里程是多少? …… 111
15.《价规》中旅客票价包括哪些? ………………………… 111
16. 旅客票价是如何确定的? ……………………………… 111
17. 儿童票票价如何计算? ………………………………… 112
18. 学生票票价如何计算? ………………………………… 112

19. 残疾军人票票价如何计算？ …………………………… 112
20. 什么是特定运价？包括哪些方面？ ……………………… 112
21. 什么是客运杂费？ …………………………………… 112
22. 对迟交票款、运费、杂费有何规定？ …………………… 112
23. 国家铁路客运运价的计算单位和尾数保留是如何规定的？ ………………………………………… 113
24. 客运杂费的收费项目和收费标准由哪制定？ ………… 113
25. 包车票价、运费、使用费如何核收？ …………………… 113
26. 包车停留费如何核收？ ……………………………… 114
27. 包车变更的费用如何计算？ ………………………… 114
28. 旅游列车票价计算是如何规定的？ …………………… 115
29. 旅游列车的空驶费是如何规定的？ …………………… 115
30. 旅游列车的停留费、使用费是如何规定的？………… 115
31. 旅游列车的里程是如何计算的？ ……………………… 116
32. 旅游列车的运输费用的核收是如何规定的？ ………… 116

第十部分　铁路旅客车票实名制及铁路电子客票

一、铁路旅客实名制管理办法 …………………………………… 118
1. 为什么要制订《铁路旅客车票实名制管理办法》？ ………… 118
2. 什么是车票实名制管理？……………………………………… 118
3. 铁路旅客车票包含哪些乘车凭证？…………………………… 118
4. 铁路运输企业如何加强车票实名制管理工作？…………… 119
5. 哪些情况应当提供身份证件？……………………………… 119
6. 对无法出示有效身份证件原件的旅客怎样处理？………… 119
7. 实行车票实名制管理所需的有效身份证件有何要求？…… 119
8. 铁路运输企业对在实行车票实名制管理过程中发现的危及安全的行为如何处理？……………………………… 119

9. 旅客进站乘车时无法出示有效身份证件原件时怎么办? …… 120
10. 铁路运输企业在车票实名制管理工作中有何权利? …… 120
11. 旅客身份信息如何得到保护? …… 120
12. 铁路监管部门如何加强车票实名制的监督检查? …… 120
13.《铁路安全管理条例》中对火车票实名购买、查验对铁路运输企业及旅客分别有何要求? …… 120
二、铁路电子客票 …… 121
1. 何谓铁路电子客票? …… 121
2. 旅客应如何购买电子客票? …… 121
3. 车站售票窗口、自动售票机和铁路代售点向旅客发售铁路电子客票时,有何规定? …… 121
4. 购买电子客票旅客如需报销凭证时,有何规定? …… 121
5. 符合购买学生票、残疾军人票条件的旅客,如何办理? …… 121
6. 列车上无法判别学生、残疾军人旅客是否具备优惠(待)资质的旅客,如何办理? …… 122
7. 列车核验铁路电子客票和实名制查验有何规定? …… 122
8. 使用哪些证件可通过实名制核验、检票闸机自助完成实名制验证、进出站检票手续?哪些证件需通过人工通道完成实名制验证、进出站检票手续? …… 122
9. 旅客购票后,丢失购票身份证件的,如何处理? …… 123
10. 使用现金方式购买或已打印报销凭证的铁路电子客票,如何办理改签退票? …… 123
11. 旅客使用电子支付方式购买的电子客票,如何办理改签退票? …… 123
12. 哪些车票可通过车站自动检票闸机办理进、出站检票手续? …… 124

13. 何谓铁路旅客运输合同运送期间的起、止？……………… 124
14. 持儿童票的旅客乘车时如何办理？ ………………………… 124

第十一部分　互联网订票和电话订票

1. 12306 网站提供哪些服务？ ……………………………………… 126
2. 在 12306 网站购票是否需要注册？需要填写哪些信息？ ……………………………………………………………… 126
3. 姓名是中文和英文组合而成，能办理网络购票吗？ ……… 126
4. 网络购票可使用的证件有哪些？…………………………… 126
5. 姓名有生僻字，如何录入身份信息购票？ ………………… 126
6. 网络购票对一个身份证购买车票有何限制？……………… 126
7. 一笔订单是否有网络购票张数限制？为多人网络购票怎么办？ ………………………………………………………… 127
8. 网络购票时能否买到座位在一起的车票？………………… 127
9. 国外能够使用 12306 网站网络购票吗？…………………… 127
10. 12306 网站可购买的车票类别有哪些？…………………… 127
11. 在 12306 网站成功申请到席位后，多长时间内支付票款可以保留席位？ ……………………………………………… 127
12. 网络购票后，在车站售票窗口改签时，差额部分可以使用现金吗？ ………………………………………………… 127
13. 如何购买实名制车票？ ……………………………………… 128
14. 实名制车票是否可以更改姓名？ …………………………… 128
15. 能否在 12306 网站分段购买学生票？ ……………………… 128
16. 购买学生票，是否收取手续费？…………………………… 128
17. 目前订票的电话是多少？ …………………………………… 128
18. 电话订票，可以使用哪些身份证件？……………………… 128
19. 电话订票的取票方式是什么？ ……………………………… 128

20. 电话订票的数量有无限制? …………………………… 129
21. 电话订票受理的席位有哪些? ………………………… 129
22. 电话订票系统有哪些功能? …………………………… 129
23. 电话订票的车票范围有哪些? ………………………… 129
24. 电话订票如何支付票价? ……………………………… 129
25. 订票电话接通后可否连续订票? ……………………… 129
26. 何为银行卡购票? ……………………………………… 129
27. 铁路售票受理银行卡的种类有哪些? ………………… 130
28. 旅客如何才能了解到银行卡购票的相关规定? ……… 130
29. 车站哪些窗口可以办理银行卡购票? ………………… 130
30. 用银行卡购买的火车票如何改签和退票? …………… 130
31. 哪些银行卡能在 12306 网站在线支付? …………… 130
32. 购票后发现票面信息有误怎么办? …………………… 130
33. 购买残疾人旅客专用票额的条件是什么? …………… 131
34. 购买残疾人旅客专用票额的旅客进出站、乘车有何规定? …………………………………………………… 131
35. 残疾人旅客专用票额车票发售有何规定? …………… 131
36. 发现持残疾人旅客专用票额车票的旅客,不符合购票条件的如何处理? …………………………………… 131
37. 用银行卡购买的火车票始发改签后新票票面不清或误签时怎么办? ………………………………………… 131
38. 用银行卡购买的火车票在中途办理中转签证时还需要银行卡吗? …………………………………………… 132
39. 未开办电子支付业务的车站能否办理银行卡车票的签证? …………………………………………………… 132
40. 用银行卡购买的火车票退票后票款能否及时到账? …… 132
41. 自动售票机能不能用银行卡购票? …………………… 132

42. 用银行卡购票卡中余额不足时能否用现金补交？ ……… 132
43. 能否同时用几张银行卡买票？ ………………………………… 132
44. 用银行卡购买的火车票票面有什么标记？ ……………… 132
45. 用银行卡购票刷卡后售票员让再次刷卡会不会多收票款？ ……………………………………………………………… 132
46. 旅客收到银行扣款成功信息但 POS 凭条未打出怎么办？ ……………………………………………………………… 133
47. 用银行卡购票后发现车票买错了怎么办？ ……………… 133
48. 用银行卡购票后退票时退款不成功怎么办？ …………… 133
49. 用银行卡能否购买异地火车票？ ………………………… 133
50. 用银行卡购票遇实名制证件不符怎么办？ ……………… 133
51. 旅客用银行卡在自动售票机购票支付成功但未制出车票时怎么办？ ………………………………………………… 133
52. 持“自助售票系统故障凭条”的旅客如何查询消费记录？ … 134
53. 旅客用银行卡在自动售票机购票支付成功但制出的车票票面不清或票纸残缺时怎么办？ ……………………… 134
54. 遇有不可抗力、铁路责任、POS 机故障、旅客伤病不能继续旅行时等特殊情况如何处理？ ……………………… 134
55. 旅客用银行卡购票后银行卡丢失如何办理退票？ ……… 134

第十二部分 《铁路旅客运输管理规则》相关知识

1. 站容车容标准是什么？ ………………………………………… 136
2. 站车卫生标准是什么？ ………………………………………… 136
3. 对旅客列车停靠站台有何规定？ …………………………… 136
4. 铁路客运职工的职业道德是什么？ ………………………… 136
5. 车站客运人员对旅客讲话要达到什么标准？ …………… 137
6. 车站客运人员遇有外宾及海外同胞应有何要求？ ……… 137

7. 对进入站台车辆有何要求？ …… 137
8. 站、车应如何做好检查危险品工作？ …… 137
9. 车站发现无人护送的精神异常旅客，如何办理？ …… 137
10. 车站对列车上交下的无人护送的精神异常旅客，如何办理？ …… 137
11. 客运人员在接班前和工作中有何要求？ …… 138
12. 如何通过线路？ …… 138
13. 如何顺线路行走？ …… 138
14. 车站保管行包有何要求？ …… 138
15. 车站向银行送款有何要求？ …… 138
16. 旅客或无票人员在站内受到伤害，如何处理？ …… 138
17. 列车发生旅客人身伤害事故，如何办理移交？ …… 139
18. 车站候车区域、上、下车通道应有哪些标志？ …… 139
19. 防寒工作应提前做好哪些工作？ …… 139
20. 站房应有哪些设施？ …… 139
21. 站场应有哪些设施？ …… 140
22. 站前广场应有哪些设施？ …… 140
23. 车站站台的长度是多少？ …… 140
24. 车站站台宽度是多少？ …… 140
25. 车站站台高度是多少？ …… 140
26. 对站台安全白线有何要求？ …… 140
27. 天桥、地道有何规定？ …… 140

第十三部分　路内运输

一、特种乘车证 …… 142
1. 特种乘车证包括哪些？ …… 142
2. 中国铁路免费乘车证乘车有何规定？ …… 142

二、铁路乘车证 …… 143
1. 铁路乘车证分为几个票种、几种颜色？ …… 143
2. 铁路乘车证按乘车的有效期期限分为哪几种？ …… 143
3. 持用铁路各种乘车证应分别携带交验哪些证件？ …… 143
4. 铁路乘车证使用席别有何规定？ …… 144
5. 哪些铁路乘车证须由车站签证？ …… 144
6. 哪些铁路乘车证可以免于签证？ …… 144
7. 铁路乘车证的查验有何规定？ …… 144
8. 铁路乘车证免费使用卧铺有何规定？ …… 144
9. 使用卧铺时中途能否下车？ …… 145
10. 使用各种乘车证乘车有何规定？ …… 145
11. 持用铁路各种乘车证托运行李有何规定？ …… 145
12. 使用全年定期乘车证的范围有何规定？ …… 145
13. 使用临时定期乘车证有何规定？ …… 145
14. 使用软席、硬席乘车证有何规定？ …… 146
15. 使用定期通勤乘车证有何规定？ …… 146
16. 使用通勤乘车证有何规定？ …… 146
17. 使用通学乘车证有何规定？ …… 146
18. 使用探亲乘车证有何规定？ …… 146
19. 使用便乘证有何规定？ …… 147
20. 哪些情况持用铁路乘车证乘车需相应证明？ …… 147
21. 乘车证使用完回收的规定有哪些？ …… 147
22. 对铁路职工违章使用乘车证的处理有何规定？ …… 148
23. 各种铁路乘车证的有效期是如何规定的？ …… 148
24. 对铁路职工丢失乘车证者处罚有何规定？ …… 148
25. 对单位违章批准和填发乘车证的处理有何规定？ …… 149

三、其他规定 …………………………………………………………… 149
1. 什么是路内运输？ …………………………………………………… 149
2. 铁路各系统之间的公文运送有何规定？ …………………………… 149
3. 利用客车车递文件及附件的规定有哪些？ ………………………… 150
4. 利用客车车递文件，挂号递送的规定有哪些？ …………………… 150
5. 免费运输的物品范围有何规定？ …………………………………… 151
6. 免费运输的办理规定有哪些？ ……………………………………… 151
7. 路内有关人员携带路用品的携带规定有哪些？ …………………… 152

第十四部分　铁路旅客运输服务质量

一、《铁路旅客运输服务质量规范(车站部分)》 ……………………… 154
1.《铁路旅客运输服务质量规范》中对车站的照度是如何定义的？ …………………………………………………………… 154
2.《铁路旅客运输服务质量规范》要求客运车站安全制度的建立有何要求？ ……………………………………………………… 154
3.《铁路旅客运输服务质量规范》中客运车站安全管理的主要内容有哪些？ ……………………………………………………… 154
4.《铁路旅客运输服务质量规范》中客运车站安全防范措施有哪些主要内容？ ……………………………………………………… 154
5.《铁路旅客运输服务质量规范》规定车站应与哪些行业的结合部有安全协议？ ………………………………………………… 155
6.《铁路旅客运输服务质量规范》规定车站应有哪些应急预案？ …………………………………………………………………… 155
7.《铁路旅客运输服务质量规范》中对客运车站安全设备设施的要求是什么？ ………………………………………………… 155
8.《铁路旅客运输服务质量规范》中规定，车站应配备哪些安全检查设备？ ……………………………………………………… 155

9.《铁路旅客运输服务质量规范》要求客运车站如何配备和维护消防器材？ …… 155
10.《铁路旅客运输服务质量规范》对客运车站应急照明系统有何要求？ …… 155
11.《铁路旅客运输服务质量规范》对车站应急备品有何要求？ …… 156
12.《铁路旅客运输服务质量规范》对客运车站安全标志有何要求？ …… 156
13.《铁路旅客运输服务质量规范》对旅客携带品的安全检查有何规定？ …… 156
14.《铁路旅客运输服务质量规范》中要求客运车站工作人员在岗前应通过哪些培训？对培训过程有何要求？ …… 156
15.《铁路旅客运输服务质量规范》对车站基础设施设备有何要求？ …… 156
16.《铁路旅客运输服务质量规范》对车站视频监控系统的设置要求是什么？ …… 156
17.《铁路旅客运输服务质量规范》中规定车站视频录像资料保存时间为多久？ …… 157
18.《铁路旅客运输服务质量规范》对车站图形标志有何要求？ …… 157
19.《铁路旅客运输服务质量规范》中规定车站应设有哪些指示标志？ …… 157
20.《铁路旅客运输服务质量规范》规定车站应公布哪些服务信息？ …… 157
21.《铁路旅客运输服务质量规范》对售票窗口前一米线的设置有何规定？ …… 157
22.《铁路旅客运输服务质量规范》中服务语言文字的使用有何规定？ …… 157

23.《铁路旅客运输服务质量规范》对电子显示设备质量有何规定？ …… 158
24.《铁路旅客运输服务质量规范》中对电子信息设备的使用范围及显示内容有何规定？ …… 158
25.《铁路旅客运输服务质量规范》售票设施的配备应达到什么标准？ …… 158
26.《铁路旅客运输服务质量规范》中规定售票窗口应有哪些设备？ …… 158
27.《铁路旅客运输服务质量规范》规定售票窗口应向旅客显示哪些信息？ …… 159
28.《铁路旅客运输服务质量规范》中对补票处的位置及设备有何要求？ …… 159
29.《铁路旅客运输服务质量规范》中对候车区域布局及设备有何规定？ …… 159
30.《铁路旅客运输服务质量规范》中对问讯处的位置及设备有何规定？ …… 159
31.《铁路旅客运输服务质量规范》对候车区饮水处的位置及设备有何要求？ …… 159
32.《铁路旅客运输服务质量规范》对卫生间有何要求？ …… 159
33.《铁路旅客运输服务质量规范》对检票口的设置有何要求？ …… 160
34.《铁路旅客运输服务质量规范》中对行包房的设施设备有何规定？ …… 160
35.《铁路旅客运输服务质量规范》规定站台应有哪些设施设备，其设置标准是什么？ …… 160
36.《铁路旅客运输服务质量规范》中对客车给水有何规定？ …… 160

37.《铁路旅客运输服务质量规范》对工作人员仪容的整体要求是什么？ …… 160
38.《铁路旅客运输服务质量规范》中对工作人员发型有何要求？ …… 160
39.《铁路旅客运输服务质量规范》对工作人员面部、手部有何要求？ …… 161
40.《铁路旅客运输服务质量规范》对工作人员着装有何规定？ …… 161
41.《铁路旅客运输服务质量规范》中要求工作人员如何佩戴职务标志？ …… 161
42.《铁路旅客运输服务质量规范》要求工作人员面对旅客时举止有何要求？ …… 161
43.《铁路旅客运输服务质量规范》对旅客候车环境的要求是什么？ …… 162
44.《铁路旅客运输服务质量规范》对服务处所的卫生设施有何要求？ …… 162
45.《铁路旅客运输服务质量规范》对保洁工作有何要求？ …… 162
46.《铁路旅客运输服务质量规范》对服务处所的温度有何规定？ …… 162
47.《铁路旅客运输服务质量规范》对服务场所照明度有何规定？ …… 163
48.《铁路旅客运输服务质量规范》对车站广播有何要求？ …… 163
49.《铁路旅客运输服务质量规范》规定如何受理旅客咨询、投诉？ …… 163
50.《铁路旅客运输服务质量规范》规定重点旅客可享受哪些特殊服务？ …… 163

51.《铁路旅客运输服务质量规范》中对售票窗口的设置有何规定？ …… 163
52.《铁路旅客运输服务质量规范》中规定售票窗口应有哪些提示？ …… 164
53.《铁路旅客运输服务质量规范》规定车站如何验票？ …… 164
54.《铁路旅客运输服务质量规范》规定如何组织旅客候车？ …… 164
55.《铁路旅客运输服务质量规范》规定车站怎样提示检票时间？ …… 164
56.《铁路旅客运输服务质量规范》规定怎样组织旅客检票进站？ …… 164
57.《铁路旅客运输服务质量规范》规定如何进行站台旅客组织？ …… 164
58.《铁路旅客运输服务质量规范》对出站旅客的组织有何规定？ …… 164
59.《铁路旅客运输服务质量规范》中对装卸、搬运行包有何要求？ …… 165
60.《铁路旅客运输服务质量规范》车站工作人员如何进行客车给水作业？ …… 165
61.《铁路旅客运输服务质量规范》规定旅客列车晚点如何公告旅客？ …… 165
62.《铁路旅客运输服务质量规范》中遇车底变更如何办理？ …… 165
63.《铁路旅客运输服务质量规范》对车站餐饮食品经营卫生有何规定？ …… 166
64.《铁路旅客运输服务质量规范》对车站内的广告设置有何要求？ …… 166

65.《铁路旅客运输服务质量规范》对客运工作人员素质和工作经历有何要求? …… 166
二、《铁路旅客运输服务质量规范(列车部分)》 …… 166
1.《铁路旅客运输服务质量规范》中对重点旅客是如何定义的? …… 166
2.《铁路旅客运输服务质量规范》中对动车组列车是如何定义的? …… 167
3.《铁路旅客运输服务质量规范》对普速旅客列车是如何定义的? …… 167
4.《铁路旅客运输服务质量规范》中关于安全管理制度有哪些? …… 167
5.《铁路旅客运输服务质量规范》中要求动车组应配备哪些应急设备? 如何存放? …… 167
6.《铁路旅客运输服务质量规范》中要求动车组乘务人员应掌握哪些应急设备知识? …… 167
7.《铁路旅客运输服务质量规范》对旅客列车灭火器的配备、存放和质量有何要求? …… 167
8.《铁路旅客运输服务质量规范》对普速旅客列车洗脸间、厕所防护栏的安装有何要求? …… 167
9.《铁路旅客运输服务质量规范》对动车组电器设备的使用和管理有何规定? …… 168
10.《铁路旅客运输服务质量规范》对普速旅客列车安装和使用电器设备有何规定? …… 168
11.《铁路旅客运输服务质量规范》中对普速旅客列车餐车炉灶的清理有何规定? …… 168
12.《铁路旅客运输服务质量规范》对普速旅客列车电气化厨房设备的操作有何规定? …… 168

13.《铁路旅客运输服务质量规范》对动车组列车车门管理有何规定？ …………………………………………… 169
14.《铁路旅客运输服务质量规范》对普速旅客列车的车门管理是如何规定的？ ……………………………… 169
15.《铁路旅客运输服务质量规范》中普速旅客列车端门、边门的管理有何规定？ ………………………………… 169
16.《铁路旅客运输服务质量规范》规定列车停站时乘务人员如何立岗？ ………………………………………… 170
17.《铁路旅客运输服务质量规范》中对列车秩序的维护有哪些规定？ ……………………………………… 170
18.《铁路旅客运输服务质量规范》中要求普速旅客列车临时停车时乘务人员应做好哪些工作？ ………………… 170
19.《铁路旅客运输服务质量规范》对列车设置在端门、护栏处的安全提示标志有何规定？ ………………………… 170
20.《铁路旅客运输服务质量规范》要求如何保证高站台作业安全？ ………………………………………………… 170
21.《铁路旅客运输服务质量规范》中对动车组列车禁烟工作有何规定？ …………………………………………… 171
22.《铁路旅客运输服务质量规范》中对普速旅客列车禁烟工作有何规定？ ………………………………………… 171
23.《铁路旅客运输服务质量规范》对动车组列车行李的放置有何要求？ …………………………………………… 171
24.《铁路旅客运输服务质量规范》对普速旅客列车行李的放置有何要求？ ………………………………………… 171
25.《铁路旅客运输服务质量规范》中对乘务人员进出站和动车所(客技站)时如何安全通过线路？ …………………… 171

26.《铁路旅客运输服务质量规范》规定，为保证安全，列车乘务人员班前班中应做到什么？ …… 172
27.《铁路旅客运输服务质量规范》要求发现旅客可疑携带品和无人认领物品如何处理？ …… 172
28.《铁路旅客运输服务质量规范》中对发现行为、神情异常旅客的处理有何规定？ …… 172
29.《铁路旅客运输服务质量规范》对儿童票标高线的位置和尺寸有何要求？ …… 172
30.《铁路旅客运输服务质量规范》对列车服务图形标志有何要求？ …… 172
31.《铁路旅客运输服务质量规范》中对列车服务备品的配置有何要求？ …… 173
32.《铁路旅客运输服务质量规范》对列车卧具的配备有何要求？ …… 173
33.《铁路旅客运输服务质量规范》对列车清扫工具的存放有何规定？ …… 173
34.《铁路旅客运输服务质量规范》对列车垃圾箱(桶)套用的垃圾袋有何要求？ …… 173
35.《铁路旅客运输服务质量规范》中垃圾箱的配备数量和质量有何要求？ …… 173
36.《铁路旅客运输服务质量规范》中车厢卫生标准是什么？ …… 174
37.《铁路旅客运输服务质量规范》对餐车厨具的存放有何规定？ …… 174
38.《铁路旅客运输服务质量规范》对列车厕所卫生有何要求？ …… 174

39.《铁路旅客运输服务质量规范》中卧铺车备品整理标准是什么？ …… 174
40.《铁路旅客运输服务质量规范》对贴身卧具的保管和洗涤存放有何要求？ …… 174
41.《铁路旅客运输服务质量规范》规定乘务人员在值乘中要做好哪些卫生工作？ …… 175
42.《铁路旅客运输服务质量规范》对列车上易积水、积污部位的清洁工作有何要求？ …… 175
43.《铁路旅客运输服务质量规范》对餐车各部位卫生有何要求？ …… 175
44.《铁路旅客运输服务质量规范》对车上垃圾的处理是如何规定的？ …… 175
45.《铁路旅客运输服务质量规范》中对动车旅客消耗品的供应和存放有何规定？ …… 175
46.《铁路旅客运输服务质量规范》对动车组列车到站后的卫生标准是如何规定的？ …… 175
47.《铁路旅客运输服务质量规范》对普速旅客列车到站后的卫生标准是如何规定的？ …… 176
48.《铁路旅客运输服务质量规范》对列车工作人员的仪容仪表有何要求？ …… 176
49.《铁路旅客运输服务质量规范》中对列车工作人员的着装有何规定？ …… 176
50.《铁路旅客运输服务质量规范》要求列车工作人员如何佩戴职务标志？ …… 176
51.《铁路旅客运输服务质量规范》中对列车工作人员服务用语有何规定？ …… 177

52.《铁路旅客运输服务质量规范》规定如何回答旅客问询? …… 177
53.《铁路旅客运输服务质量规范》对列车工作人员的举止有何要求? …… 177
54.《铁路旅客运输服务质量规范》中对列车工作人员立岗姿势有何要求? …… 177
55.《铁路旅客运输服务质量规范》中对列车进出站时工作人员立岗有何规定? …… 177
56.《铁路旅客运输服务质量规范》对需要踩踏旅客座椅进行作业时有何规定? …… 178
57.《铁路旅客运输服务质量规范》对夜间作业有何要求? …… 178
58.《铁路旅客运输服务质量规范》对工作人员在面对旅客时的行为举止有何要求? …… 178
59.《铁路旅客运输服务质量规范》对列车广播用语和内容有何要求? …… 178
60.《铁路旅客运输服务质量规范》中“一站两报”的内容是什么? …… 178
61.《铁路旅客运输服务质量规范》中对动车组列车锁闭厕所有何规定? …… 179
62.《铁路旅客运输服务质量规范》对普速旅客列车锁闭厕所有何规定? …… 179
63.《铁路旅客运输服务质量规范》中对旅客首问负责制有何规定? …… 179
64.《铁路旅客运输服务质量规范》规定对旅客遗失物品如何处理? …… 179
65.《铁路旅客运输服务质量规范》对列车无障碍设施设备的设置有何要求? …… 179
66.《铁路旅客运输服务质量规范》对重点旅客的服务有何要求? …… 179

67.《铁路旅客运输服务质量规范》对途经少数民族地区车站列车广播和服务标识有何要求？ …………………… 180
68.《铁路旅客运输服务质量规范》对列车配备应急备品有何要求？ …………………………………………………… 180
69.《铁路旅客运输服务质量规范》要求旅客列车应分建立健全哪些应急预案？对预案内容的学习培训有何要求？ …………………………………………………… 180
70.《铁路旅客运输服务质量规范》规定什么情况下启动应急预案并应做好哪些工作？ …………………………… 180
71.《铁路旅客运输服务质量规范》要求动车组列车晚点如何向旅客通告？ ………………………………………… 180
72.《铁路旅客运输服务质量规范》要求普速旅客列车晚点如何向旅客通告？ …………………………………… 181
73.《铁路旅客运输服务质量规范》要求动车组遇空调故障时如何处理？ ………………………………………… 181
74.《铁路旅客运输服务质量规范》要求普速旅客列车空调故障时如何处理？ …………………………………… 181
75.《铁路旅客运输服务质量规范》规定普速旅客列车车底变更时如何办理？ …………………………………… 181
76.《铁路旅客运输服务质量规范》中动车组车门故障的处理是如何规定的？ ………………………………………… 182
77.《铁路旅客运输服务质量规范》中对动车组发生烟火报警时的处理办法有何规定？ ……………………… 182
78.《铁路旅客运输服务质量规范》要求变更径路列车组织旅客时要做好哪些工作？ ……………………… 182
79.《铁路旅客运输服务质量规范》中对商品销售有何规定？ …………………………………………………… 182

80.《铁路旅客运输服务质量规范》规定如何保证列车售出食品安全？ …… 182
81.《铁路旅客运输服务质量规范》对行李车货仓设置和货物码放有何要求？ …… 183
82.《铁路旅客运输服务质量规范》对列车上经营广告的内容和安装有何规定？ …… 183
83.《铁路旅客运输服务质量规范》对列车员的岗位业务技能有何要求？ …… 183
84.《铁路旅客运输服务质量规范》中对列车管理制度的落实是怎样规定的？ …… 183
85.《铁路旅客运输服务质量规范》规定旅客列车如何落实岗位责任制？ …… 183
86.《铁路旅客运输服务质量规范》对列车业务票据、台账、报表的填写和保管有何规定？ …… 184
87.《铁路旅客运输服务质量规范》对宿营车管理有何规定？ …… 184
三、《铁路旅客运输服务质量》(GB/T 25341.1—2019) …… 184
1. 何谓铁路旅客运输合同？ …… 184
2. 何谓铁路旅客运输服务质量？ …… 184
3. 何谓铁路旅客车站？ …… 184
4. 何谓旅客列车？何谓客流？ …… 184
5. 何谓铁路客户服务？ …… 184
6.《铁路旅客运输服务质量》基本要求中对安全有何具体规定？ …… 184
7.《铁路旅客运输服务质量》基本要求中对正点有何具体规定？ …… 185
8.《铁路旅客运输服务质量》基本要求中对可及有何具体规定？ …… 185

9.《铁路旅客运输服务质量》基本要求中对便捷有何具体规定？ …… 185
10.《铁路旅客运输服务质量》基本要求中对舒适有何具体规定？ …… 186
11.《铁路旅客运输服务质量》基本要求中对绿色有何具体规定？ …… 186
12.《铁路旅客运输服务质量》服务管理中服务组织铁路运输企业应符合哪些要求？ …… 186
13.《铁路旅客运输服务质量》服务管理中服务人员应符合哪些要求？ …… 187
14.《铁路旅客运输服务质量》服务管理中服务合同有哪些要求？ …… 187
15.《铁路旅客运输服务质量》中车票应载明哪些内容？ …… 187
16.《铁路旅客运输服务质量》中车票宜载明哪些内容？ …… 188
17.《铁路旅客运输服务质量》中车票可载明哪些内容？ …… 188
18.《铁路旅客运输服务质量》中行李票内容应包括哪些？ … 188
19.《铁路旅客运输服务质量》通用要求规定铁路运输企业提供的服务环境和设施设备应满足哪些要求？ …… 189
20.《铁路旅客运输服务质量》一般要求规定车站服务环境和设施设备应满足哪些要求？ …… 189
21.《铁路旅客运输服务质量》对车站广场区域有哪些要求？ …… 189
22.《铁路旅客运输服务质量》规定站房内符合哪些要求？ … 190
23.《铁路旅客运输服务质量》规定站房各处所照度有何具体规定？ …… 191
24.《铁路旅客运输服务质量》规定进站集散厅或进站区域符合哪些要求？ …… 191
25.《铁路旅客运输服务质量》规定售票厅符合哪些要求？ … 191

26.《铁路旅客运输服务质量》规定候车区(厅、室)符合哪些要求? …… 191
27.《铁路旅客运输服务质量》规定进站、出站检票口应满足安全疏散及无障碍通行要求,并符合哪些要求? …… 192
28.《铁路旅客运输服务质量》规定行李房应符合哪些要求? …… 193
29.《铁路旅客运输服务质量》对站场有何具体要求? …… 193
30.《铁路旅客运输服务质量》规定站台应符合哪些要求? …… 193
32.《铁路旅客运输服务质量》规定对铁路旅客运输服务应符合哪些具体要求? …… 193
33.《铁路旅客运输服务质量》规定对铁路旅客运输服务的服务过程包括哪7个基本环节? …… 194
34.《铁路旅客运输服务质量》规定对票务服务有哪些具体要求? …… 194
35.《铁路旅客运输服务质量》规定对进站服务有哪些具体要求? …… 195
36.《铁路旅客运输服务质量》规定对候车服务有哪些具体要求? …… 195
37.《铁路旅客运输服务质量》规定对站台服务有哪些具体要求? …… 195
38.《铁路旅客运输服务质量》规定对行李运输服务有哪些具体要求? …… 196
39.《铁路旅客运输服务质量》规定对出站服务有哪些具体要求? …… 196
40.《铁路旅客运输服务质量》规定对应急和补救服务有哪些具体要求? …… 196
41.《铁路旅客运输服务质量》规定对服务信息有哪些具体要求? …… 196

42.《铁路旅客运输服务质量》规定铁路运输企业应为旅客提供哪几类信息? …… 197
43.《铁路旅客运输服务质量》规定安全信息包括哪些内容? …… 197
44.《铁路旅客运输服务质量》规定价格信息包括哪些内容? …… 197
45.《铁路旅客运输服务质量》规定票务信息包括哪些内容? …… 197
46.《铁路旅客运输服务质量》规定进站信息包括哪些内容? …… 197
47.《铁路旅客运输服务质量》规定检票信息包括哪些内容? …… 197
48.《铁路旅客运输服务质量》规定列车运行信息包括哪些内容? …… 197
49.《铁路旅客运输服务质量》规定出站信息包括哪些内容? …… 198
50.《铁路旅客运输服务质量》规定客户服务信息包括哪些内容? …… 198
51.《铁路旅客运输服务质量》对客户服务有何具体规定? … 198
52.《铁路旅客运输服务质量》对服务评价与改进有何具体规定? …… 198

第十五部分　客运站旅客服务作业

一、候车室作业 …… 200
1. 候车服务对岗接班的主要内容及要求有哪些? …… 200
2. 候车服务班中作业的主要内容及要求有哪些? …… 200
3. 候车服务班后整理作业的主要内容及要求有哪些? …… 201
4. 候车服务对岗交班作业的主要内容及要求有哪些? …… 201
二、进站检票口作业 …… 201
1. 进站检票对岗接班作业的主要内容及要求有哪些? …… 201
2. 进站检票班后整理作业的主要内容及要求有哪些? …… 201
3. 进站检票对岗交班作业的主要内容及要求有哪些? …… 201

三、站台作业 …………………………………………………… 201
1. 站台服务对岗接班作业的主要内容及要求有哪些？……… 201
2. 站台服务班中作业的主要内容及要求有哪些？…………… 201
3. 站台服务班后整理作业的主要内容及要求有哪些？……… 202
4. 站台服务对岗交班作业的主要内容及要求有哪些？……… 202
四、出站口作业 ………………………………………………… 202
1. 出站验票对岗接班作业的主要内容及要求有哪些？……… 202
2. 出站验票班后整理作业的主要内容及要求有哪些？……… 202
3. 出站验票对岗交班作业的主要内容及要求有哪些？……… 203
五、问讯处作业 ………………………………………………… 203
1. 问讯(服务)对岗接班作业的主要内容及要求有哪些？…… 203
2. 问讯(服务)班中作业的主要内容及要求有哪些？………… 203
3. 问讯(服务)班整理作业的主要内容及要求有哪些？……… 203
4. 问讯(服务)对岗交班作业的主要内容及要求有哪些？…… 203
六、广播室作业 ………………………………………………… 204
1. 广播员对岗接班作业的主要内容及要求有哪些？ ……… 204
2. 广播员班中作业的主要内容及要求有哪些？ …………… 204
3. 广播员资料积累的主要内容及要求有哪些？…………… 204
4. 广播员班后整理作业的主要内容及要求有哪些？……… 204
5. 广播员对岗交班作业的主要内容及要求有哪些？……… 205
七、软席(贵宾)候车作业 ……………………………………… 205
1. 软席(贵宾)候车服务对岗接班作业的主要内容及要求有哪些？………………………………………………………… 205
2. 软席(贵宾)候车服务班中作业的主要内容及要求有哪些？………………………………………………………… 205
3. 软席(贵宾)候车服务班后整理作业的主要内容及要求有哪些？ ……………………………………………………… 205

4. 软席(贵宾)候车服务对岗交班作业的主要内容及要求有哪些? …… 206
八、遗失物品服务作业 …… 206
1. 遗失物品服务班前准备作业的主要内容及要求有哪些? …… 206
2. 遗失物品的接受登记作业的主要内容及要求有哪些? …… 206
3. 遗失物品的保管和处理作业的主要内容及要求有哪些? …… 206

第十六部分　客运记录、铁路电报

1. 客运记录有何用途? …… 208
2. 编写客运记录注意事项有哪些? …… 208
3. 客运记录编写的基本要求是什么? …… 208
4. 哪些情况列车应编写客运记录? …… 209
5. 哪些情况车站应编写客运记录? …… 211
6. 铁路电报有何作用? …… 212
7. 铁路电报有何分类? …… 212
8. 铁路电报可主送哪些部门? …… 212
9. 列车遇哪些情况应拍发铁路电报? …… 213
10. 车站遇哪些情况应拍发铁路电报? …… 214
11. 拟编电文应掌握哪些基本方法? …… 215
12. 拍发铁路电报应注意哪些事项? …… 216
13. 《关于部分客运记录实施电子化的通知》(运营客管电〔2016〕2656 号)对列车客运记录电子化有何要求? …… 216
14. 《关于部分客运记录实施电子化的通知》(运营客管电〔2016〕2656 号)要求哪些情况执行特殊规定? …… 217

15.《关于部分客运记录实施电子化的通知》(运营客管电〔2016〕2656号)对信息核验有何要求? …………………… 217

第十七部分 铁路旅客人身伤害及携带品损失处理

一、车站部分 ………………………………………………………… 220
1. 哪些情形的旅客人身伤害事故,属于车站应承担相关责任的? ………………………………………………………… 220
2. 车站发生旅客人身伤害时,车站应如何处理? …………… 220
3. 车站对本站发生的及列车移交的伤害旅客,应当如何组织急救? 对产生的医疗费用是如何规定的? ………… 221
4. 车站受伤旅客经现场抢救无效死亡或对站内、区间发现的旅客尸体,如何处理? ……………………………… 221
5. 车站发生旅客人身伤害、应如何保护好现场? …………… 222
6. 车站发现进站乘车的旅客精神异常时,如何办理? ……… 222
7. 发生旅客人身伤害后,车站应如何做好调查取证工作? … 222
8. 旅客在法定时限内索赔且能够证明伤害是在铁路旅客运输过程中发生的,受理单位应如何办理? …………… 222
9. 哪些情形造成的旅客人身伤害时应当立即向铁路公安机关报警? …………………………………………………… 223
10. 发生哪些旅客人身伤害及携带品损失应当通知铁路公安机关? ………………………………………………………… 223
11. 车站发生旅客人身伤害时,应如何做好报告工作? ……… 224
12. 车站发生旅客人身伤害,报告(含速报)内容主要包括哪些? ………………………………………………………… 224
13. 发生旅客人身伤害后,发生地车站(车务段)或处理站应组织哪些单位成立善后处理工作组做好处理? ……… 224
14. 发生旅客人身伤害后,工作组负责哪些工作? …………… 224

15. 受伤旅客治疗结束或死亡旅客遗体处理完毕，工作组应做好哪些工作？ …… 225
16. 受伤旅客治疗结束或死亡旅客遗体处理完毕，医疗费用如何核定？ …… 225
17. 受伤旅客治疗结束或死亡旅客遗体处理完毕，残疾赔偿金应如何计算？ …… 225
18. 发生旅客人身伤害后，如何办理赔付？ …… 225
19. 发生旅客人身伤害后，赔付需向责任单位或发生单位转账时，如何办理？ …… 226
20. 发生旅客人身伤害，赔偿金及其他费用由谁承担？ …… 226
21. 旅客人身伤害是旅客自身原因或第三方造成时，铁路垫付费用如何办理？ …… 226
22. 旅客人身伤害处理完毕后，应做哪些工作？ …… 226
23. 铁路局集团公司应当如何做好铁路旅客人身伤害的上报工作？ …… 226
24. 铁路旅客人身伤害案卷应当如何保管？ …… 227
25. 车站应当如何按规定安装、使用视频监控设备？ …… 227
26. 铁路局集团公司及站、段对旅客人身伤害及携带品损失处理应配备哪些设备？ …… 227
27. 何谓铁路旅客运输过程？ …… 227
28. 发生旅客携带品损失时，旅客或其继承人、代理人要求赔付时，如何办理？ …… 227
二、列车部分 …… 228
1. 哪些情形的旅客人身伤害事故，属于列车应承担相关责任的？ …… 228
2. 列车发生旅客人身伤害时，如何处理？ …… 228
3. 列车因旅客伤害需交车站处理时，如何办理？ …… 228

4. 旅客不同意在列车指定的停车站下车处理时，如何办理？ … 228
5. 列车因旅客伤害严重需紧急停车处理或发生 3 人以上疑似食物中毒时，如何处理？ ………………………… 228
6. 列车发现旅客在区间坠车时，如何处理？ ……………… 229
7. 列车如发现旅客在区间坠车不具备停车条件或者迟延发现时，如何处理？ ……………………………… 229
8. 如列车发生旅客人身伤害、需要保护现场时，如何处理？ …… 229
9. 发生旅客人身伤害后，列车应如何做好调查取证工作？ … 229
10. 列车向车站移交伤害旅客时，如何做好站车移交工作？ …… ……………………………………………… 230
11. 列车发现精神异常旅客时，如何处理？ ……………… 230
12. 哪些情形造成的旅客人身伤害时应当立即向铁路公安机关报警？ ………………………………… 231
13. 发生旅客人身伤害及携带品损失且遇有哪些情形之一的，应当及时通知铁路公安机关？ ……………… 231
14. 发生旅客人身伤害时，应如何做好报告工作？ ………… 231
15. 发生旅客人身伤害，报告(含速报)内容主要包括哪些？ …… 232
16. 列车应当如何按规定安装、使用视频监控设备？ ………… 232

第十八部分　应急处置

1. 普速旅客列车空调失效应急处置程序是什么？ ………… 234
2. 动车组列车空调失效应急处置程序是什么？ ……………… 235
3. 旅客转乘如何规定？ ………………………………… 237
4. 旅客列车发生晚点通用应急处置程序是什么？ ………… 237
5. 旅客列车发生旅客人身伤害和突发疾病通用应急处置程序是什么？ ……………………………………… 238

6. 旅客列车发生反恐防暴处置原则是什么？ …………………… 240
7. 旅客列车发生反恐防暴处置措施是什么？ …………………… 240
8. 旅客列车发生劫持人质恐怖事件时应急处置措施是什么？ … 240
9. 旅客列车上发现爆炸物品时应急处置程序是什么？ ……… 242
10. 旅客列车上发现可疑爆炸物的应急处置程序是什么？ … 242
11. 旅客列车发生纵火、爆炸案应急处置程序是什么？ ……… 243
12. 旅客列车发生生物化学及核辐射恐怖活动的应急处置程序是什么？ ……………………………………………… 244
13. 旅客列车运行中发生异音异响、击碎玻璃应急处置程序是什么？ ……………………………………………… 244
14. 旅客列车在非桥梁隧道地段疏散旅客应急处置程序是什么？ ……………………………………………… 245
15. 旅客列车在长大隧道内运行时发生火情或火灾的应急处置办法是什么？ ………………………………………… 246
16. 发现旅客携带，夹带危险物品的应急处置办法是什么？ ………………………………………………… 247
17. 使用紧急制动阀有何规定？ ………………………………… 247
18. 遇有滥用列车紧急制动阀停车的处理办法是什么？ …… 247
19. 发生行包偏载或超载造成钩差超限时的应急处置办法是什么？ ……………………………………………… 248
20. 列车超员压死弹簧或钩差超限时的应急处置办法是什么？ ……………………………………………… 248
21. 对精神异常旅客的应急处理办法是什么？ ……………… 248
22. 发生挤、烫、砸、摔、碰等伤情时的应急处理办法是什么？ ……………………………………………… 249
23. 对第三者责任造成旅客伤害时的应急处理办法是什么？ … 249

24. 遇少数民族旅客在列车上发生疾病死亡的应急处理办法是什么? …… 249
25. 发生旅客食物中毒的应急处理办法是什么? …… 249
26. 列车上发生旅客分娩时的应急处理办法是什么? …… 250
27. 列车途中甩车的应急处理办法是什么? …… 250
28. 因天气不良或其他原因造成始发列车晚点时的应急处理办法是什么? …… 251
29. 因事故影响或其他特殊情况造成动车组列车晚点时如何处理? …… 251
30. 动车组列车晚点行车组织预案是什么? …… 251
31. 动车组列车发生旅客集体拒绝下车的应急处理办法是什么? …… 252
32. 发生突发紧急情况(火灾、爆炸)时的疏散方式是什么? …… 252
33. 动车组列车临时停靠低站台旅客乘降组织预案是什么? …… 252
34. 车站应如何对售票系统突发故障应急处理? …… 253
35. 旅客或行李物品跌落站台,如何处理? …… 253
36. 旅客与列车发生矛盾,在站拦截列车,如何处理? …… 253
37. 列车严重超员,旅客上不去车,如何处理? …… 254
38. 行包超量到达或大件多,造成卸不下或装不上,如何处理? …… 254
39. 车站发现无人护送的精神异常者如何处理? …… 254
40. 车站有犯人乘车时如何处理? …… 254

第十九部分　铁路交通事故调查处理

1. 事故有几个等级? …… 256
2. 哪些情形构成特别重大事故? …… 256

3. 哪些情形构成重大事故？ …………………………………… 256
4. 哪些情形构成较大事故？ …………………………………… 257
5. 一般事故如何分类？ ………………………………………… 257
6. 事故报告的主要内容是什么？ ……………………………… 257
7. 事故调查组有哪些职责？ …………………………………… 258
8.《铁路交通事故调查报告》的内容是什么？ ………………… 258
9. 事故调查组向组织事故调查组的机关提交《铁路交通事故调查报告》有何期限？ ………………………………… 258
10.《铁路交通事故认定书》包括哪些内容？ ………………… 259
11. 事故如何分类？ …………………………………………… 259
12. 铁路机车车辆与行人、机动车、非机动车、牲畜及其他障碍物相撞造成事故如何判定责任？ ………………… 259

第二十部分　铁路国际旅客联运

1. 参加国际旅客联运的国家有哪些？ ………………………… 262
2. 国际联运的乘车票据由哪些收据组成？ …………………… 262
3. 客票和补加费收据可乘坐哪些车厢？ ……………………… 262
4. 客票和补加费收据应载有哪些主要事项？ ………………… 263
5. 卧铺票应载明有哪些主要事项？ …………………………… 263
6. 客票有效期有何规定？ ……………………………………… 263
7. 儿童乘车条件有何规定？ …………………………………… 264
8. 国际旅客联运中免费运送携带品有哪些规定？ …………… 264
9. 国际旅客联运中禁止哪些物品按携带品运送？ …………… 265
10. 行李运送标准有何规定？ ………………………………… 265
11. 哪些物品禁止按行李、包裹托运？ ……………………… 265
12. 准许按包裹运送的物品有哪些？ ………………………… 266

第二十一部分　卫生防疫及红十字应急抢救

1. 站容卫生要达到什么标准? ………………………… 268
2. 车站饮食供应要达到什么卫生标准? ………………… 268
3.《铁路车站、旅客列车卫生监督管理办法》对车站卫生设施配备和保洁工作有何要求? ………………… 269
4.《铁路车站、旅客列车卫生监督管理办法》对车站供水卫生有何要求? ………………………………… 269
5.《铁路车站、旅客列车卫生监督管理办法》对车站候车、购票处所的环境卫生有何要求? ………………… 269
6. 什么是铁路突发公共卫生事件? …………………… 269
7. 红十字应急抢救原则是什么? ……………………… 270
8. 现场心肺复苏的目的是什么? ……………………… 270
9. 现场心肺复苏操作步骤有哪些? …………………… 270

第二十二部分　旅客运输服务心理

1. 旅客的共性心理需求有哪些? ……………………… 272
2. 旅客的安全心理需求有哪些? ……………………… 272
3. 承运人应如何满足旅客的安全心理需求? …………… 273
4. 旅客的顺畅心理需求是指什么? …………………… 273
5. 承运人如何满足旅客的顺畅心理需求? …………… 273
6. 旅客的快捷心理需求是指什么? …………………… 273
7. 旅客的方便心理需求是指什么? …………………… 273
8. 承运人如何满足旅客的方便心理需求? …………… 274
9. 旅客的经济心理需求是指什么? …………………… 274
10. 旅客的舒适心理需求是指什么? ………………… 274
11. 旅客的安静心理需求是指什么? ………………… 274

12. 承运人如何满足旅客的安静心理需求? …………………… 274
13. 旅客的尊重心理需求是指什么? …………………………… 275
14. 如何为急躁型旅客服务? ………………………………… 275
15. 如何为活泼型旅客服务? ………………………………… 275
16. 如何为稳重型旅客服务? ………………………………… 275
17. 如何为忧郁型旅客服务? ………………………………… 276
18. 如何为老年旅客服务? …………………………………… 276
19. 如何为中年旅客服务? …………………………………… 276
20. 如何为青年旅客服务? …………………………………… 276
21. 旅客群体有什么特点? …………………………………… 277
22. 如何为群体旅客服务? …………………………………… 277
23. 如何掌握旅客的心理活动? ……………………………… 277
24. 旅客投诉的原因有哪些? ………………………………… 278
25. 旅客投诉心理现象有哪些? ……………………………… 278
26. 残疾人的共同心理特征是什么? ………………………… 279
27. 如何为残疾人服务? ……………………………………… 279

第二十三部分　客运相关文电

1.《高铁快运业务管理办法》(铁总运〔2016〕220 号)
对高铁快运如何定义? ………………………………… 282
2. 办理高铁快运业务的车站应满足哪些条件? ……………… 282
3. 办理高铁快运业务的列车应满足哪些条件? ……………… 283
4. 哪些物品不能办理高铁快运? …………………………… 283
5. 行包运输业务标签费、装卸费如何核收? ……………… 283
6.《铁路行包运输管理办法》(铁总运〔2016〕259 号)
规定行包运输组织原则是什么? ………………………… 283
7. 超重包裹办理范围是什么? ……………………………… 283

8.《关于加强行包装卸作业管理的通知》(运营专业电〔2013〕2659号)对行包装卸车作业有何要求？ …………… 284
9. 搬运、装卸行包有何要求？ …………………………… 284
10. 行包作业使用拖车有何要求？ ……………………… 284
11. 行包牵引车、叉车在站台作业有何要求？ ………… 285
12.《关于明确退票改签收费有关事项的通知》(铁客〔2021〕15号)对退票费收费标准有何规定？ ……… 285
13.《关于实行"变更到站"服务有关事项的通知》(铁总运电〔2015〕108号)中"变更到站"如何定义？ ……… 286
14."变更到站"有何条件？ …………………………… 286
15."变更到站" 如何办理？ …………………………… 286
16. 办理"车票改签"如何计算票价？ ………………… 287
17.《关于重新确定动车组车厢地面标识的通知》(运营客管电〔2014〕1034号)对动车组车厢标识位置有何规定？ ……………………………………………… 287
18. 动车组车厢标识颜色有何规定？ ………………… 287
19. 动车组列车上水、吸污有何原则？ ……………… 287
20.《旅客列车给水工作管理办法》(铁总运〔2014〕224号)对旅客列车给水站给水设备的能力有何要求？ ……… 288
21. 普速旅客列车给水原则是什么？ ………………… 288
22. 车站给水作业程序是什么？ ……………………… 289
23. 关于限制携带自行车进站上车的公告内容是什么？ …… 289
24. 在列车运行途中发现客车车窗(门)玻璃破损后如何处理？ ……………………………………………… 290
25. 在列车运行途中发现客车车窗(门)玻璃破损后通报程序如何规定？ ………………………………… 290
26. 在列车运行途中发现客车车窗(门)玻璃破损，停车后如何处理？ ……………………………………… 291

27. 在列车运行途中发现客车车窗(门)玻璃破损后,终到处理如何规定? ······ 291
28. 铁路客运各单位对特殊重点旅客服务及视力残疾旅客携带导盲犬购票乘车服务工作有何要求? ······ 292
29. 对携带导盲犬进站乘车的视力残疾旅客,需核验旅客本人哪些信息和证件? ······ 292
30. 对导盲犬候车、乘车期间,有何要求? ······ 295
参考文献 ······ 297

第一部分　铁路职业道德

【导读】

本部分主要介绍铁路职业道德的内涵、铁路职业道德的基本规范。通过本部分学习,读者可以明确的了解铁路职业道德的主要内容和基本要求,在日常工作中以职业道德标准来要求自己。

1. 什么是职业道德?

答:职业道德就是同人们的职业活动紧密联系的符合职业特点所要求的道德准则、道德情操与道德品质的总和。

2. 什么是铁路职业道德?

答:铁路职工在铁路运输生产活动和与此有关的工作中应遵守的行为规范的总和。

3. 铁路职业道德的宗旨和原则是什么?

答:"人民铁路为人民"是铁路职业道德的宗旨和基本原则,是铁路职业道德的总纲和精髓,在铁路职业道德体系中处于核心地位。

4. 为什么说铁路职业道德是和谐铁路建设的重要保证?

答:(1)铁路职业道德建设有助于提高铁路干部职工队伍的整体素质。职业素质是一个人在职业活动中所体现的职业技能、职业道德、职业精神等因素的综合。其中职业道德对职业素质的提高发挥着导向、动力和保证作用。

(2)铁路职业道德建设有助于促进安全生产。安全是铁路运输的生命线,是和谐铁路建设的重要目标。铁路运输安全不仅取决于运输设备等硬件,还取决于广大干部职工思想深处的安全意识。

(3)铁路职业道德建设有助于创新服务理念,提高服务质量。服务旅客,服务货主是铁路运输生产的职责。

(4)铁路职业道德建设有助于增强铁路企业的凝聚力,塑造和谐铁路的良好形象。企业凝聚力是一种合力,是企业内部和谐的结果。

5. 铁路职业道德基本规范是什么?

答:(1)尊客爱货,热情周到。

(2)注重质量,讲究信誉。

(3)遵章守纪,保证安全。

(4)团结协作,顾全大局。

(5)艰苦奋斗,勇于奉献。

(6)廉洁自律,秉公办事。

(7)爱路护路,尽职尽责。

(8)率先垂范,当好公仆。

6. 尊客爱货、热情周到的含义是什么?

答:尊客爱货指的是铁路职工对自身服务对象的态度和道德情感。热情周到指的是铁路运输服务的优质程度及所要达到的效果。

7. 为什么要尊重旅客、货主?

答:铁路运输业的服务性,决定了旅客、货主的意志和愿望在整个运输过程中起主导作用。

8. 尊重旅客、货主应做到哪些?

答:尊重旅客、货主,首先要做到文明礼貌待客,最重要的是要做到语言文明、仪表端庄、环境整洁、微笑服务。

9. 尊客爱货、热情周到的具体要求有哪些?

答:(1)树立全心全意为人民服务的观念。树立全心全意为人民服务的观念是贯彻尊客爱货、热情周到的思想基础。

(2)钻研业务技术,提高服务质量。主动积极地为旅客、货主服务,总是要通过铁路职工各自岗位上的业务工作体现出来。

①刻苦学习文化知识,深入钻研现代科技。

②苦练基本功,方便八方客。

③掌握服务规律,增强服务效果。

④完善服务方式,讲究服务艺术。

10. 遵章守纪、保证安全的含义是什么?

答:遵章守纪指的是铁路职工在从事各自的职业活动中,始终按照明文规定的各种行为规则,一丝不苟地完成生产作业的行为。保证安全指的是在铁路这部大联动机里,运输生产各部门、各环节要始终处于有序可控、基本稳定的状态。

11. 遵章守纪、保证安全的具体要求有哪些?

答:(1)树立安全第一、预防为主的观念。安全第一、预防为主,就是要求铁路企业和职工把安全放在各项具体工作的首要位置,时刻按照规章制度办事,严格实行标准化作业,防患于未然,防止和避免事故的发生。

(2)坚持进行遵章守纪职业道德教育,反对"两个主义",克服"两违" 现象,使职工养成严格遵章守纪的职业习惯。

(3)营造遵章守纪的氛围,形成遵章守纪光荣、违章违纪可耻的道德风尚。

12. 团结协作、顾全大局的具体要求是什么?

答:(1)树立在大局下行动的观念。增强顾全大局的意识,是在大局下行动的前提。

(2)自觉搞好与路内外各部门、各单位、各环节的团结协作。铁路是一个多部门、多层次有机构成的整体。铁路职工在职业活动中,应该自觉搞好与路内外各个方面的团结协作。

13. 注重质量、讲究信誉的具体要求是什么?

答:(1)树立质量第一、信誉为重的观念。注重质量、讲究信誉必须在思想上树立质量第一、信誉为重的观念。

(2)提高技能、严守规程、精心操作。一是苦练本领、提高技能,铁路现代化必须依靠一支职业技能高、素质好的职工队伍;二是严守规程、精心操作;三是待人以诚、恪守信义、建立信誉。

14. 艰苦奋斗、勇于奉献的含义是什么?

答:艰苦奋斗、勇于奉献作为铁路职工职业道德,有着知难而进、吃苦耐劳、献身事业、不计名利的具体内容。

15. 廉洁自律、秉公办事的含义是什么?

答:廉洁自律、秉公办事并不仅仅是领导干部的职业道德,也是现代铁路企业职工应该自觉遵循的一种职业行为规范。

16. 廉洁自律、秉公办事的具体要求有哪些?

答:(1)树立廉洁自律、秉公办事的观念。

(2)慎独守志,接受监督。

(3)坚持原则、抵制歪风。

17. 爱路护路、尽职尽责的具体要求是什么?

答:(1)树立爱路护路、尽职尽责的观念。

(2)知法守法,爱护国家财物。

(3)见义勇为,坚决同一切破坏铁路运输的不法行为作斗争。

18. 率先垂范、当好公仆的含义是什么?

答:(1) 忠于职守。

(2)勇于进取。

(3)求真务实。

(4)作风民主。

(5)公正廉洁。

(6)以身作则。

19. 率先垂范、当好公仆的具体要求是什么?

答:(1)树立率先垂范、当好公仆的理念。

(2)密切联系群众,自觉接受群众监督。

(3)身体力行,做遵守和倡导职业道德的模范。

第二部分　铁路安全相关法律法规

【导读】

本部分主要对《中华人民共和国民法典》《中华人民共和国安全生产法》《中华人民共和国铁路法》等相关法律知识作了简要概述，旨在提高客运职工的安全意识。

1.《民法典》[①]对运输合同如何定义？

答：运输合同是承运人将旅客或者货物从起运地点运输到约定地点，旅客、托运人或者收货人支付票款或者运输费用的合同。

2.《民法典》对承运人的权利、义务有何规定？

答：从事公共运输的承运人不得拒绝旅客、托运人通常、合理的运输要求。

承运人应当在约定期限或者合理期限内将旅客、货物安全运输到约定地点。

承运人应当按照约定的或者通常的运输路线将旅客、货物运输到约定地点。

承运人应当严格履行安全运输义务，及时告知旅客安全运输应当注意的事项。

承运人应当对运输过程中旅客的伤亡承担赔偿责任；但是，伤亡是旅客自身健康原因造成的或者承运人证明伤亡是旅客故意、重大过失造成的除外。

注：承运人此项义务适用于按照规定免票、持优待票或者经承运人许可搭乘的无票旅客。

① 《中华人民共和国民法典》简称，下同。

承运人在运输过程中，应当尽力救助患有急病、分娩、遇险的旅客。

承运人擅自降低服务标准的，应当根据旅客的请求退票或者减收票款；提高服务标准的，不得加收票款。

承运人应当按照有效客票记载的时间、班次和座位号运输旅客。承运人迟延运输或者有其他不能正常运输情形的，应当及时告知和提醒旅客，采取必要的安置措施，并根据旅客的要求安排改乘其他班次或者退票；由此造成旅客损失的，承运人应当承担赔偿责任，但是不可归责于承运人的除外。

3.《民法典》对旅客、托运人或者收货人的权利、义务有何规定？

答：旅客对承运人为安全运输所作的合理安排应当积极协助和配合。

旅客、托运人或者收货人应当支付票款或者运输费用。承运人未按照约定路线或者通常路线运输增加票款或者运输费用的，旅客、托运人或者收货人可以拒绝支付增加部分的票款或者运输费用。

旅客应当按照有效客票记载的时间、班次和座位号乘坐。旅客无票乘坐、超程乘坐、越级乘坐或者持不符合减价条件的优惠客票乘坐的，应当补交票款，承运人可以按照规定加收票款；旅客不支付票款的，承运人可以拒绝运输。

实名制客运合同的旅客丢失客票的，可以请求承运人挂失补办，承运人不得再次收取票款和其他不合理费用。

旅客因自己的原因不能按照客票记载的时间乘坐的，应当在约定的期限内办理退票或者变更手续；逾期办理的，承运人可以不退票款，并不再承担运输义务。

旅客随身携带行李应当符合约定的限量和品类要求；超过限

量或者违反品类要求携带行李的，应当办理托运手续。

在运输过程中旅客随身携带物品毁损、灭失，承运人有过错的，应当承担赔偿责任。

旅客托运的行李毁损、灭失的，适用货物运输的有关规定。

旅客不得随身携带或者在行李中夹带易燃、易爆、有毒、有腐蚀性、有放射性以及可能危及运输工具上人身和财产安全的危险物品或者违禁物品。旅客违反此项规定的，承运人可以将危险物品或者违禁物品卸下、销毁或者送交有关部门。旅客坚持携带或者夹带危险物品或者违禁物品的，承运人应当拒绝运输。

4.《民法典》对客运合同成立有何规定?

答:客运合同自承运人向旅客出具客票时成立，但是当事人另有约定或者另有交易习惯的除外。

5. 制定《安全生产法》①的目的是什么? 何时开始实施?

答:为了加强安全生产工作，防止和减少生产安全事故，保障人民群众生命和财产安全，促进经济社会持续健康发展，制定本法。本法自 2021 年 9 月 1 日起施行。

6.《安全生产法》的适用范围有哪些?

答:在中华人民共和国领域内从事生产经营活动的单位(以下统称生产经营单位)的安全生产，适用本法;有关法律、行政法规对消防安全和道路交通安全、铁路交通安全、水上交通安全、民用航空安全以及核与辐射安全、特种设备安全另有规定的，适用其规定。

7.《安全生产法》所规定的安全生产工作应该坚持的方针是什么?

答:安全生产工作坚持中国共产党的领导。安全生产工作应

① 《中华人民共和国安全生产法》简称，下同。

当以人为本，坚持人民至上、生命至上，把保护人民生命安全摆在首位，树牢安全发展理念，坚持安全第一、预防为主、综合治理的方针，从源头上防范化解重大安全风险。

8.《安全生产法》所规定的安全生产工作的机制是什么？

答：安全生产工作应当实行管行业必须管安全、管业务必须管安全、管生产经营必须管安全，强化和落实生产经营单位的主体责任与政府监管责任，建立生产经营单位的主体责任与政府监管责任，建立生产经营单位负责、职工参与、政府监管、行业自律和社会监管的机制。

9.《安全生产法》规定的生产经营单位的义务是什么？

答：生产经营单位必须遵守本法和其他有关安全生产的法律、法规，加强安全生产管理，建立、健全安全全员生产责任制和安全生产规章制度，加大对安全生产资金、物资、人员的投入保障力度，改善安全生产条件，加强安全生产标准化、信息化建设，构建安全风险分级管控和隐患排查治理双重预防体系，提高安全生产水平，确保安全生产。

10.《安全生产法》规定生产经营单位的从业人员的权利、义务是什么？

答：生产经营单位的从业人员有依法获得安全生产保障的权利，并应当依法履行安全生产方面的义务。

11.《安全生产法》规定的生产经营单位的工会的职能是什么？

答：生产经营单位的工会依法对安全生产工作进行监督。生产经营单位的工会依法组织职工参加本单位安全生产工作的民主管理和民主监督，维护职工在安全生产方面的合法权益。生产经营单位制定或者修改有关安全生产的规章制度，应当听取工会的意见。

12. 国务院安全生产监督管理部门以及有关部门的职责是什么?

答:(1)国务院应急管理部门依照《安全生产法》,对全国安全生产工作实施综合监督管理。

(2)国务院交通部门、住房城乡建设、水力、民航等有关部门依照《安全生产法》和其他有关法律、行政法规的规定,在各自的职责范围内对有关行业、领域的安全生产工作实施监督管理。

(3)国务院有关部门应当按照保障安全生产的要求,依法及时制定有关的国家标准或者行业标准,并根据科技进步和经济发展适时修订。

13.《安全生产法》对生产经营单位及安全生产管理人员的职责如何规定的?

答:生产经营单位的安全生产管理机构以及安全生产管理人员应当恪尽职守,依法履行职责。

生产经营单位作出涉及安全生产的经营决策,应当听取安全生产管理机构以及安全生产管理人员的意见。

生产经营单位不得因安全生产管理人员依法履行职责而降低其工资、福利等待遇或者解除与其订立的劳动合同。

14.《安全生产法》对生产经营单位有关从业人员的安全生产教育是如何规定的?

答:生产经营单位应当对从业人员进行安全生产教育和培训,保证从业人员具备必要的安全生产知识,熟悉有关的安全生产规章制度和安全操作规程,掌握本岗位的安全操作技能,了解事故应急处理措施,知悉自身在安全生产方面的权利和义务。未经安全生产教育和培训合格的从业人员,不得上岗作业。

生产经营单位应当建立安全生产教育和培训档案,如实记录安全生产教育和培训的时间、内容、参加人员以及考核结果等情况。

15.《安全生产法》对生产经营单位采用新工艺、新技术、新材料是如何规定的?

答:生产经营单位采用新工艺、新技术、新材料或者使用新设备,必须了解、掌握其安全技术特性,采取有效的安全防护措施,并对从业人员进行专门的安全生产教育和培训。

16.《安全生产法》对生产经营单位特种作业人员的从业要求是什么?

答:生产经营单位的特种作业人员必须按照国家有关规定经专门的安全作业培训,取得相应资格,方可上岗作业。

特种作业人员的范围由国务院应急管理部门会同国务院有关部门确定。

17.《安全生产法》规定生产经营单位与从业人员订立合同的要求是什么?

答:生产经营单位与从业人员订立的劳动合同,应当载明有关保障从业人员劳动安全、防止职业危害的事项,以及依法为从业人员办理工伤保险的事项。

生产经营单位不得以任何形式与从业人员订立协议,免除或者减轻其对从业人员因生产安全事故伤亡依法应承担的责任。

18.《安全生产法》规定从业人员的安全生产权利是什么?

答:(1) 生产经营单位的从业人员有权了解其作业场所和工作岗位存在的危险因素、防范措施及事故应急措施,有权对本单位的安全生产工作提出建议。(知情权和建议权)

(2)从业人员有权对本单位安全生产工作中存在的问题提出批评、检举、控告;有权拒绝违章指挥和强令冒险作业。(批评检举权和拒绝作业权)

生产经营单位不得因从业人员对本单位安全生产工作提出

批评、检举、控告或者拒绝违章指挥、强令冒险作业而降低其工资、福利等待遇或者解除与其订立的劳动合同。

(3)从业人员发现直接危及人身安全的紧急情况时,有权停止作业或者在采取可能的应急措施后撤离作业场所。(紧急撤离权)

生产经营单位不得因从业人员在紧急情况下停止作业或者采取紧急撤离措施而降低其工资、福利等待遇或者解除与其订立的劳动合同。

(4)生产经营单位发生生产安全事故后,应当及时采取措施救治有关人员。

因生产安全事故受到损害的从业人员,除依法享有工伤保险外,依照有关民事法律尚有获得赔偿的权利的,有权提出赔偿要求。

19.《安全生产法》规定从业人员的安全生产义务是什么?

答:(1)从业人员在作业过程中,应当严格落实岗位安全责任,遵守本单位的安全生产规章制度和操作规程,服从管理,正确佩戴和使用劳动防护用品。

(2)从业人员应当接受安全生产教育和培训,掌握本职工作所需的安全生产知识,提高安全生产技能,增强事故预防和应急处理能力。

(3)从业人员发现事故隐患或者其他不安全因素,应当立即向现场安全生产管理人员或者本单位负责人报告;接到报告的人员应当及时予以处理。

20.《安全生产法》对生产经营单位制定安全事故应急预案是如何规定的?

答:生产经营单位应当制定本单位生产安全事故应急救援预案,与所在地县级以上地方人民政府组织制定的生产安全事故应急救援预案相衔接，并定期组织演练。

21.《安全生产法》规定安全事故调查处理的原则是什么？

答：事故调查处理应当按照科学严谨、依法依规、实事求是、注重实效的原则，及时、准确地查清事故原因，查明事故性质和责任，评估应急处置工作，总结事故教训，提出整改措施，并对事故责任单位和人员提出处理建议。事故调查报告应当依法及时向社会公布。事故调查和处理的具体办法由国务院制定。

22.《安全生产法》对安全事故调查处理的法律责任是如何划分的？

答：生产经营单位发生生产安全事故，经调查确定为责任事故的，除了应当查明事故单位的责任并依法予以追究外，还应当查明对安全生产的有关事项负有审查批准和监督职责的行政部门的责任，对有失职、渎职行为的，依照《安全生产法》第九十条的规定追究法律责任。

任何单位和个人不得阻挠和干涉对事故的依法调查处理。

23.《安全生产法》规定安全生产监督管理部门的法律责任是什么？

答：负有安全生产监督管理职责的部门，要求被审查、验收的单位购买其指定的安全设备、器材或者其他产品的，在对安全生产事项的审查、验收中收取费用的，由其上级机关或者监察机关责令改正，责令退还收取的费用；情节严重的，对直接负责的主管人员和其他直接责任人员依法给予处分。

24.《安全生产法》规定承担安全评价、认证、检测、检验职责的机构法律责任是什么？

答：承担安全评价、认证、检测、检验职责的机构租借资质、挂靠、出具虚假报告的，没收违法所得；违法所得在 10 万元以上的，并处违法所得 2 倍以上 5 倍以下的罚款；没有违法所得或者违法所得不足10万元的，单处或者并处10万元以上20万元以下的罚款；对其直接负责的主管人员和其他直接责任人员处5万元以上10万元以下的罚款；给他人造成损害的，与生产经营单位承担连带赔偿责任；构成犯罪的，依照刑法有关规定追究刑事责任。

对有前款违法行为的机构及其直接责任人员，吊销其相应资质和资格，5年内不得从事安全评价、认证、检测、检验等工作，情节严重的，实行终身行业和职业禁入。

25.《安全生产法》规定生产经营单位的主要负责人未履行生产管理职责，导致发生生产安全事故应如何处理？

答：生产经营单位的主要负责人未履行《安全生产法》规定的安全生产管理职责，导致发生生产安全事故的，由安全生产监督管理部门依照下列规定处以罚款：

（1）发生一般事故的，处上一年年收入40%的罚款。

（2）发生较大事故的，处上一年年收入60%的罚款。

（3）发生重大事故的，处上一年年收入80%的罚款。

（4）发生特别重大事故的，处上一年年收入100%的罚款。

26.《安全生产法》规定生产经营单位的从业人员不落实岗位安全责任，不服从管理，违反安全生产规章制度或者操作规程的应负什么法律责任？

答：由生产经营单位给予批评教育，依照有关规章制度给予处分；构成犯罪的，依照刑法有关规定追究刑事责任。

27.《安全生产法》中对生产经营单位拒绝、阻碍有关部门监督检查的，应负什么法律责任？

答：违反《安全生产法》规定，生产经营单位拒绝、阻碍负有安全生产监督管理职责的部门依法实施监督检查的，责令改正；拒不改正的，处2万元以上20万元以下的罚款；对其直接负责的主管人员和其他直接责任人员处1万元以上2万元以下的罚款；构成犯罪的，依照刑法有关规定追究刑事责任。

28.《安全生产法》规定危险物品、重大危险源的含义是什么？

答：危险物品，是指易燃易爆物品、危险化学品、放射性物品等能够危及人身安全和财产安全的物品。

重大危险源，是指长期地或者临时地生产、搬运、使用或者储存危险物品，且危险物品的数量等于或者超过临界量的单元（包括场所和设施）。

29.《安全生产法》中国务院规定的生产安全事故是如何划分的？

答：《安全生产法》规定的生产安全一般事故、较大事故、重大事故、特别重大事故的划分标准由国务院规定。

国务院应急管理部门和其他负有安全生产监督管理职责的部门应当根据各自的职责分工，制定相关行业、领域重大危险源的辨识标准和重大事故隐患的判定标准。

30. 制定《铁路法》①的目的是什么？

答：为了保障铁路运输和铁路建设的顺利进行，适应社会主义现代化建设和人民生活的需要，制定《铁路法》。

31.《铁路法》规定的铁路包括哪些？

答：《铁路法》所称铁路，包括国家铁路、地方铁路、专用铁路和铁路专用线。

国家铁路是指由国务院铁路主管部门管理的铁路。

地方铁路是指由地方人民政府管理的铁路。

专用铁路是指由企业或者其他单位管理，专为本企业或者本单位内部提供运输服务的铁路。

铁路专用线是指由企业或者其他单位管理的与国家铁路或者其他铁路线路接轨的岔线。

---

① 《中华人民共和国铁路法》简称，下同。

32.《铁路法》中全国铁路工作的主管部门是什么？行使行政管理职能的部门是什么？

答：国务院铁路主管部门主管全国铁路工作，对国家铁路实行高度集中、统一指挥的运输管理体制，对地方铁路、专用铁路和铁路专用线进行指导、协调、监督和帮助。

国家铁路运输企业行使法律、行政法规授予的行政管理职能。

33.《铁路法》中国家对于全国铁路工作的规划是什么？

答：国家重点发展国家铁路，大力扶持地方铁路的发展。

34.《铁路法》规定铁路运输企业的宗旨是什么？

答：铁路运输企业必须坚持社会主义经营方向和为人民服务的宗旨，改善经营管理，切实改进路风，提高运输服务质量。

35.《铁路法》规定公民对于铁路设施的义务是什么？

答：公民有爱护铁路设施的义务。禁止任何人破坏铁路设施，扰乱铁路运输的正常秩序。

36.《铁路法》对铁路运输合同是如何规定的？

答：铁路运输合同是明确铁路运输企业与旅客、托运人之间权利义务关系的协议。

旅客车票、行李票、包裹票和货物运单是合同或者合同的组成部分。

37.《铁路法》中规定旅客乘车条件是什么？

答：旅客乘车应当持有效车票，对无票乘车或者持失效车票乘车的，应当补收票款，并按照规定加收票款；拒不交付的，铁路运输企业可以责令下车。

38.《铁路法》对于国家铁路和地方铁路的货物运输计划是如何规定的？

答：国家铁路和地方铁路根据发展生产、搞活流通的原则，安排货物运输计划。

对抢险救灾物资和国家规定需要优先运输的其他物资，应予优先运输。

地方铁路运输的物资需要经由国家铁路运输的，其运输计划应当纳入国家铁路的运输计划。

39.《铁路法》中铁路运输企业不承担赔偿责任的情况有哪些?

答:由于下列原因造成的货物、包裹、行李损失的，铁路运输企业不承担赔偿责任:

(1)不可抗力。

(2)货物或者包裹、行李中的物品本身的自然属性，或者合理损耗。

(3)托运人、收货人或者旅客的过错。

40.《铁路法》中国家铁路的旅客票价率和货物、行李的运价率是如何制订的?

答:国家铁路的旅客票价率和货物、行李的运价率实行政府指导价或者政府定价，竞争性领域实行市场调节价。政府指导价、政府定价的定价权限和具体适用范围以中央政府和地方政府的定价目录为依据。铁路旅客、货物运输杂费的收费项目和收费标准由铁路运输企业自主制定。

41.《铁路法》中铁路运输企业的旅客、货物联运是如何规定的?

答:铁路运输企业与公路、航空或者水上运输企业相互间实行国内旅客、货物联运，依照国家有关规定办理;国家没有规定的，依照有关各方的协议办理。

国家铁路、地方铁路参加国际联运，必须经国务院批准。

42.《铁路法》中发生铁路运输合同争议应如何处理?

答:发生铁路运输合同争议的，铁路运输企业和托运人、收货人或者旅客可以通过调解解决;不愿意调解解决或者调解不成的，可以依据合同中的仲裁条款或者事后达成的书面仲裁协议，向国家规定的仲裁机构申请仲裁。

当事人一方在规定的期限内不履行仲裁机构的仲裁决定的，另一方可以申请人民法院强制执行。

当事人没有在合同中订立仲裁条款，事后又没有达成书面仲裁协议的，可以向人民法院起诉。

43.《铁路法》中规定铁路的标准轨距是多少？窄轨铁路轨距是多少？

答：铁路的标准轨距为 1 435 mm。新建国家铁路必须采用标准轨距。

窄轨铁路的轨距为 762 mm 或者 1 000 mm。

新建和改建铁路的其他技术要求应当符合国家标准或者行业标准。

44.《铁路法》规定维护铁路治安秩序的机构是什么？

答：铁路公安机关和地方公安机关分工负责共同维护铁路治安秩序。车站和列车内的治安秩序，由铁路公安机关负责维护；铁路沿线的治安秩序，由地方公安机关和铁路公安机关共同负责维护，以地方公安机关为主。

45.《铁路法》中危险品的运送规定是什么？

答：运输危险品必须按照国务院铁路主管部门的规定办理，禁止以非危险品品名托运危险品。

禁止旅客携带危险品进站上车。铁路公安人员和国务院铁路主管部门规定的铁路职工，有权对旅客携带的物品进行运输安全检查。实施运输安全检查的铁路职工应当佩戴执勤标志。

危险品的品名由国务院铁路主管部门规定并公布。

46.《铁路法》中对损毁行车设施、铁路线路的行为应如何处置？

答：对损毁、移动铁路信号装置及其他行车设施或者在铁路线路上放置障碍物的，铁路职工有权制止，可以扭送公安机关处理。

47.《铁路法》中对偷乘、攀附列车行为应如何处置?

答:禁止偷乘货车、攀附行进中的列车或者击打列车。对偷乘货车、攀附行进中的列车或者击打列车的,铁路职工有权制止。

48.《铁路法》中对在铁路线上行走、坐卧的行为应如何处置?

答:禁止在铁路线路上行走、坐卧。对在铁路线路上行走、坐卧的行为,铁路职工有权制止。

49.《铁路法》对在铁路线路范围内放牧的规定是什么?

答:禁止在铁路线路两侧 20 m 以内或者铁路防护林地内放牧。对在铁路线路两侧 20 m 以内或者铁路防护林地内放牧的,铁路职工有权制止。

50.《铁路法》规定对聚众拦截列车、冲击行车调度机构行为应如何处置?

答:对聚众拦截列车或者聚众冲击铁路行车调度机构的,铁路职工有权制止;不听制止的,公安人员现场负责人有权命令解散;拒不解散的,公安人员现场负责人有权依照国家有关规定决定采取必要手段强行驱散,并对拒不服从的人员强行带离现场或者予以拘留。

51.《铁路法》规定对哄抢铁路运输物资的行为应如何处置?

答:对哄抢铁路运输物资的,铁路职工有权制止,可以扭送公安机关处理;现场公安人员可以予以拘留。

52.《铁路法》规定对寻衅滋事,扰乱公共秩序的行为应如何处置?

答:在列车内,寻衅滋事,扰乱公共秩序,危害旅客人身、财产安全的,铁路职工有权制止,铁路公安人员可以予以拘留。

53.《铁路法》中规定在列车内发生传染病时应如何处理?

答:在车站和旅客列车内,发生法律规定需要检疫的传染病时,由铁路卫生检疫机构进行检疫;根据铁路卫生检疫机构的请求，地方卫生检疫机构应予协助。

货物运输的检疫，依照国家规定办理。

54.《铁路法》规定发生铁路交通事故的处理流程是什么？

答：发生铁路交通事故，铁路运输企业应当依照国务院和国务院有关主管部门关于事故调查处理的规定办理，并及时恢复正常行车，任何单位和个人不得阻碍铁路线路开通和列车运行。

55.《铁路法》规定发生铁路行车事故并造成人身伤亡时，铁路运输企业的赔偿责任是如何划分的？

答：因铁路行车事故及其他铁路运营事故造成人身伤亡的，铁路运输企业应当承担赔偿责任；如果人身伤亡是因不可抗力或者由于受害人自身的原因造成的，铁路运输企业不承担赔偿责任。

56.《铁路法》对铁路事故中因自身原因造成人身伤亡的情况有哪些？

答：违章通过平交道口或者人行过道，或者在铁路线路上行走、坐卧造成人身伤亡，属于受害人自身的原因造成的人身伤亡。

57.《铁路法》规定携带危险品以及管制物品进站导致重大事故的，应如何处置？

答：违反《铁路法》规定，携带危险品进站上车或者以非危险品品名托运危险品，导致发生重大事故的，依照刑法有关规定追究刑事责任。企业事业单位、国家机关、社会团体犯本款罪的，处以罚金，对其主管人员和直接责任人员依法追究刑事责任。

携带炸药、雷管或者非法携带枪支子弹、管制刀具进站上车的，依照刑法有关规定追究刑事责任。

58.《铁路法》规定对故意损毁移动行车信号装置、放置足以使列车倾覆的障碍物造成严重后果，应付什么法律责任？

答：故意损毁、移动铁路行车信号装置或者在铁路线路上放置足以使列车倾覆的障碍物，依照刑法有关规定追究刑事责任。

59.《铁路法》对于盗窃行车设施零部件、线路器材行为的法律责任是什么？

答：盗窃铁路线路上行车设施的零件、部件或者铁路线路上的器材，危及行车安全，依照刑法有关规定追究刑事责任。

60.《铁路法》规定对于聚众拦截列车不听制止的、冲击铁路行车调度机构的、聚众哄抢铁路运输物资的主要分子应负的法律责任是什么？

答：聚众拦截列车、冲击铁路行车调度机构不听制止的、对首要分子和骨干分子依照刑法有关规定追究刑事责任。

聚众哄抢铁路运输物资的，对首要分子和骨干分子依照刑法有关规定追究刑事责任。铁路职工与其他人员勾结犯罪的，从重处罚。

61.《铁路法》对在列车内发生伤害旅客的行为应如何处置？

答：在列车内，抢劫旅客财物，伤害旅客的，依照刑法有关规定从重处罚。

在列车内，寻衅滋事，侮辱妇女，情节恶劣的，依照刑法有关规定追究刑事责任；敲诈勒索旅客财物的，依照刑法有关规定追究刑事责任。

62.《铁路法》规定对于倒卖车票行为应负的法律责任是什么？

答：倒卖旅客车票，构成犯罪的，依照刑法有关规定追究刑事责任。铁路职工倒卖旅客车票或者与其他人员勾结倒卖旅客车票的，依照刑法有关规定追究刑事责任。

63.《铁路法》规定对擅自在铁路线路上铺设平交道口、人行过道的行为应如何处置？

答：擅自在铁路线路上铺设平交道口、人行过道的，由铁路公安机关或者地方公安机关责令限期拆除，可以并处罚款。

64.《铁路法》对铁路运输企业多收运费、票款、运输杂费的情况是如何规定的?

答:铁路运输企业违反《铁路法》规定,多收运费、票款或者旅客、货物运输杂费的,必须将多收的费用退还付款人,无法退还的上缴国库。将多收的费用据为己有或者侵吞私分的,依照刑法有关规定追究刑事责任。

65.《铁路法》对铁路职工利用职务之便走私、投机倒把的行为应负的法律责任是如何规定的?

答:铁路职工利用职务之便走私,或者与其他人员勾结走私的,依照刑法有关规定追究刑事责任。

66.《铁路法》对铁路职工玩忽职守、违反规章制度、滥用职权谋取私利的行为应付什么法律责任?

答:铁路职工玩忽职守、违反规章制度造成铁路运营事故的,滥用职权、利用办理运输业务之便谋取私利的,给予行政处分;情节严重、构成犯罪的,依照刑法有关规定追究刑事责任。

第三部分　铁路旅客运输安全管理

【导读】

本部分主要介绍了旅客进站禁止携带的违禁物品、危险货物的运输要求、铁路相关部门在旅客运输安全检查管理中的职责等内容。通过学习，读者可以对旅客运输安全管理相关知识有个系统的了解。

1.《铁路安全管理条例》何时实施？

答：《铁路安全管理条例》(2013 年 7 月 24 日国务院第 18 次常务会议审议通过)自 2014 年 1 月 1 日起施行。

2.《铁路旅客运输安全检查管理办法》何时开始施行？

答：交通运输部令 2014 年第 21 号关于《铁路旅客运输安全检查管理办法》，自 2015 年 1 月 1 日起施行。

3. 为什么要制订《铁路旅客运输安全检查管理办法》？

答：为了加强铁路运输安全管理，保障广大旅客的生命财产安全，适应当前安全形势与维护铁路站车秩序需要。

4.《铁路旅客运输安全检查管理办法》中旅客运输安全检查是指什么？

答：铁路旅客运输安全检查是指铁路运输企业在车站、列车对旅客及其随身携带、托运的行李物品进行安全检查的活动。

5.《铁路旅客运输安全检查管理办法》中危险品是如何定义的？

答：危险物品是指易燃易爆物品、危险化学品、放射性物品和传染病病原体及枪支、管制器具等可能危及生命财产安全的器械、物品。

6. 旅客在安全检查中有哪些义务和权利？

答：旅客应当接受并配合铁路运输企业的安全检查工作。

对旅客进行人身检查时，铁路运输企业应当依法保障旅客人身权利不受侵害。旅客申明不宜公开检查的可疑物品，可以根据实际情况，在适当场合检查。开包检查时，旅客应当在场。

7.《铁路旅客运输安全检查管理办法》中规定，旅客不配合铁路进行安全检查时应如何处理？

答：旅客应当接受并配合铁路运输企业的安全检查工作。拒绝配合的，铁路运输企业应当拒绝其进站乘车和托运行李物品。

8.《铁路旅客运输安全检查管理办法》对旅客物品开包安检有何规定？

答：安全检查人员发现可疑物品时可以当场开包检查。开包检查时，旅客应当在场。安全检查人员认为不适合当场开包检查或者旅客申明不宜公开检查的，可以根据实际情况，移至适当场合检查。

9.《铁路旅客运输安全检查管理办法》对查出的危险品处理有何规定？

答：铁路运输企业在旅客进站或托运人托运前查出的危险物品，或旅客携带禁止携带物品、超过规定数量的限制携带物品的，可由旅客或托运人选择交送行人员带回或自弃交车站处理。

10.《铁路旅客运输安全检查管理办法》对无法判明性质的物品应如何处理？

答：对怀疑为危险物品，但受客观条件限制又无法认定其性质的，旅客或托运人又不能提供该物品性质和可以经旅客列车运输的证明时，铁路运输企业有权拒绝其进站乘车或托运。

11.《铁路旅客运输安全检查管理办法》中规定哪些情况应交由公安机关处理？

答：铁路运输企业在安全检查过程中，对扰乱安全检查工作秩序、妨碍安全检查人员正常工作的，应当予以制止；不听劝阻的，交由公安机关处理。

12.《铁路旅客运输安全检查管理办法》规定，对安检时发现的枪支弹药等危险物品应如何处理？

答：安全检查中发现携带枪支弹药、管制器具、爆炸物品等危险物品，或者旅客声称本人随身携带枪支弹药、管制器具、爆炸物品等危险物品的，铁路运输企业应当交由公安机关处理，并采取必要的先期处置措施。

13. 旅客进站时携带禁止携带物品、超过规定数量的限制携带物品或者疑似危险物品怎么处理？

答：安全检查人员在检查中发现旅客携带禁止携带物品、超过规定数量的限制携带物品或者疑似危险物品的，有权拒绝其进站乘车。

14. 旅客进站时违法携带、夹带管制器具或者违法携带、托运烟花爆竹、枪支弹药等危险物品或者其他违禁物品怎么处理？

答：旅客违法携带、夹带管制器具或者违法携带、托运烟花爆竹、枪支弹药等危险物品或者其他违禁物品的，由公安机关依法给予治安管理处罚；构成犯罪的，依法追究刑事责任。

15. 铁路运输企业在铁路旅客运输安全检查管理中有哪些责任和权利？

答：铁路运输企业是铁路旅客运输安全检查的责任主体，应当在铁路旅客车站和列车配备满足铁路运输安全检查需要的设备和人员，为安全检查提供必要的场地和作业条件，提供专门处置危险物品的场所；应当在车站和列车等服务场所内，通过多种方式公告禁止或者限制携带物品种类及其数量等。

铁路运输企业可以采取多种方式检查旅客及其随身携带或者托运的物品；对于拒绝配合安全检查的旅客，铁路运输企业应当拒绝其进站乘车和托运行李物品。

16. 公安部门在铁路旅客运输安全检查管理中有哪些职责？

答：公安机关应当按照职责分工，维护车站、列车等铁路场所和铁路沿线的治安秩序。

公安机关对违法携带、夹带管制器具或者违法携带、托运烟花爆竹、枪支弹药等危险物品或者其他违禁物品的旅客，依法给予治安管理处罚；构成犯罪，依法追究刑事责任。

17. 铁路监管部门在铁路旅客运输安全检查管理中有哪些职责？

答：铁路监管部门应当加强监督检查，督促铁路运输企业落实旅客运输安全检查制度；加强旅客运输安全检查实施情况的调研分析，不断完善管理制度；加强相关投诉举报的处理，依法查处违法违规行为等。铁路监管部门的工作人员对旅客运输安全检查情况实施监督检查、处理投诉举报时，应当恪尽职守，廉洁自律，秉公执法。

18. 火车票实名购买、查验对铁路运输企业及旅客分别有何要求？

答：铁路运输企业应当按照国务院铁路行业监督管理部门的规定实施火车票实名购买、查验制度。实施火车票实名购买、查验制度的，旅客应当凭有效身份证件购票乘车；对车票所记载身份信息与所持身份证件或者真实身份不符的持票人，铁路运输企业有权拒绝其进站乘车。

铁路运输企业应当采取有效措施为旅客实名购票、乘车提供便利，并加强对旅客身份信息的保护。铁路运输企业工作人员不得窃取、泄露旅客身份信息。

19. 铁路运输企业对旅客的安全检查有什么要求？

答：旅客应当接受并配合铁路运输企业在车站、列车实施的安全检查，不得违法携带、夹带管制器具，不得违法携带、托运烟花爆竹、枪支弹药等危险物品或者其他违禁物品。禁止或者限制携带的物品种类及其数量由国务院铁路行业监督管理部门会同公安机关规定，并在车站、列车等场所公布。

20. 铁路运输托运人托运货物、行李、包裹，不得有哪些行为？

答：铁路运输托运人托运货物、行李、包裹，不得有下列行为：

(1)匿报、谎报货物品名、性质、重量。

(2)在普通货物中夹带危险货物，或者在危险货物中夹带禁止配装的货物。

(3)装车、装箱超过规定重量。

21.《铁路危险货物运输管理规则》(铁总运〔2017〕164 号)**何时实施？**

答：《铁路危险货物运输管理规则》(技术规章编号：TG/HY 105—2017)，自 2017 年 8 月 1 日起施行。

22.《铁路危险货物运输管理规则》指出哪些物品属于危险货物？

答：危险货物，是指具有爆炸、易燃、毒害、感染、腐蚀、放射性等危险特性，在铁路运输、装卸和储存保管过程中，容易造成人身伤亡、财产毁损或者环境污染而需要特别防护的物质和物品。

23. 危险货物如何分类？

答：根据《危险货物分类和品名编号》(GB 6944)和《危险货物品名表》(GB 12268)，结合铁路运输实际情况，铁路危险货物按其具有的危险性或主要危险性划入 9 类中的一类；有些类别再分成项别。这些类别和项别分列如下：

第 1 类　爆炸品。

第 1.1 项　有整体爆炸危险的物质和物品；

第 1.2 项　有迸射危险，但无整体爆炸危险的物质和物品；

第 1.3 项　有燃烧危险并有局部爆炸危险或局部迸射危险或

两种危险都有，但无整体爆炸危险的物质和物品；

第 1.4 项　不呈现重大危险的物质和物品；

第 1.5 项　有整体爆炸危险的非常不敏感物质；

第 1.6 项　无整体爆炸危险的极端不敏感物品。

第 2 类　气体。

第 2.1 项　易燃气体；

第 2.2 项　非易燃无毒气体；

第 2.3 项　毒性气体。

第 3 类　易燃液体。

第 3.1 项　一级易燃液体；

第 3.2 项　二级易燃液体。

第 4 类　易燃固体、易于自燃的物质、遇水放出易燃气体的物质。

第 4.1 项　易燃固体；

第 4.2 项　易于自燃的物质；

第 4.3 项　遇水放出易燃气体的物质。

第 5 类　氧化性物质和有机过氧化物。

第 5.1 项　氧化性物质；

第 5.2 项　有机过氧化物。

第 6 类　毒性物质和感染性物质。

第 6.1 项　毒性物质；

第 6.2 项　感染性物质。

第 7 类　放射性物质(物品)。

第 8 类　腐蚀性物质。

第 8.1 项　酸性腐蚀性物质；

第 8.2 项　碱性腐蚀性物质；

第 8.3 项　其他腐蚀性物质。

第9类　杂项危险物质和物品。

第9.1项　危害环境的物质；

第9.2项　高温物质；

第9.3项　经过基因修改的微生物或组织，不属感染性物质，但可以非正常地天然繁殖结果的方式改变动物、植物或微生物物质。

不属于上述9类危险货物，在铁路运输过程中易引起燃烧、需采取防火措施的货物，属易燃普通货物。

24. 托运人托运危险货物时，应注意哪些事项？

答：托运人托运危险货物时，应如实表明收货人名称、货物的名称、性质、重量、数量等，不得匿报、谎报品名、性质、重量，不得在普通货物中夹带危险货物。

25. 危险货物运输有何要求？

答：危险货物应快装、快卸、快取、快送、优先编组、优先挂运。站内停放危险货物车辆时，应采取安全防护措施，对需要看护的重点危险货物，由车站派员看守并报告铁路公安部门。

26.《铁路进站乘车禁止和限制携带物品的公告》规定禁止携带枪支、子弹类（含主要零部件）有哪些？

答：请勿携带以下枪支、子弹类（含主要零部件）：

手枪、步枪、冲锋枪、机枪、防暴枪等军用枪以及各类配用子弹（含空包弹、战斗弹、检验弹、教练弹）；气枪、猎枪、运动枪、麻醉注射枪等民用枪以及各类配用子弹；道具枪、仿真枪、发令枪、钢珠枪、消防灭火枪等其他枪支；上述物品的样品、仿制品。

军人、武警、公安人员、民兵、射击运动员等人员携带枪支子弹的，按照国家法律法规有关规定办理，并严格执行枪弹分离等有关枪支管理规定。

27.《铁路进站乘车禁止和限制携带物品的公告》规定禁止携带爆炸物品类有哪些?

答:请勿携带以下爆炸物品类:

炸弹、照明弹、燃烧弹、烟幕弹、信号弹、催泪弹、毒气弹、手雷、手榴弹等弹药;炸药、雷管、导火索、导爆索、爆破剂、发爆器等爆破器材;礼花弹、烟花、鞭炮、摔炮、拉炮、砸炮、发令纸等各类烟花爆竹以及黑火药、烟火药、引火线等烟火制品;上述物品的仿制品。

28.《铁路进站乘车禁止和限制携带物品的公告》规定禁止携带器具有哪些?

答:请勿携带匕首、三棱刀(包括机械加工用的三棱刮刀)、带有自锁装置的弹簧刀以及其他类似的单刃、双刃刀等管制刀具;管制刀具以外的,可能危及旅客人身安全的菜刀、餐刀、屠宰刀、斧子等利器、钝器;警棍、催泪器、催泪枪、电击器、电击枪、射钉枪、防卫器、弓、弩等其他器具。

29.《铁路进站乘车禁止和限制携带物品的公告》规定禁止携带易燃易爆物品有哪些?

答:请勿携带氢气、甲烷、乙烷、丁烷、天然气、乙烯、丙烯、乙炔(溶于介质的)、一氧化碳、液化石油气、氟利昂、氧气(供病人吸氧的袋装医用氧气除外)、水煤气等压缩气体和液化气体;汽油、煤油、柴油、苯、乙醇(酒精)、丙酮、乙醚、油漆、稀料、松香油及含易燃溶剂的制品等易燃液体;红磷、闪光粉、固体酒精、赛璐珞、发泡剂 H 等易燃固体;黄磷、白磷、硝化纤维(含胶片)、油纸及其制品等自燃物品;金属钾、钠、锂、碳化钙(电石)、镁铝粉等遇湿易燃物品;高锰酸钾、氯酸钾、过氧化钠、过氧化钾、过氧化铅、过氧乙酸、过氧化氢等氧化剂和有机过氧化物。

30.《铁路进站乘车禁止和限制携带物品的公告》规定禁止携带剧毒性、腐蚀性、放射性、传染性、危险性物品有哪些?

答:请勿携带氰化物、砒霜、硒粉、苯酚等剧毒化学品以及毒鼠强等剧毒农药(含灭鼠药、杀虫药);硫酸、盐酸、硝酸、氢氧化钠、氢氧化钾、蓄电池(含氢氧化钾固体、注有酸液或碱液的)、汞(水银)等腐蚀性物品;放射性同位素等放射性物品;乙肝病毒、炭疽杆菌、结核杆菌、艾滋病病毒等传染病病原体;《铁路危险货物品名表》所列除上述物品以外的其他危险物品以及不能判明性质可能具有危险性的物品。

31.《铁路进站乘车禁止和限制携带物品的公告》规定禁止携带危害列车运行安全或公共卫生的物品有哪些?

答:请勿携带可能干扰列车信号的强磁化物,有强烈刺激性气味的物品,有恶臭等异味的物品,活动物(导盲犬除外),可能妨碍公共卫生的物品,能够损坏或者污染车站、列车服务设施、设备、备品的物品。

32.《铁路进站乘车禁止和限制携带物品的公告》规定限量携带物品有哪些?

答:限量携带以下物品:不超过 20 mL 的指甲油、去光剂、染发剂;不超过 120 mL 的冷烫精、摩丝、发胶、杀虫剂、空气清新剂等自喷压力容器;安全火柴 2 小盒;普通打火机 2 个。

第四部分　铁路客运人员人身、作业及电气化安全

【导读】

本部分主要介绍了铁路客运人员人身、作业安全规定，以及电气化区段有关人员安全规则。通过学习，读者可以初步了解铁路客运人员人身、作业相关安全要求。

1.《电气化铁路有关人员电气安全规则》对牵引供电设备带电是怎样规定的?

答:新建电气化铁路在牵引供电设备送电前15天，建设单位应将送电日期通告铁路沿线路内外各有关单位。自通告之日起，视为牵引供电设备带电，有关人员均须遵守本规则相关规定。

2.《电气化铁路有关人员电气安全规则》对电气化相关人员的安全培训如何规定?

答:电气化铁路沿线路内外各单位需组织学习本规则的相关内容。

电气化铁路相关作业人员每年至少进行一次安全考试，考试合格后，方准参加作业。

3. 作业人员与牵引供电设备的安全距离有何规定?

答:为保证人身安全，除牵引供电专业人员按规定作业外，任何人员及所携带的物件、作业工器具等须与牵引供电设备高压带电部分保持2 m以上的距离，与回流线、架空地线、保护线保持1 m以上距离，距离不足时，牵引供电设备须停电。

4. 电气化区段如何进行上水、保洁工作?

答:电气化区段上水、保洁、施工等作业，不得将水管向供电线路方向喷射，站车保洁不得采用向车体上部喷水方式洗刷车体。

5. 发现牵引供电设备断线或损坏时如何处理?

答:发现牵引供电设备断线及其部件损坏，或发现牵引供电设备上挂有线头、绳索、塑料布或脱落搭接等异物，均不得与之接触，应立即通知附近车站，在牵引供电设备检修人员到达未采取措施以前，任何人员均应距已断线索或异物处所10 m以外。

6.《电气化铁路有关人员电气安全规则》规定如何在站内和人多处设置安全警示?

答:站内和行人较多的地段，牵引供电设备支柱在距轨面2.5 m高处均要设白底黑字“高压危险”并有红色闪电符号的警示标志。

7. 各种车辆和行人通过电气化铁路平交道口必须遵守哪些规定?

答:(1)通过道口车辆限界及货物装载高度(从地面算起)不得超过4.5 m，超过时，应绕行立交道口或进行货物倒装。

(2)通过道口车辆上部或其货物装载高度(从地面算起)超过2 m通过平交道口时，车辆上部及装载货物上严禁坐人。

(3)行人持有长大、飘动等物件通过道口时，不得高举挥动，应与牵引供电设备带电部分保持2 m以上的距离。

8. 电气化区段如何扑救火灾?

答:(1)用水或一般灭火器扑灭距牵引供电设备带电部分不足4 m的燃着物体时，牵引供电设备必须停电。

(2)扑灭距牵引供电设备超过4 m的燃着物体时，可不停电，但必须使水流不向牵引供电设备方向喷射。

(3)若用沙土灭火时,燃着物体距牵引供电设备带电部分在2 m以上时,可不停电,但须保持灭火机具及沙土等与带电部分的距离在2 m以上。

9. 在电气化区段发现有人扒乘列车时如何处理?

答:发现列车有人扒乘需上车清理时,必须在接触网停电接地后处理。

10. 客运人员上岗前、工作中应遵守哪些规定?

答:班前充分休息,严禁班前、班中饮酒;严禁脱岗、串岗、私自替班或换班,班中按规定着装,正确佩带和使用劳动防护用品、装具。

11. 为保证人身安全,客运人员上线作业时必须遵守哪些规定?

答:客运人员上线作业时必须精力集中、严守两纪,认真执行安全检查确认制度和呼唤应答制度,不准打闹、玩笑、阅读书报、接打手机和做与本岗位无关的事情。

12. 为保证人身安全,对提职、改职、定职的新职人员有哪些要求?

答:新上岗、转岗、调岗和提职、改职人员必须进行单位、班组、车间三级安全教育培训,并经考试鉴定合格后方准上岗。

学徒工、实习人员参加作业前,必须签订师徒合同,严格落实人身安全互控措施,严禁师徒分离,不得单独顶岗作业。

13. 如何保证安全横越线路?

答:横越线路时,应一站、二看、三通过,注意左右机车车辆的动态及脚下有无障碍物。

横越停有机车车辆的线路时,先确认机车车辆暂不移动,然后在该机车车辆较远处通过。

严禁钻车、跳车和在运行中的机车车辆前面抢越。

14. 横越线路时严禁踩踏哪些部位？

答：横越线路时，不准脚踏钢轨面、道岔连接杆、尖轨、可动道心辙叉等部位。

15. 如何安全横越停留的列车、车辆？

答：必须横越列车、车列时，应先确认列车，车列暂不移动，然后由通过台或两车车钩上越过，勿碰开钩销，要注意邻线有无机车车辆运行，严禁钻车。

16. 顺线路走时如何保证安全？

答：顺线路走时，应走两线路中间，并注意邻线的机车车辆和货物装载状态。

严禁走道心、枕木头和侵入限界，严禁扒乘机车车辆和以车代步。

遇特殊情况必须在线路上行走时，应设专人防护。

17. 旅客列车上水员作业中如何保证安全？

答：旅客列车上水员在作业时不得侵入邻线。

邻线有列车通过时，禁止在通过侧上水作业。

禁止钻车。

18. 客运人员在清扫线路时如何保证作业安全？

答：车站客运人员清扫线路垃圾时，必须设有专人进行防护。

19. 客运人员进行高空作业时应怎样保证安全？

答：客运人员高空作业时，要身系安全带，梯子有人扶，物品不下掷。

20.《铁路旅客运输管理规则》规定客运人员使用电器时应注意什么?

答:严禁摸黑开关电器设备,防止触电。

21.《铁路旅客运输管理规则》规定电气化区段禁止哪些作业?

答:电气化区段停站不冲洗车皮,严禁攀登车顶作业。

第五部分　铁路消防管理

【导读】

本部分主要针对铁路客运人员消防安全知识的培训教育、火灾扑救、火灾现场应急处置、电器火灾的扑灭要求等安全常识做了简要介绍，旨在提高客运人员应对火灾的应急处置能力。

1. 新职工和改变工种人员对消防安全知识的培训教育有何要求?

答:对职工要经常进行消防安全知识的培训教育。新职工和改变工种人员要经过消防安全知识教育,考试合格后,方可上岗。

2. 哪些人员必须进行消防专业知识培训?

答:对从事易于引起火灾爆炸的特种作业人员以及从事客货运输的有关人员,必须进行消防专业知识培训,达到“四懂四会”(懂得本岗位的火灾危险性;懂得预防火灾的措施,懂得火灾的扑救方法;懂得逃生方法;会报警,会使用灭火器,会扑救初起火灾,会组织人员疏散逃生),经考试合格后持证上岗。

3. 火灾扑救应当坚持什么原则?

答:先救人,后救物的原则。

4.《铁路旅客列车消防管理规定》对严格“三乘联检”制度有何要求?

答:列车始发前,由列车长组织乘警长、车辆乘务长,对列车火源、电源和消防器材进行全面检查;运行中重点检查;终到后彻底检查;检查结果由检查人员分别签字确认,严禁代签、漏签。

5. 防止火灾发生的基本措施是什么?

答:控制可燃物,隔绝空气,消除着火源。

6. 容易造成客车火灾的原因有哪些?

答:(1)炉灶设备不良,用火管理不善。

(2)电气设备损坏、老化、绝缘不良、违章用电。

(3)违章吸烟,乱扔烟头、火种。

(4)旅客携带和托运包裹内夹带易燃、易爆危险品上车。

(5)客车停留时闲杂人员上车动火。

7. 旅客列车发生火灾时应怎样进行现场应急处置?

答:旅客列车发生火灾事故时,应遵循"统一指挥,快速反应,以人为本,迅速扑灭,减少损失"的基本原则进行应急处置。为了有效处置火灾事故,迅速扑灭火灾,最大限度地减少人员伤亡和财产损失,旅客列车发生火灾时,列车工作人员应当按照下列要求进行紧急处置:

(1)立即停车。

(2)疏散旅客。

(3)迅速扑救。

(4)切断火源。

(5)设置防护。

(6)报告救援。

(7)抢救伤员。

(8)保护现场。

(9)协助查访。

(10)认真取证。

8. 电气火灾的特点是什么?

答:电气火灾蔓延迅速,火势凶猛,对人员和设备的危害很大,另外当电气火灾起火后,如未切断电源,极易发生人体触电事故。如果是充油电器,如变压器、油开关等,因受热后可能喷油、爆炸并危及救火人员的生命安全。

9. 扑灭电气火灾应注意什么?

答:发生电气火灾后,要立即切断电源,迅速灭火。如来不及切断电源时,应通知消防人员加强个人防护,并使用不导电的灭火器具,如干粉灭火器。水和泡沫灭火器有导电性,在带电灭火时禁止使用。如遇带电导线断落地面时,要防止跨步电压伤人。

10. 车厢闷顶、车壁板内的电线发生短路起火时,初期有什么明显迹象?

答:有烧胶皮的气味,有冒烟现象,使用的照明灯亮度可能会出现异常。

11. 客车运行中出现电气装置打火、冒烟时应如何处理?

答;出现这种情况,应立即切断电源,同时尽快通知车辆乘务员到现场处理。如果发现严重火情时,必须立即停车,彻底查明原因,排除隐患后方可开车。

12. 哪些情况不能用水灭火?

答:(1)汽油、煤油等易燃液体着火不能用水灭。因为这些物质比水轻,又不溶于水。

(2)发生电器火灾不能用水灭,因为水有导电性,用水灭火会触电伤人。

(3)遇水燃烧的物质(如金属钾、钠和电石)发生火灾时不能用水灭,因为这些物质遇水分解会产生可燃气体,加剧燃烧。

(4)精密仪器、贵重文件起火不能用水灭,因为水会损坏这些物品。

13. 消防工作的“四懂四会”是什么?

答:(1)“四懂”:

①懂得本岗位火灾危险性;

②懂得预防火灾的措施;

③懂得扑救火灾的方法;

④懂逃生方法。

(2)“四会”:

①会报警;

②会使用灭火器;

③会扑救初起火灾;

④会组织人员疏散逃生。

14. 灭火的基本方法有哪四种?

答:(1)隔离法。

(2)窒息法。

(3)冷却法。

(4)抑制法。

15. 常用的灭火器主要有哪几种?

答:(1)泡沫灭火器。

(2)酸碱灭火器。

(3)二氧化碳灭火器。

(4)干粉灭火器。

16. 扑灭电气火灾应注意什么?

答:发生电气火灾后,要立即切断电源,迅速灭火。如来不及切断电源时,应通知消防人员加强个人防护,并使用不导电的灭火器具,如干粉灭火器。水和泡沫灭火器有导电性,在带电灭火时禁止使用。如遇带电导线断落地面时,要防止跨步电压伤人。

第六部分　《铁路技术管理规程》相关知识

【导读】

本部分根据《铁路技术管理规程》，主要介绍了客运人员应知应懂的铁路运输基础知识，主要包括铁路线路的划分、铁路轨距、电气化作业安全、道岔股道的编号、行车组织工作、列车运行方向及车次、客运站房及旅客站台、铁路信号等内容。

1.《技规》[①]的适用范围是什么？

答：《技规》适用于国家铁路。

2.《技规》包括哪几部分？

答：《技规》包括高速铁路部分和普速铁路部分。

3.《技规(高速铁路部分)》适用于怎样的铁路？

答：高速铁路部分适用于200 km/h及以上的铁路和200 km/h以下仅运行动车组列车的铁路。

4. 200 km/h客货共线铁路有关货运技术设备的要求参照《技规》的哪部分执行？

答：200 km/h客货共线铁路有关货运技术设备的要求参照《技规(普速铁路部分)》执行。

5. 客运专线铁路建筑限界是如何规定的？

答：一切建(构)筑物、设备，均不得侵入铁路建筑限界。与机车车辆有直接互相作用的设备，在使用中不得超过规定的侵入范围。

① 《铁路技术管理规程》，下同。

在设计建(构)筑物或设备时,距钢轨顶面的距离应附加钢轨顶面标高可能的变动量(路基沉降、加厚道床、更换重轨等)。

机车车辆无论空、重状态,均不得超出机车车辆限界。

6. 铁路线路分为哪几种线路?

答:铁路线路分为正线、站线、段管线、岔线及安全线等。

7. 什么是正线?

答:正线是指连接车站并贯穿或直股伸入车站的线路。

8. 什么叫站线?

答:站线是指到发线、调车线、牵出线、货物线及站内指定用途的其他线路。

9. 什么叫段管线?

答:段管线是指机务、车辆、工务、电务、供电等段专用并由其管理的线路。

10. 什么叫岔线?

答:岔线是指在区间或站内接轨,通向路内外单位的专用线路。

11. 什么叫安全线?

答:安全线是为防止列车或机车车辆从一进路进入另一列车或机车车辆占用的进路而发生冲突的一种安全隔开设备。

12. 什么叫轨距? 直线轨距标准是多少毫米?

答:轨距是钢轨头部踏面下 16 mm 范围内两股钢轨工作边之间的最小距离。直线轨距标准为 1 435 mm。

13. 为保证人身安全,除专业人员执行有关规定外,其他人员与牵引供电设备带电部分的距离是多少?

答:为保证人身安全,除专业人员执行有关规定外,其他人员(包括所携带的物件)与牵引供电设备带电部分的距离,不得小于

2 000 mm。

14. 在设有接触网的线路上,一般情况下能否攀登车顶及在车辆装载的货物之上作业? 如确需作业时,须如何进行?

答:在设有接触网的线路上,严禁攀登车顶及在车辆装载的货物之上作业;如确需作业时,须在指定的线路上,将接触网停电接地并采取安全防护措施后,方准进行。

15. 双线电气化铁路实行 V 形天窗作业时,为确保人身安全,应在哪些方面采取相应措施?

答:双线电气化铁路实行 V 形天窗作业时,为确保人身安全,应在设备、机具、照明、作业组织等方面采取相应措施。

16. 机车应有哪些识别的标记?

答:机车应有识别的标记:路徽、配属局段简称、车型、车号、最高运行速度、制造厂名及日期。

17. 在哪些区段运行的机车应有"电化区段严禁攀登"的标识?

答:电气化区段运行的机车应有"电化区段严禁攀登"的标识。

18. 道岔是如何编号的?

答:道岔编号,从列车到达方向起顺序编号,上行为双号,下行为单号;尽头线上,向线路终点方向顺序编号。

车站划分车场时,每个车场的道岔单独编号。

一个车站的道岔不得有相同的编号。

19. 股道是如何编号的?

答:股道编号,单线区段内的车站,从靠近站舍的线路起,向远离站舍方向顺序编号;双线区段内的车站,从正线起顺序编号,上行一侧为双号,下行一侧为单号;尽头式车站,向终点方向由左侧开始顺序编号,如站舍位于线路一侧时,从靠近站舍的线路起,向远离站舍方向顺序编号。一个车站(分车场时一个车场)的股道不准有相同的编号。

特大、大型客运车站，股道编号以主站房基本站台为基准，按顺序编号；划分多个车场时，各车场股道应按顺序连续编号，不按车场别单独编号。

20. 列车速度大于 120 km/h 时，线路安全防护设施如何设置？

答：线路应全封闭、全立交，线路两侧按标准进行栅栏封闭，并设置相应的警示标志。

21. 对铁路技术作业的专用通道和处所，须设置的警示标志是什么？

答：对铁路技术作业的专用通道和处所，须设置“非铁路作业人员禁止进入”的警示标志。

22.《技规(高速铁路部分)》规定，站内能否设置平过道？

答：站内不得设置平过道。

23. 哪些人员必须执行列车调度员命令、口头指示，服从调度指挥？

答：有关行车人员必须执行列车调度员命令、口头指示，服从调度指挥。

24.《技规(高速铁路部分)》规定，列车按运输性质分为哪两类？

答：按运输性质分类：

(1)旅客列车(动车组列车，特快、快速、普通旅客列车等)。

(2)路用列车。

25.《技规(高速铁路部分)》规定，列车运行等级顺序是什么？

答：列车运行等级顺序原则上按速度等级从高到低排序，同速度等级的列车原则上按以下等级顺序：

(1)动车组列车。

(2)特快旅客列车。

(3)快速旅客列车。

(4)普通旅客列车。

(5)路用列车。

开往事故现场救援、抢修、抢救的列车,应优先办理。

特殊指定的列车的等级或列车种类,其等级应在指定时确定。

26. 行车工作必须坚持什么原则?

答:行车工作必须坚持集中领导、统一指挥、逐级负责的原则。

27. 高速铁路列车调度台原则上应怎样设置?

答:高速铁路列车调度台原则上应独立设置。

28. 高速铁路与普速铁路间联络线的行车调度指挥原则上纳入哪里调度指挥?

答:高速铁路与普速铁路间联络线的行车调度指挥原则上纳入高速铁路调度指挥。

29.《技规(高速铁路部分)》规定,列车或单机在车站时,所有乘务人员应按谁的指挥进行工作?

答:列车或单机在车站时,所有乘务人员应按列车调度员(车站控制时为车站值班员)的指挥进行工作。

30. 高速铁路行车组织工作,应根据什么办理?

答:高速铁路行车组织工作,应根据《技规》规定办理。

31.《高速铁路行车组织细则》是由哪里制定的?

答:铁路局集团公司应根据《技规(高速铁路部分)》规定的原则,结合管内高速铁路具体条件,制定《高速铁路行车组织细则》。

32. 列车运行的上下行是如何规定的?

答:列车运行,原则上以开往北京方向为上行,反之为下行。

33. 列车运行方向是如何规定的?

答:各线的列车运行方向,以国铁集团的规定为准,但枢纽地区的列车运行方向,由铁路局集团公司规定。

34. 列车编定车次是如何规定的?

答:列车须按规定编定车次。上行列车编为双数,下行列车编为单数。在个别区间,使用直通车次时,可与规定方向不符。

35. 铁路地面固定设备的系统时钟,当具备条件时,应接入什么同步网?

答:铁路地面固定设备的系统时钟,当具备条件时,应接入铁路时间同步网。不具备条件时,可独立设置卫星授时设备。

36. 铁路行车房舍内和办理行车工作的有关人员的钟表时刻应与哪里的时钟校对?

答:铁路行车房舍内和办理行车工作的有关人员均应备有钟表。钟表的时刻应与调度所的时钟校对。

37. 指挥列车运行的命令(运行揭示调度命令除外)**和口头指示,只能由谁发布?**

答:指挥列车运行的命令(运行揭示调度命令除外)和口头指示,只能由列车调度员发布。

38. 车辆乘务员、客运乘务组等列车乘务人员发现哪些危及行车和人身安全情形时,应使用紧急制动阀(紧急制动装置)**停车?**

答:车辆乘务员、客运乘务组等列车乘务人员发现下列危及行车和人身安全情形时,应使用紧急制动阀(紧急制动装置)停车:

(1)车辆燃轴或重要部件损坏。

(2)列车发生火灾。

(3)有人从列车上坠落或线路内有人死伤。

(4)其他危及行车和人身安全必须紧急停车时。

39. 使用车辆紧急制动阀时,应注意什么?

答:使用车辆紧急制动阀时,不必先行破封,立即将阀手把向全开位置拉动,直到全开为止,不得停顿和关闭。遇弹簧手把时,在列车完全停车以前,不得松手。在长大下坡道上,必须先看制动主管压力表,如压力表指针已由定压下降 100 kPa 时,不得再行使用紧急制动阀(遇折角塞门关闭时除外)。

动车组列车遇上述情况时,随车机械师、客运乘务组等列车乘务人员应立即报告司机采取停车措施;来不及报告时,应使用客室紧急制动装置停车。

列车乘务人员应将使用紧急制动阀(紧急制动装置)的情况报告司机。

40. 什么叫长大下坡道?

答:长大下坡道为。

(1)线路坡度超过 6‰,长度为 8 km 及以上。

(2)线路坡度超过 12‰,长度为 5 km 及以上。

(3)线路坡度超过 20‰,长度为 2 km 及以上。

41. 行车有关人员,接班前应注意什么?

答:行车有关人员,接班前须充分休息,严禁饮酒,如有违反,立即停止其所承担的任务。

42. 行车有关人员在执行职务时的要求是什么?

答:行车有关人员在执行职务时,必须坚守岗位,穿着规定的服装,佩戴易于识别的证章或携带相应证件,讲普通话。

43. 需要组织旅客下车或换乘其他列车时,应在车站哪里进行?

答:需要组织旅客下车或换乘其他列车时,应在车站站台进行。

44. 必须在站内不邻靠站台的线路或区间组织旅客下车或换乘时,需经谁批准?

答:必须在站内不邻靠站台的线路或区间组织旅客下车或换

乘时，需经铁路局集团公司主管运输副总经理（总调度长）批准。

45.《技规（高速铁路部分）》规定，客运站房，应该设有哪些设施设备？

答：客运站房，应根据客运量设有便于购买车票、办理行李包裹、候车、问讯、引导、广播、时钟、携带品寄存，以及为旅客服务的文化、卫生及生活上的必要设备。根据规定还应设置实名制验证和制证设备、安全检查设备、客运信息查询设备、视频监控设备、行李包裹到达查询设备、垃圾存放设备、消防设备等，根据需要设置电梯、自动扶梯、无障碍通道和相应的助残设施、污物处理、自动售检票和取票设备等。

办理客运业务的车站应设旅客站台，并应有照明、引导、广播、时钟和视频监控设备。车站应设置围墙或栅栏。

客运站站前应有广场，站台应有雨棚，跨越线路应采用天桥或地道。大型客运站根据需要设置用于行包、行邮、垃圾清运作业的通道。

设立旅客服务系统，支持铁路局集团公司集中、中心代管小站和车站独立运行等模式，配置相应旅服集成管理平台和车站应急处理平台，实现对车站广播、引导、时钟、查询、视频监控等客运业务的集中管理和控制。

46.《技规（高速铁路部分）》规定，旅客站台应为高站台还是低站台？还应设置哪些东西？

答：旅客站台应为高站台，应设置安全标线和停车位置标，两端应设置防护栅栏，防护栅栏不得侵限，并悬挂禁行标志。

47.《技规（高速铁路部分）》规定，列车通过速度大于 80 km/h 时，站台边缘距线路中心线、安全标线距站台边缘、设置安全防护设施的距离分别有何规定？

答：列车通过速度大于 80 km/h 时，站台边缘距线路中心线的距离为 1 800 mm,安全标线距站台边缘 1 500 mm,必要时在距站台边缘 1 200 mm 处设置安全防护设施。

48. 有 200 km/h 及以上列车通过的旅客站台须设置什么防护设施?

答:有 200 km/h 及以上列车通过的须设置屏蔽门、安全门等防护设施。

49.《技规(高速铁路部分)》规定,旅客站台列车通过最高速度有何规定?

答:列车通过最高速度不得超过 250 km/h。

50.《技规(高速铁路部分)》规定,给水设备及建(构)筑物,应包括哪些设备?

答:给水设备及建(构)筑物,应包括水源、输水、扬水、净水、消毒、配水、管网、水源卫生防护、水源安全保护、节水等设备。

51.《技规(高速铁路部分)》规定,为保证供水质量,应按需要配备哪些设备?

答:为保证供水质量,应按需要配备制水在线连续监控、水质检验和管网检漏等设备。

52.《技规(高速铁路部分)》规定,哪些车站宜设旅客列车给水站?

答:大型及以上车站、有动车段(所)的车站及始发终到旅客列车的车站宜设旅客列车给水站。

53.《技规(高速铁路部分)》规定,给水管道应尽量避免穿越铁路线路,必须穿越时,应设什么?

答:给水管道应尽量避免穿越铁路线路,必须穿越时,应设防护涵洞。

54. 机车按牵引动力如何分类?

答:机车按牵引动力方式分为电力机车、内燃机车。

55. 车辆按用途分为哪几种?

答:车辆按用途分为客车、货车及特种用途车(如试验车、发电车、轨道检查车、检衡车等)。

56. 两列动车组重联或解编时,由谁负责引导、确认?

答:两列动车组重联或解编时,由动车组机械师负责引导,司机确认。

57. 动车组重联时,被控动车组应退出占用,主控动车组使用什么模式与被控动车组连接?

答:动车组重联时,被控动车组应退出占用,主控动车组使用调车模式与被控动车组连接。

58. 动车组解编操作时,主控动车组转换为调车模式后,必须一次移动多少米以上方可停车?

答:解编操作时,主控动车组转换为调车模式后,必须一次移动 5 m 以上方可停车。

59. 列车机车与第一辆车的连挂由谁负责是如何规定的?

答:列车机车与第一辆车的连挂,由机车乘务员负责。单班单司机值乘的由列检人员负责;无列检作业的列车,由车辆乘务员负责;无车辆乘务员的列车,由车站人员负责。

60.《技规(高速铁路部分)》规定中,车辆应有哪些识别的标记?

答:车辆应有识别的标记:路徽、车型、车号、制造厂名及日期、定期修理的日期及处所、自重、载重、换长等;车辆应有车号自动识别标签;客车上应有所属局段的简称;客车还应有车种、定员、最高运行速度标记;电气化区段运行的客车应有“电化区段严禁攀登”的标识。

61. 什么叫列车?

答:列车是指编成的车列并挂有机车及规定的列车标志。

62. 动车组列车为怎样的编组列车?

答:动车组列车为自走行固定编组列车。

63. 动车组以外的旅客列车尾部标志灯的摘挂、保管,由什么部门负责?

答:旅客列车的尾部标志应使用电灯,动车组以外的旅客列车尾部标志灯的摘挂、保管,由车辆部门负责。对中途转向的动车组以外的旅客列车应有备用标志灯,以备转向时使用。

64. 动车组以外的列车中相互连挂的车钩中心水平线的高度差有何规定?

答:动车组以外的列车中相互连挂的车钩中心水平线的高度差,不得超过 75 mm。

65. 口笛、号角鸣示方式中“停车” 的鸣示方式是什么?

答:口笛、号角鸣示方式中“停车” 的鸣示方式是连续短声。

66. 信号是指示什么作业的命令?

答:信号是指示列车运行及调车作业的命令,有关行车人员必须严格执行。

67. 信号显示方式及使用方法有何规定?

答:信号显示方式及使用方法,应按《技规》规定执行。《技规》规定以外的信号显示方式,须经国铁集团批准,方可采用。

68. 铁路信号分几类? 视觉信号的基本颜色及作用是怎样规定的?

答:铁路信号分为视觉信号和听觉信号。

视觉信号的基本颜色及作用是:

红色——停车；

黄色——注意或减低速度；

绿色——按规定速度运行。

69.《技规(高速铁路部分)》规定中,听觉信号指的是什么?

答:听觉信号:号角、口笛等发出的音响和机车、动车组、自轮运转特种设备等的鸣笛声。

70. 视觉信号如何分类? 其使用范围有何规定?

答:视觉信号分为昼间、夜间及昼夜通用信号。

在昼间遇降雾、暴风雨雪及其他情况,致使停车信号显示距离不足 1 000 m,注意或减速信号显示距离不足 400 m,调车信号及调车手信号显示距离不足 200 m 时,应使用夜间信号。

71. 隧道内采用什么信号?

答:隧道内只采用夜间或昼夜通用信号。

72. 铁路沿线及站内,装饰彩布、标语和灯光设置有何要求?

答:铁路沿线及站内,禁止设置妨碍确认信号的红、黄、绿色的装饰彩布、标语和灯光。如已装有妨碍确认信号灯光的设备时,应拆除或采取遮光措施。

73. 停车信号的手信号是如何规定的?

答:停车信号:要求列车停车。

昼间——展开的红色信号旗(图 7-1);

夜间——红色灯光(图 7-1)。

昼间无红色信号旗时,两臂高举头上向两侧急剧摇动;夜间无红色灯光时,用白色灯光上下急剧摇动(图 7-2)。

图 7-1

图 7-2

74. 减速信号的手信号是如何规定的?

答:减速信号:要求列车降低到要求的速度。

昼间——展开的黄色信号旗(图 7-3);

夜间——黄色灯光(图 7-3)。

图 7-3

昼间无黄色信号旗时,用绿色信号旗下压数次;夜间无黄色灯光时,用白色或绿色灯光下压数次(图 7-4)。

图 7-4

75.《技规(普速铁路部分)》适用于怎样的铁路?

答:《技规(普速铁路部分)》适用于 200 km/h 以下的铁路(仅运行动车组列车的铁路除外)。

76. 车辆按用途分为哪几类?

答:车辆按用途分为客车、货车及特种用途车(如试验车、发电车、轨道检查车、检衡车等)。

77. 什么是避难线?

答:避难线是在长大下坡道上能使失控列车安全进入的线路。

78. 列车运行速度 120 km/h 及以上线路有何要求?

答:列车运行速度 120 km/h 及以上线路全封闭、全立交,线路两侧按标准进行栅栏封闭,并设置相应的警示标志。

79. 铁路道口、人行过道的等级、标准、铺设、拆除及需否看守,由哪里决定?

答:铁路道口、人行过道的等级、标准、铺设、拆除及需否看守,由铁路局集团公司决定。

80.《技规(普速铁路部分)》规定,对站内平过道有何要求?

答:站内平过道必须与站外道路和人行道路断开,禁止社会车辆、非工作人员通行。

81.《技规(普速铁路部分)》规定,车站两端咽喉区内能否设平过道?

答:平过道不得设在车站两端咽喉区内。

82. 在电气化铁路上,铁路道口通路两面应设限高架,其通过高度有何限制?

答:在电气化铁路上,铁路道口通路两面应设限高架,其通过高度不得超过 4.5 m。

83. 安全线设置应符合哪些规定?

答:安全线设置应符合有关设计规范的规定。

岔线、段管线与正线、到发线接轨时,均应铺设安全线。岔线与站内到发线接轨,当站内有平行进路及隔开道岔并有联锁装置时,可不设安全线。

在进站信号机外制动距离内进站方向为超过6‰下坡道的车站,应在正线或到发线的接车方向末端设置安全线。

合资铁路、地方铁路及专用铁路与国家铁路车站接轨,其接轨处或接车线末端应设隔开设备(设有平行进路并有联锁时除外)。

安全线向车挡方向不应采用下坡道,其有效长度一般不小于50 m。

84. 旅客站台、货物站台的高度是如何规定的?

答:旅客站台分为低站台、高站台,低站台高度为300 mm、500 mm,高站台高度为1 250 mm。

货物站台的高度为900~1 100 mm。

85. 在非电气化区段的车站上,车辆调动频繁的站场内,天桥的高度是如何规定的?

答:在非电气化区段的车站上,车辆调动频繁的站场内,天桥的高度不小于5 800 mm。

86. 货物高站台边缘(只适用于线路的一侧)**在高出轨面的1 100~4 800 mm 范围,距线路中心线距离是如何规定的?**

答:货物高站台边缘(只适用于线路的一侧)在高出轨面的1 100~4 800 mm 范围,距线路中心线距离可按1 850 mm 设计。

87. 列车或单机在车站时,所有乘务人员应按谁的指挥进行工作?

答:列车或单机在车站时,所有乘务人员应按车站值班员的指挥进行工作。

88. 在调度集中区段,调度集中控制车站有关行车工作由谁直接指挥?

答:在调度集中区段,调度集中控制车站有关行车工作由该区段列车调度员直接指挥;但转为车站控制时,由车站值班员指挥。

89. 全国铁路的行车时刻,是如何规定的?

答:全国铁路的行车时刻,均以北京时间为标准,从零时起计算,实行24小时制。

90.《技规(普速铁路部分)》规定,列车按运输性质是如何分类的?

答:列车按运输性质的分类如下:

(1)旅客列车(动车组列车,特快、快速、普通旅客列车等)。

(2)特快货物班列。

(3)军用列车。

(4)货物列车(快速货物班列、五定班列、快运、重载、直达、直通、冷藏、自备车、区段、摘挂、超限及小运转列车等)。

(5)路用列车。

91.《技规(普速铁路部分)》规定,列车运行等级顺序是怎样的?

答:列车运行等级顺序原则上按速度等级从高到低排序,同速度等级的列车原则上按以下等级顺序:

(1)动车组列车。

(2)特快旅客列车。

(3)特快货物班列。

(4)快速旅客列车。

(5)普通旅客列车。

(6)军用列车。

(7)货物列车。

(8)路用列车。

开往事故现场救援、抢修、抢救的列车,应优先办理。

特殊指定的列车的等级或列车种类,其等级应在指定时确定。

92. 特别笨重、巨大的物件和可能破坏铁路设备、干扰行车的物体怎样通过道口?

答:特别笨重、巨大的物件和可能破坏铁路设备、干扰行车的物体通过道口时,应提前通知铁路道口管理部门,采取安全和防护措施,并在其协助指导下通过。

93. 行车有关人员,接班前有何要求?

答:行车有关人员,接班前须充分休息,严禁饮酒,如有违反,立即停止其所承担的任务。

94.《技规(普速铁路部分)》规定,铁路职工或其他人员发现设备故障危及行车和人身安全时,应如何处理?

答:铁路职工或其他人员发现设备故障危及行车和人身安全时,应立即向开来列车发出停车信号,并迅速通知就近车站、工务、电务或供电人员。

95.《技规(普速铁路部分)》规定,在铁路线路允许行人、自行车通过,禁止机动车通过的人行过道应设置什么?

答:在铁路线路允许行人、自行车通过,禁止机动车通过的人行过道应设置人行过道路障桩。

96.《技规(普速铁路部分)》规定,旅客列车停靠的高站台边缘距线路中心线的距离、安全标线距站台边缘有何规定?

答:旅客列车停靠的高站台边缘距线路中心线的距离为1 750 mm,安全标线距站台边缘1 000 mm。

97. 非高站台安全标线与站台边缘距离是如何规定的?

答:非高站台安全标线与站台边缘距离为:

(1)列车通过速度不大于 120 km/h 时,1 000 mm。

(2)列车通过速度 120 km/h 以上至160 km/h 时,1 500 mm。

(3)列车通过速度 160 km/h 以上至 200 km/h 时,2 000 mm。也可在距站台边缘 1 200 mm(困难条件下 1 000 mm)处设置防护设施。

98.《技规(普速铁路部分)》规定,车站按技术作业是怎样分类的?

答:车站按技术作业分为编组站、区段站、中间站。

99.《技规(普速铁路部分)》规定,车站按业务性质是怎样分类的?

答:按业务性质分为营业站、非营业站,营业站分为客运站、货运站、客货运站。

100.《技规(普速铁路部分)》规定,客运站房的设施设备是如何规定的?

答:客运站房,应根据客运量设有便于购买车票、办理行李包裹、候车、问讯、引导、广播、时钟、携带品寄存,以及为旅客服务的文化、卫生及生活上的必要设备。根据规定还应设置实名制验证和制证设备、安全检查设备、客运信息查询设备、视频监控设备、行李包裹到达查询设备、垃圾存放设备、消防设备等,根据需要设置电梯、自动扶梯、无障碍通道和相应的助残设施、污物处理、自动售检票和取票设备等。

办理客运业务的车站应设旅客站台,并应有照明、引导、广播、时钟和视频监控设备。车站应设置围墙或栅栏。办理行李包裹业务的车站应设行包通道,站台长度应满足行包装卸作业需要。

大、中型客运站站前应有广场，站台应有雨棚，跨越线路应采用天桥或地道。

101. 客车内是否应有紧急制动阀及压力表？

答：客车内应有紧急制动阀及压力表，并均应保持作用良好，按规定时间进行检查、校对并施封。

102. 哪些机车车辆禁止编入列车？

答：下列机车车辆禁止编入列车：

(1)插有扣修、倒装色票的及车体倾斜超过规定限度的。

(2)曾经发生冲突、脱轨、火灾、爆炸或曾编入发生特别重大、重大、较大事故列车内以及在自然灾害中损坏，未经检查确认可以运行的。

(3)装载货物超出机车车辆限界，无挂运命令的。

(4)装载跨装货物(跨及两平车的汽车除外)的平车，无跨装特殊装置的。

(5)平车及敞车装载货物违反装载和加固技术条件的。

(6)未关闭侧开门、底开门以及平车未关闭端、侧板的(有特殊规定者除外)。

(7)由于装载的货物需停止自动制动机的作用，而未停止的。

(8)企业自备机车车辆、自轮运转特种设备和城市轨道车辆、进出口机车车辆过轨时，未经铁路机车车辆人员检查确认的。

(9)缺少车门的(检修回送车除外)。

(10)超过定期检修期限的客车车辆(经车辆部门鉴定的回送客车除外)禁止编入旅客列车。

103. 列车进行编组应考虑哪些因素？

答：列车应按《技规》相关规定、列车编组计划和列车运行图规定的编挂条件、车组、重量或长度编组。

104. 列车重量应根据什么来确定? 编组超重列车时应注意什么?

答:列车重量应根据机车牵引力、区段内线路状况及其设备条件确定。编组超重列车时,编组站、区段站应商得机务段调度员同意,在中间站应得到司机的同意,并均须经列车调度员准许。

105. 列车长度如何确定?

答:列车长度应根据运行区段内各站到发线的有效长,并须预留 30 m 的附加制动距离确定。

106. 超长列车运行办法,由哪里规定?

答:超长列车运行办法,由铁路局集团公司规定。

107. 动车组以外的旅客列车隔离车有何规定?

答:动车组以外的旅客列车按列车编组表编组,机车后第一位编挂一辆未搭乘旅客的车辆作为隔离车。

108. 行李车、邮政车、发电车等非乘坐旅客的车辆起什么作用?

答:行李车、邮政车、发电车等非乘坐旅客的车辆应分别挂于机车后第一位和列车尾部,起隔离作用。

109. 在装设集中联锁的区段,哪些情况旅客列车可不挂隔离车?

答:在装设集中联锁的区段,并设有列车运行监控装置时,旅客列车可不挂隔离车。

110. 如隔离车在途中发生故障摘下时,可否无隔离车继续运行?

答:如隔离车在途中发生故障摘下时,可无隔离车继续运行。

111. 局管内旅客列车经谁批准,可不隔离?

答:局管内旅客列车经铁路局集团公司领导批准,可不隔离。

112. 旅客列车、回送客车底允许编挂货车吗?

答:旅客列车、回送客车底不准编挂货车。

113. 旅客列车中,与机车相连接的客车端门及编挂在列车尾部的客车后端门须加锁吗?动车组列车驾驶室与旅客乘坐席间的门须锁闭吗?

答:旅客列车中,与机车相连接的客车端门及编挂在列车尾部的客车后端门须加锁。动车组列车驾驶室与旅客乘坐席间的门须锁闭。

114.《技规(普速铁路部分)》的听觉信号指的是什么?

答:号角、口笛、响墩发出的音响和机车、自轮运转特种设备的鸣笛声。

115. 发车信号的手信号是如何规定的?

答:发车信号:要求司机发车。

昼间——展开的绿色信号旗上弧线向列车方面作圆形转动;

夜间——绿色灯光上弧线向列车方面作圆形转动。

在设有发车表示器的车站,按发车表示器显示发车。

116. 通过手信号是如何规定的?

答:通过手信号:准许列车由车站(场)通过。

昼间——展开的绿色信号旗;

夜间——绿色灯光。

117. 引导手信号是如何规定的?

答:引导手信号:准许列车进入车场或车站。

昼间——展开的黄色信号旗高举头上左右摇动;

夜间——黄色灯光高举头上左右摇动。

118. 特定引导手信号显示方式是什么?

答:特定引导手信号显示方式:昼间为展开绿色信号旗高举

头上左右摇动，夜间为绿色灯光高举头上左右摇动。

119. 听觉信号的时间长短有何规定?

答：听觉信号，长声为 3 s，短声为 1 s，音响间隔为 1 s。重复鸣示时，须间隔 5 s 以上。

120. “起动注意信号”的机车鸣示方式是什么?

答：“起动注意信号”的机车鸣示方式是“一长声”。

121. “呼唤信号”的机车鸣示方式是什么?

答：“呼唤信号”的机车鸣示方式是“二短一长声”。

122. “警报信号”的机车鸣示方式是什么?

答：“警报信号”的机车鸣示方式是“一长三短声”。

123. “紧急停车信号”的机车鸣示方式是什么?

答：“紧急停车信号”的机车鸣示方式是“连续短声”。

124. 各种信号机和表示器的灯光排列、颜色和外形尺寸，必须符合哪些标准?

答：各种信号机和表示器的灯光排列、颜色和外形尺寸，必须符合国家标准、铁道行业标准及国铁集团规定的标准。

第七部分　铁路旅客计划运输组织工作

【导读】

本部分主要介绍了旅客运输计划，包括客流调查、旅客运输统计报告资料、客运量的预测及评估方法、列车定员的计算方法、票额分配原则、行李包裹运输、列车运行图的编制等内容。

1. 旅客计划运输有何原则?

答:旅客计划运输组织工作要从全局出发，认真贯彻执行始发局(站)兼顾中间局(站)，大站兼顾小站;先中转、后始发，先长途、后短途及保证重点的运输原则，达到长短途列车合理分工，站、车密切配合，保证均衡运输。

2. 旅客运输计划如何分类?

答:旅客运输计划一般是指年度计划，但根据执行期间的不同，可分为长远计划、年度计划、日常计划。

3. 旅客运输计划的主要内容是什么?

答:旅客运输量(客运量)、旅客发送量、旅客周转量、旅客平均行程。

4. 编制旅客运输计划的主要依据是什么?

答:客流调查资料、旅客运输统计报告资料。

5. 客流如何形成? 其主要组成要素是什么?

答:旅客按需要选用一定的运输方式，在一定时间和空间范围内发生的位移，形成客流。

客流的主要组成要素是流量、流向和流程。

6. 客流调查有何作用?

答:客流调查是编制旅客运输计划的基础。根据客流调查资料，可以掌握客运量的变化和发展情况。对于大批团体客流和节假日客流，可通过专门的客流调查直接确定流量、流向和流程，从而为编制旅客运输计划提供可靠的依据。

7. 旅客运输统计报告资料有何作用？

答：旅客运输统计报告资料，是掌握旅客运输变化规律的重要资料。根据统计资料，可以分析历年来实际客流的流量、流向及其变化规律，可以查明旅客运输的季节性波动。通过分析各方向各次列车乘车人数的统计资料，可以确定各区段列车的利用情况。

8. 旅客运输统计报告资料主要包括哪些内容？

答：旅客运输部门掌握的日常统计分析资料、由统计部门编制的客流统计资料。

9. 客流调查如何分类？

答：客流调查分为综合调查、节假日调查、日常调查三种形式，一般以日常调查为主。

10. 客流调查范围如何分类？

答：客流调查范围分为直接吸引和间接吸引范围两种。

11. 客流调查形式有哪些？

答：(1)综合调查：一般每两年进行一次。

(2)节假日调查：主要是对“五一”劳动节、“十一”国庆节、元旦、春节这四大节日和暑期客流进行调查。前 3 项主要是管内和市郊客流增长情况，一般在节日运输前 1 个月左右进行。春节、暑期运输的客流调查应在春节、暑期运输前 3～4 个月内进行。

(3)日常调查：车站客运计划人员应经常注意车站内和吸引地区客流情况，随时了解、掌握旅客流量、流向的变化，找出客流受季节、气候等因素影响的规律，分析客流增减数量、变化原因和延续时间等。

12. 何为客运量预测？如何分类？预测方法有哪些？

答：客运量预测是指对客运量的发展进行动态分析，并在定性基础上进行定量计算，为编制旅客运输计划提供科学依据。预测分近期预测、中期预测和长期预测三类。对客运量来说，5 年以内的预测为近期预测，5 年至 10 年的预测可视为中期预测，10 年以上者为长期预测。

预测方法有直接计算法、乘车系数法、递增率法、指数平滑法、回归分析法等。

13. 客流计划的编制步骤有哪些？

答：客流计划是旅客运输计划的重要组成部分，它既是年度客流资料的分区段汇总，又是客流的年度性预测。客流计划的编制工作在国铁集团的集中统一领导下，根据客流资料，采取上下结合、集中编制的方法进行，分为绘制客流图和编制客流计划两大步骤。

14. 客流图如何分类？

答：客流图直观地反映了各区段客流流向和流量变化情况。按客流性质，客流图分为直通、管内、市郊三种。

15. 列车定员如何计算？

答：(1)硬座标记定员：各硬座车厢标记定员的总和。

(2)硬座实际定员：硬座总标记定员减 10 个座位(办公席等占用，新型车标记定员不包含办公席在内者，其实际定员即为标记定员)。

(3)硬座超成定员：为硬座实际定员与实际定员乘以规定超员率之和。

(4)软座和软、硬卧车定员均按标记定员计算(宿营车除外)。软、硬卧车代用软、硬座车时，软卧每一下铺按 3 人，硬卧每一下铺按 4 人计算，不再加超员率，上、中铺禁止出售，中铺吊起固定。

(5)棚车代用客车时,每吨位按1.5人计算定员,始发不超员,途中每车厢不超过150人。

(6)在保证安全、正点和服务质量的前提下,容许旅客列车硬座车厢超员运输,特别旅客快车始发不超员,途中准超员20%(全程对号除外);直通旅客快车始发不超员,途中准超员30%;直通旅客列车始发准超员10%,途中准超员40%;管内旅客列车超员限度比照上述相同等级旅客列车的规定办理。

16. 列车车厢号有何规定?

答:为方便旅客和便于工作,凡北京站和上海站始发的各次特、直快列车车厢号均小号在前、大号在后(北京—上海间到发的列车以北京站规定的顺序为准)。非北京站和上海站到发的各次特、直快列车车厢顺序号,均以担当局始发站发车方向为准,小号在前、大号在后。两个局担当的列车由有关局事先商定后报国铁集团。

17. 如何在保证列车服务质量的前提下解决运能不足的问题?

答:旅客运输能力不足时,在确保安全、正点和服务质量的前提下,硬座车厢允许超员运输,超员率由国铁集团制定。优质优价列车、直达特别快车全程不得超员。铁路局集团公司管内旅客列车的超员率参照上述同等级列车的规定由铁路局集团公司制定。

18. 日计划编制的时间标准如何规定?

答:日计划的编制一律规定为0:00～24:00,以自站的始发时间为标准(直通列车按分界口接入时间为标准)。

19. 行包流调查的主要内容有哪些?

答:行包流调查内容主要有:吸引区内政治、经济、文化发展状况;产品销售运输渠道;集市贸易状况及交通工具发展状况;各种交通工具运价水平以及铁路运能的适应状况等。

20. 为了计划地组织行包运输，车站应把握好哪些环节？

答：车站应掌握各次列车行李车的编挂位置、车型、容积、载重和本站计划装运的件数，按票顺、站顺备好货场，把好承运、装卸、中转、交接、保管、交付各运输环节。

21. 怎样承运大批行包？

答：承运大批行包时，应事先汇报客调预留行李车容积或组织整车运输。节假日、学生运输、新老兵运输及地区性大型会议等，车站可派人上门办理承运，也可设专口办理团体行包。

22. 如何进行装卸车作业？

答：装卸车时，行装人员要密切配合，先卸后装，按站顺唱到站。行李员必须亲自监卸、监装，办理交接手续时，应加盖规定印章。

23. 如何装运中转行李、包裹？

答：包裹和中转的行李应以直达列车装运。没有直达列车时，应以中转次数最少的列车装运。途中有几个中转站中转次数相同时，应首先在有始发列车接运的车站中转。如途中有几个站都有始发列车接运，原则上应在最后一个中转站中转，但其他站应适量分担。途中都没有始发列车时，应在最后一个中转站中转。

途中有2个以上径路时，在中转次数相同的情况下均可办理。特殊情况下，国铁集团可指定车站增加中转次数。

24. 到达的行李、包裹如何交付？

答：到达的行李、包裹要妥善保管，及时通知，准确验货，核对票据，正确交付。

25. 如何做好站台候车旅客的组织工作？

答：天桥、地道、平过道要做好防护引导，防止旅客对流。站台上应组织旅客排队上车。

26. 编制旅客列车运行图的重要意义是什么？

答：运行图是铁路运输工作的综合性计划和行车组织的基础。旅客列车运行图是运行图的重要组成部分，直通旅客快车运行方案图是运行图的骨架。正确地编制旅客列车运行图，对保证列车运行图质量，客货列车安全正点运行，加速机车车辆周转，提高运输效率，充分利用运输能力，具有重要意义。

27. 列车运行图中的旅客列车分类和车次是如何规定的？

答：列车运行图中的旅客列车分类和车次见表 8-1。

表 8-1　旅客列车等级划分及车次范围

列车种类	车次范围	备　注
(1)高速动车组旅客列车	G1～G9998	“G”读“高”
其中：跨局	G1～G5998	
管内	G6001～G9998	
(2)城际动车组旅客列车	C1～C9998	“C”读“城”
其中：跨局	C1～C1998	
管内	C2001～C9998	
(3)动车组旅客列车	D1～D9998	“D”读“动”
其中：跨局	D1～D3998	
管内	D4001～D9998	
(4)直达特快旅客列车	Z1～Z9998	“Z”读“直”
(5)特快旅客列车	T1～T9998	“T”读“特”
其中：跨局	T1～T4998	
管内	T5001～T9998	
(6)快速旅客列车	K1～K9998	“K”读“快”
其中：跨局	K1～K6998	
管内	K7001～K9998	
(7)普通旅客列车	1001～7598	
①普通旅客快车	1001～5998	
其中：跨三局及其以上	1001～1998	

续上表

列车种类	车次范围	备　注
跨两局 管内 ②普通旅客慢车 其中:跨局 管内	2001～3998 4001～5998 6001～7598 6001～6198 6201～7598	
(8)通勤列车	7601～8998	
(9)临时旅客列车 其中:跨局 管内	L1～L9998 L1～L6998 L7001～L9998	"L"读"临"
(10)旅游列车 其中:跨局 管内	Y1～Y998 Y1～Y498 Y501～Y998	"Y"读"游"
(11)动车组检测车	DJ5501～DJ5598	"DJ"读"动检"
(12)回送出入厂客车底列车	001～00298	
(13)回送图定客车底	在车次前冠以"0"	
(14)因故折返旅客列车	原车次前冠以"F"	"F"读"返"

28. 运行图的时间是如何确定的?

答:旅客列车运行图上所使用的起止时间规定为自 0:00～24:00。

29. 编制旅客列车运行图应遵循什么原则?

答:编制旅客列车运行图应坚持的原则是:

(1)先国际列车,后国内列车;先直通列车,后管内列车;先快车,后慢车;先长途,后短途。但对枢纽地区的通勤、通学市郊列车,可根据具体情况,在编制直通客车运行方案时,予以认真考虑。

(2)旅客列车之间产生会让时,应按列车等级合理会让。客货列车之间产生会让时,应以货车停会或待避旅客列车。

第八部分　铁路运输收入管理

【导读】

本部分主要介绍了铁路运输收入、运输费用的核收与结算方式、多收少收款项的处理、运输收入进款管理、运输收入事故分类及事故金额等内容。通过学习本部分，读者可以大致掌握铁路收入的含义、铁路运输费用的核算以及收入事故等概念。

1. 何为铁路运输收入?

答:铁路运输收入，是指运输企业在办理客货运输业务和辅助作业中，向旅客、托运人、收货人核收的运输全程票款、运费和杂费等运输费用的总称，其资金形态统称为运输收入进款。

2. 铁路运输收入如何分类? 何为客运收入?

答:铁路运输收入分为客运收入、货运收入、铁路建设基金、代收款。

客运收入是指运输企业在办理旅客运输业务和辅助作业中，使用铁路客货运输票据，按规定向旅客、托运人、收货人核收的票款、运费 、杂费。

3. 铁路客货运输票据的范围和性质是什么?

答:铁路办理客货运输使用的各种车票、行李票、包裹票、货物运单、客货运杂费收据和定额收据，以及电子票据等统称为铁路客货运输票据。

客货票据分为以印刷或打印形式体现的铁路纸质票据，或以电子数据信息形式体现的铁路电子票据。

客货票据是铁路收取客货运输费用的结算单据和运输企业核算运输收入的原始凭证。任何单位或个人不得篡改铁路电子票据数据信息。

4. 运输费用的核收方式有哪些?

答:铁路运输费用具体核收方式分为现付、到付、后付、预付四种。

现付:旅客票价、行李、货物运费以及发站发生的杂费(或发站计算核收到站杂费)实行发送核算,由发站负责计费收款,发送运输企业审核列账。

由客运售票、货运制票单位或站点负责计费收款,收款运输企业审核列账。

12306 网站售票、95306 网站制票,通过客货运输业务信息系统和铁路电子支付计费和结算运输费用 ,由票面发站的运输企业审核列账。

到付:批准按到付办理的货物运杂费、中途站和到站发生的杂费,由到站负责计费收款,到达运输企业审核列账。

后付:符合后付范围的军事运输发生的票款、运费、押运人乘车费,以及国铁集团批准的按后付办理的货物运输费用,由发站负责制票,发送运输企业集中核算、列账,并按国铁集团制定的结算办法向指定单位进行结算。

预付:铁路运输费用在付款人和收款人双方自愿的原则下可签订合同按预付办理。

5. 运输费用的结算方式有哪些?

答:铁路运输费用结算方式分为现金结算和非现金结算两种。

6. 军事运输费用如何结算?

答:按现付办理的军事运输,其运输费用结算方式,按现付的有关规定办理。

按后付办理的军事运输,票款、运费和押运人乘车费按后付办理,其他杂费一律按现付办理。

按军事运输后付办理的客货运输,应当使用专用代用票和“军运后付货票”。

7. 货物品名、重量不符应如何处理?

答:客货营业单位发生货物品名、重量不符造成运输费用多收或少收时,按下列规定处理:

发站发现的,应重新制票,票据各联不全时,应用客货运杂费收据或“车站退款证明书”进行补退,列相应运输收入科目,并发电报通知到站及双方收入管理部门。

中途站或列车发现的,通知到站处理。

到站发现或接到中途站、列车通知的,在未接到发站补退处理的电报(或在货票系统未查询到发站补收单证)时,少收运输费用的由到站补收列本企业运输收入,多收运输费用的通知发站退款。到站应将处理情况发电报通知发站及双方收入管理部门。

如发生重复补费时,由违反本规定的客货营业单位办理退款。

发生铁路建设基金补退的均列原科目。

运输企业应当建立堵漏保收奖励政策,保证运输收入完整。

8. 运输变更后费用如何处理?

答:客货营业单位办理行李、包裹或货物取消托运时,应将原票据收回注销,注明“取消托运”字样。

当日办理时比照作废票据处理。次日以后办理时,另以退款证明书办理退款,收回的票据随“退款证明书”上报。

因取消托运发生的各项杂费,另填客货运杂费收据核收,并将收据号码、收费项目及金额填记在原票据记事栏内。

客货营业单位办理行李、包裹或货物变更到站时,由变更后的到站重新计算运输费用,补退差额,在交付时填发客货运杂费收据或退款证明书办理补退款手续(货物运输中由托运人提出运输变更的,相关费用由发站向托运人办理补退),原变更票据上报本企业收入管理部门。

新到站发现发站原收运输费用计算错误时，应当发电报向原发站及其收入管理部门，或通过货票系统查询答复后，再办理补退款手续。客货营业单位应当建立退款审批制度。

9. 发生多、少收款应如何处理？

答：客货营业单位应当建立健全客货票据及报表的自检、互检、总检复核制度，防止发生差错。

发站单位复核查出计算错误时，应当及时办理补退款手续，并发电报通知到站及本企业收入管理部门，发生的补退款，列其他收入项目。

到站单位查出发站原收运输费用计算错误造成少收款时，应当发电报通知发站及其收入管理部门查询答复后办理补款，补收款列其他收入科目。

收入管理部门审核客货运输票据查出多、少收款时，应当填发"票价订正通知书""补款通知书""退款通知书"，通知原收款客货营业单位办理退补。

因特殊情况原收款客货营业单位办理补退款有困难时，可委托有关客货营业单位办理，凭有关函电证明报收入管理部门销账。

发、到站补退的铁路建设基金列原科目。

10. 多、少收款超过 180 天无法处理时怎么办？

答：多、少收款超过 180 天无法处理时，少收款由责任者归还，责任者无力归还或少收款属单位责任的，由单位负责归还，在责任单位营业外支出科目列支。多收款转运营财务部门列营业外收入。

11. 发生多、少缴款如何处理？

答：营业窗口（指客货营业单位、客运售票和货运制票收款窗口、客票代售点、铁路无轨车站、旅客列车班组等）结账时出现应缴款和实缴款不符时，列报溢收款、短少款科目。

在进款交接款后的对账或收入管理部门的审核，查出应缴款和实缴款不符时，应当填发通知书列报相应科目，处理时列报相应科目。多缴款超过 180 天未能处理的，转财务部门列营业外收入。

少缴款处理期限不得超过 30 天。对超过期限未处理的少缴款，转同级运营财务部门先予垫付，由其向责任单位追款，由责任人赔偿。

12. 运输收入进款管理有何要求？

答：运输企业应当运输收入进款管理制度，实施账款分管制度。

客货营业单位应当配备专职进款会计人员，负责运输收入进款的交接、保管、存缴及账表编报工作。专职进款会计人员不得直接对外办理客货运输及收付款业务。

运输收入进款存放地点和开放式营业窗口，应当配置安全设备和防范措施。

13. 车站向银行送存运输收入进款时如何做好安全措施？

答：向银行送存运输收入进款时，从存款地点到送款车辆、送款途中及从送款车辆到银行，应由站长派人护送或使用机动车辆护送。

14. 旅客列车如何做好收入进款管理？

答：旅客列车应配备保险柜存放票据和资金，并由列车长或指定专人负责管理，保证票据和现金的绝对安全。列车乘务工作终了交款时，必须由专人护送至交款处所。

15. 运输收入进款的动支范围有哪些？

答：运输收入进款除下列规定范围外，一律不准动支：

(1)上缴运输收入进款。

(2)垫付旅客和路外人员意外伤亡、急救或埋葬费。

(3)运输企业批准垫付自然灾害急需款。

(4)垫付托运人责任的途中货车整理换装费和包装补修费。

(5)垫付保价行李、包裹、货物赔偿款。

(6)支付行李、包裹、货物运到逾期违约金。

(7)退还旅客和托运人、收货人的客货运输费用。

(8)支付代收款。

16. 运输收入事故如何分类?

答:运输收入事故的种类分为现金事故、票据事故和坏账损失。

(1)现金事故:现金丢失、被盗、被抢劫。

(2)票据事故:纸质铁路客货票据在印制、保管、发放、寄送、运输和使用过程中所发生的(含使用过的发送、到达客货票据和印刷过程中的半成品)丢失、灭失、被盗、短少,以及未连续使用或缺失客货电子票据号码,篡改、丢失铁路电子票据数据信息。

(3)坏账损失:因失职造成的无法收回的运输收入。

17. 运输收入事故等级如何规定?

答:运输收入事故的等级分为一般事故、大事故和重大事故。

(1)一般事故:损失金额不足 100 万元。

(2)大事故:损失金额 100 万元及其以上,不足 1 000 万元。

(3)重大事故:损失金额 1 000 万元及其以上。

18. 事故金额如何计算?

答:(1)现金、银行票据和坏账损失按实际损失计算。

(2)区段票每张按剪断线最高额计算。

(3)印有固定金额的纸质票据,按票面金额计算。

(4)未印金额的纸质票据,按每组(张)1 000 元计算。

(5)使用过的客货票据和到达票据的事故金额按实际损失计

算,不能确定的按上述相应票据计算。

(6)上述以电子数据信息形式体现的铁路电子票据事故的金额按上述相应票据计算。

第九部分　客运规章相关知识

【导读】

本部分介绍了客运规章相关知识，读者通过学习本部分内容，可以对客运规章相关规定有个系统的了解。

一、车票的种类和车票发售

1. 车票票面(特殊票种除外)**主要应当载明哪些内容？**

答：(1)发站和到站站名。

(2)座别、卧别。

(3)径路。

(4)票价。

(5)车次。

(6)乘车日期。

(7)有效期。

(8)票号、信息码。

(9)实名制车票票面还记载了旅客的有效证件号码或姓名。

2. 车票中包括哪几种？

答：车票中包括客票和附加票两部分。客票部分为软座、硬座。附加票部分为加快票、卧铺票、空调票。附加票是客票的补充部分，可以与客票合并发售，但除儿童外不能单独使用。

3. 车票有何作用？

答：车票是旅客乘车的凭证。

4. 软座客票如何发售？

答：发售软座客票时最远至本次列车终点站。旅客在乘车区间中，要求一段乘坐硬座车，一段乘坐软座车时，全程发售硬座客票。乘坐软座时，另收软座区间的软硬座票价差额。

动车组列车车票最远只发售至本次列车终点站。

在软卧车有空余包房的条件下，车站可根据列车长的预报发售软座车票。发站给中途站预留的包房，可利用其发售最远至预留站的软座车票，但涉及夜间[20:00～(次日)7:00]乘车，不得超过2 h。

5. 加快票如何发售？

答：旅客购买加快票必须有软座或硬座客票。发售加快票的到站，必须是所乘快车或特别快车的停车站。发售需要中转换车的加快票的中转站还必须是有同等级快车始发的车站。

发售加快票时，应在符合《铁路旅客运输规程》(以下简称《客规》)规定的前提下，其发到站之间全程都应有快车运行。如中间有无快车运行的区段时，则不能发售全程加快票。

6. 卧铺票的发售有何规定？

答：旅客购买卧铺票时，卧铺票的到站、座别必须与客票的到站、座别相同，但对持通票的旅客，卧铺票只发售到中转站。

7. 空调票如何发售？

答：旅客乘坐提供空调的列车时，应购买相应等级的车票或空调票。旅客在全部旅途中分别乘坐空调车和普通车时，可发售全程普通硬座车票，对乘坐空调车区段另行核收空调车与普通车的票价差额。

8. 发售儿童票有何规定？

答：承运人一般不接受儿童单独旅行(乘火车通学的学生和承运人同意在旅途中监护的除外)。随同成人旅行身高1.2～1.5 m的儿童，应当购买儿童票。超过1.5 m时应买全价票。每一成人旅客可免费携带一名身高不足1.2 m的儿童，超过一名时，超过的人数应买儿童票。

儿童票的座别应与成人车票相同，其到站不得远于成人车票的到站。

免费乘车及持儿童票乘车的儿童单独使用卧铺时，应当补收票价差额。

9. 发售学生票时有何条件和限制？

答：在普通大专院校（含国家教育主管部门批准有学历教育资格的民办大学），军事院校，中、小学和中等专业学校、技工学校就读，没有工资收入的学生、研究生，家庭居住地和学校不在同一城市时，凭附有加盖院校公章的减价优待证的学生证（小学生凭书面证明），每年可购买家庭至院校（实习地点）之间四次单程的学生票。新生凭录取通知书、毕业生凭学校书面证明可买一次学生票。学生票限于使用普通旅客列车硬座和动车组列车二等座，使用普通旅客列车硬卧时应当补收票价差额。

华侨学生和港澳台学生按照上述规定同样办理。

发售学生票时应以近径路或换乘次数少的列车发售。

10. 哪些情况不得发售学生票？

答：（1）学校所在地有学生父或母其中一方时。

（2）学生因休学、复学、转学、退学时。

（3）学生往返于学校与实习地点时。

（4）学生证未按时办理学校注册的。

（5）学生证优惠乘车区间更改但未加盖学校公章的。

（6）没有“学生火车票优惠卡”、“学生火车票优惠卡”不能识别或者与学生证记载不一致的。

11. 发售学生票时对学生所在的学校有哪些要求？

答：普通大、专院校，中、小学和中等专业学校、技工学校是指符合政府教育部门所规定的年限、学期和课程等制度并经相应级别的教育机关注册的院校，不包括各类职工大学、电视大学、业余广播大学、函授学校。

12. 什么是“没有工资收入的学生”？怎样确定？

答：“没有工资收入的学生”，是指没有固定工资收入的学生。学生有无工资收入，由学校确定，铁路凭学校发给的减价优待证售票。如能够确认有工资收入的学生持减价优待证购票时，车站可以拒绝发售学生票，并通知学校处理。

13. 学生票的使用次数有何规定？

答：学生每年仅限于购买四次单程减价票，当年未使用的次数，不能留作下年使用。

14. 发售学生票时对径路有何规定？

答：学生票应按近径路发售，但有直达列车或换乘次数少的远径路也可发售。学生购买联程票或乘车区间涉及动车组列车的，可分段购票。学生票分段发售时，由发售第一段车票的车站在学生优惠卡中划销次数，中转站凭上一段车票售票，不再划销乘车次数。

15. 车站应在什么位置设置测量儿童身高的标准线？对学生、成人购票身高有何要求？

答：为测量儿童的身高，在售票窗口、检票口、出站口、列车端门口应涂有测量儿童身高的标准线。通学的小学生不论身高多少，均按学生票办理。成人无论身高多少均应购买全价票。

16. 享受残疾军人票的人员有何范围？

答：中国人民解放军和中国人民武装警察部队因伤致残的军人凭“中华人民共和国残疾军人证”、因公致残的人民警察凭“中华人民共和国伤残人民警察证”购买优待票（以下简称残疾军人票）。

“中华人民共和国残疾军人证”和“中华人民共和国伤残人民

警察证”由国家有关部门颁发，铁路运输企业有权进行核对。

17. 对享受残疾军人票的证件和人员有何规定？

答：“中华人民共和国残疾军人证”和“中华人民共和国伤残人民警察证”由国家有关部门颁发。持有其他抚恤证的人员，如革命工作人员残废证，参战民兵、民工残废证等，均不能享受减价待遇。

18. 什么是团体旅客？车站应如何组织？

答：20人以上乘车日期、车次、到站、座别相同的旅客可作为团体旅客，承运人应优先安排；如填发代用票时除代用票持票本人外，每人另发一张团体旅客证。对团体旅客乘车时，车站在编制旅客日计划时应优先安排。

19. 什么是异地票、联程票和往返票？

答：在部分车站，旅客可以购买带有席位号的异地票、联程票和往返票。

异地票是指在一个车站购买发站为不同城市的另一个车站的车票。

联程票是指在购票地能够买到换乘地接续列车的带有席位号、铺位号的车票，是异地票一种。

往返票是指从乘车站同时购买往程（从乘车站去往目的站）和返程（从目的站返回乘车站）车票。

20. 异地票、联程票能办理改签吗？

答：异地票、联程票能办理改签手续。

二、车票的签证与有效期

1. 车票的有效期如何计算？

答：直达票当日当次有效，但下列情形除外：

（1）全程在铁路运输企业管内运行的动车组列车车票有效期由企业自定。

(2)有效期有不同规定的其他票种。

通票的有效期按乘车里程计算:1 000 km为2日,超过1 000 km的,每增加1 000 km增加1日,不足1 000 km的尾数按1日计算;自指定乘车日起至有效期最后一日的24:00止。

2. 如何办理车票有效期延长手续?

答:因列车满员或意外事件列车停止运行,旅客不能按票面指定的日期、车次乘车时,车站应积极为旅客办理签证及通票有效期延长手续。办理时,应在通票背面注明"因××延长有限期×日"并加盖站名戳。旅客如托运行李时,还应在行李票上签注"因××原因改乘×月×日××车次",加盖站名戳,作为到站提取行李时,计算免费保管日数的凭证。

中途站办理动车组列车退票的公式:

应退票款=原票价-(原票价÷原票里程×已乘区间里程)

3. 哪些情况可延长车票的有效期?

答:因列车满员、晚点、停运等原因,使旅客在规定的有效期内不能到达到站时。

旅客因病中途下车、恢复旅行时,在通票有效期内,出具医疗单位证明或经车站证实时,可按医疗日数延长有效期,但最多不超过10天;卧铺票不办理延长,可办理退票手续;同行人同样办理。

由于误售、误购、误乘或坐过了站在原通票有效期不能到达到站时,应根据折返站至正当到站间的里程,重新计算通票有效期。

旅客持票等候通车后继续旅行时,可凭原票在通车10日内恢复旅行。车站应予办理签证手续,通票还应根据旅客候车日数延长车票有效期。卧铺票应办理退票。

4. 旅客购票后,能否在中途站上车?

答:旅客可以在车票票面指定的日期、车次于中途站上车,但未乘区间的票价不退。

5. 旅客乘车后能否中途下车，并恢复旅行？

答：持通票的旅客，乘车后可以在列车中途停车站下车；恢复旅行时，应当在车票有效期内并先到车站办理中转签证手续。

持直达票的旅客中途下车，未乘区间失效；但如因伤、病或铁路责任不能继续旅行时，凭列车开具的客运记录，可退还已收票价与已乘区间票价差额，已乘区间不足起码里程时，按起码里程计算；同行人同样办理。

旅客在12306网站使用二代居民身份证购票，并且在二代居民身份证检票条件车站使用二代居民身份证直接检票乘车的，可以在中途站下车并使用二代居民身份证直接检票出站，均按直达票处理。

6. 旅客乘车后能否变更座位、铺位？

答：旅客乘车后，要求变更座位、铺位时，在有运输能力的情况下，列车应予办理。变更后的票价高于原车票的，发售补价票，核收票价差额；低于原车票的，票价差额不予退还。

7. 因铁路责任使旅客不能按票面记载的日期、车次、座别、卧别乘车应怎样办理？

答：因铁路责任使旅客不能按票面记载的日期、车次、座别、卧别乘车时，站、车应重新妥善安排。重新安排的列车、座席、铺位高于原票等级的，超过部分票价不予补收；低于原票的，退还票价差额，不收退票费。

8. 旅客在中转站或列车上能否变更径路？

答：持直达票的旅客不能变更径路。

持通票的旅客在中转站和列车上要求变更径路时，必须在通票有效期能够到达到站时方可办理。办理时，原票价低于变径后的票价时，应补收新旧径路里程票价差额，核收手续费；原票价高于或相等于变更后的径路票价时，持原票乘车有效，差额部分（包括列车等级不符的差额)不予退还。

三、乘车条件及不符合乘车条件的处理

1. 旅客乘车的基本条件是什么?

答:旅客须按票面载明的日期、车次、席别乘车,并在票面规定有效期内到达到站。

持通票的旅客中转换乘时,应当办理中转签证手续。

2. 旅客在乘车途中,有效期终了如何处理?

答:持通票的旅客在乘车途中有效期终了、要求继续乘车时,应自有效期终了站或最近前方停车站起,另行补票,核收手续费。定期票可按有效使用至到站。

3. 哪些人站车不予运送? 发现后如何处理?

答:烈性传染病患者、精神病患者或健康状况危及他人安全的旅客,站、车可以不予运送;已购车票按旅客退票的有关规定处理。对烈性传染病患者(尤其是对人身健康危害严重、有暴发性流行可能的疾病患者),车站发现时应告之铁路规定并给予办理退票手续。列车上发现时,列车长编制客运记录交车站。必要时,应通知铁路防疫部门处理污染现场。

4. 对无票、持伪造或涂改车票乘车时如何处理?

答:无票乘车时,补收自乘车站(不能判明时自始发站)起至到站止车票票价。并须加收已乘区间应补票价50%的票款,核收手续费。持用伪造或涂改的车票乘车时,除按无票处理外并送交公安部门处理。

5. 持用低等级车票乘坐高等级列车、铺位、座席时如何处理?

答:持用低等级的车票乘坐高等级列车、铺位、座席时,补收所乘区间的票价差额。并须加收已乘区间应补票价50%的票款,核收手续费。

6. 旅客持没有规定的减价凭证或不符合减价条件的车票乘车时，如何处理？

答：旅客持儿童票、学生票、残疾军人票没有规定的减价凭证或不符合减价条件时，按照全价票价补收票价差额。并须加收已乘区间应补票价50%的票款，核收手续费。

7. 儿童超高如何处理？

答：应买票而未买票的儿童补收儿童票价。身高超过1.5 m的儿童使用儿童票乘车时，应补收儿童票价与全价票价的差额，核收手续费。

8. 对无票乘车而又拒绝补票的人如何处理？

答：对无票乘车而又拒绝补票的人，列车长可责令其下车并应编制客运记录交县、市所在地车站或三等以上车站处理（其到站近于上述到站时应交到站处理）。车站对列车移交或本站发现的上述人员应追补应收和加收的票款，核收手续费。

9. 对在站车内寻衅滋事、扰乱公共秩序的人如何处理？

答：对违反国家法律、法规，在站内、列车内寻衅滋事、扰乱公共秩序的人，站、车均可拒绝其上车或责令其下车；情节严重的送交公安部门处理；对未使用至到站的票价不予退还，并在票背面做相应的记载，运输合同即行终止。

10. 哪些情况旅客按规定补票，核收手续费？

答：(1)应买票而未买票以及身高超过1.5 m使用儿童票乘车的儿童。

(2)持站台票上车送客未下车但及时声明并于前方停车站下车的。

(3)主动补票或者经站、车同意上车补票的。

11. 哪些情况旅客只核收手续费？

答：(1)旅客在票面指定的日期、车次开车前乘车的，应补签。

(2)旅客所持车票日期、车次相符但未经车站剪口的,应补剪。

(3)持通票的旅客中转换乘应签证而未签证的,应补签。

四、退票和误售、误购的有关规定

1. 因承运人责任致使旅客退票如何办理?

答:因承运人责任致使旅客退票时,不收退票费:

(1)在发站,退还全部票价。

(2)在中途站,退还已收票价与已乘区间票价差额,已乘区间不足起码里程时,退还全部票价。

(3)在到站,退还已收票价与已使用部分票价差额。未使用部分不足起码里程按起码里程计算。

(4)空调列车因空调设备故障在运行过程中不能修复时,应退还未使用区间的空调票价。

2. 发生线路中断旅客要求退票时如何办理?

答:发生线路中断旅客要求退票时,在发站(包括中断运输站返回发站的)退还全部票价,在中途站退还已收票价与已乘区间票价差额,不收退票费,但因违章加收的部分和已使用至到站的车票不退。如线路中断系承运人责任时,按《客规》①第四十九条处理。

3. 中途站或列车发现误售误购车票如何处理?

答:在中途站、原票到站或列车内应补收票价时,换发代用票,补收票价差额。应退还票价时,站、车应编制客运记录交旅客,作为乘车至正当到站要求退还票价差额的凭证,并应以最方便的列车将旅客运送至正当到站,均不收取手续费或退票费。

4. 发站发现误售误购车票如何处理?

答:因站名相似或口音不同发生误售、误购时,站、车均应积极主

① 《铁路旅客运输规程》简称,下同。

动处理。应补收时，补收正当到站票价与已收票价的差额，收回原票。换发代用票。应退还时，凭原票和客运记录乘车至到站退款。

5. 因误售、误购车票或旅客误乘时，应怎样办理？

发生误售、误购车票或者误乘车、坐过了站等情况时，旅客应及时向车站、列车工作人员提出。在列车上，列车长经确认后，开具客运记录将旅客交至前方停车站，由车站为旅客办理换乘或者免费送回。因此导致旅客在原通票有效期不能到达到站的，根据折返站至正当到站间里程，重新计算通票有效期。免费送回时，旅客不得中途下车；否则，对往返乘车区间补收票价，核收手续费。

五、线路中断列车停止运行后的处理规定

1. 线路中断列车停止运行后，车站应做好哪些工作？

答：列车停运且不能在短时间内恢复运行时，站车应做好服务工作，解决旅客的困难，做好饮食供应工作，必要时，向地方政府报告请求援助。车站应将停办营业和恢复营业的信息及时向旅客公告。

2. 线路中断后停止运行站对旅客车票应如何处理？

答：停止运行站或列车应在旅客车票背面注明原因、日期、返回××站并加盖站名章或列车长名章，作为旅客免费返回发站、中途站办理退票、换车或延长有效期的凭证。

3. 线路中断后在发站或由中途站返回发站停止旅行时对旅客车票如何处理？

答：在发站或由中途站返回发站停止旅行时，退还全部票价，其中包括在列车上补购的车票，但罚款、手续费和携带品超重、超大补收的费用不退。已使用至到站的车票不退。

4. 线路中断后在停止运行站或返回中途站如何办理退票？

答：在停止运行站或返回中途站退票时，退还已收票价与发站至停止旅行站的票价差额，不足起码里程按起码里程计算。

5. 线路中断后铁路组织绕道运输时对车票如何处理?

答:铁路组织已购票的被阻旅客乘原列车绕道运输时持原票有效。组织旅客换乘其他列车绕道运输,车站应为旅客办理签证手续,在车票背面注明"因××绕道××站(线)乘车"并加盖站名戳。绕道运输乘坐原座别、铺别时票价不补不退,变更座别、铺别时,补收或退还差额。中途下车车票失效。旅客自行绕道按变径办理。

6. 线路中断后铁路对在发站或中途站要求等候继续旅行的旅客的车票如何处理?

答:旅客要求在发站或一个中途站(返回途中自行下车无效)等候继续旅行,凭原票在通车10日内可恢复旅行。旅客要求恢复旅行时,车站应办理签证手续。车站应根据旅客候车日数延长车票有效期。卧铺票应办理退票。

7. 线路中断后车站能否给旅客开具证明?

答:能。由于线路中断影响旅行旅客要证明时,车站应开具文字证明,加盖站名戳。

8. 线路中断后旅客自行买票绕道乘车时票价如何处理?

答:线路中断后,旅客买票绕道乘车时,按实际径路计算票价。

9. 线路中断时,对行李、包裹应如何处理?

答:对发站已承运的行李、包裹应妥善保管,铁路组织绕道运输时,运费不补不退。对滞留中途站的鲜活包裹应及时变卖处理。

收货人在中途站要求领取时,应退还已收运费与发站至领取站应收运费的差额。不足起码运费按起码运费核收。对要求运回发站取消托运的,退还全部运费。

旅客在发站或中途站停止旅行,而托运的行李已运至到站,要求将行李运回发站或中途站,运费不补不退。如要求将行李仍运至到站时,补收行李和包裹运费的差额。

六、旅客携带品的有关规定

1. 旅客可免费携带品的重量、体积如何规定?

答:每人免费携带品的重量和体积是:儿童(含免费儿童)10 kg,外交人员 35 kg,其他旅客 20 kg。每件物品外部尺寸长、宽、高之和不超过 160 cm,杆状物品不超过 200 cm,但乘坐动车组列车不超过 130 cm;重量不超过 20 kg。

残疾人旅行时代步的折叠式轮椅可免费携带并不计入上述范围。

2. 物品在列车内如何摆放?

答:对旅客随身携带品应动员放在行李架上和座位下面,并做到平稳牢固,不妨碍其他旅客乘坐或通行。

3. 哪些物品不得带入车内?

答:下列物品不得带入车内:

(1)国家禁止或限制运输的物品。

(2)法律、法规、规章中规定的危险品、弹药和承运人不能判明性质的化工产品。

(3)动物及妨碍公共卫生(包括有恶臭等异味)的物品。

(4)能够损坏或污染车辆的物品。

(5)规格或重量超过《客规》第五十一条规定的物品。

4. 在发站发现旅客违章携带物品如何处理?

答:在发站禁止进站上车。

5. 在车内或下车站发现旅客违章携带物品如何处理?

答:(1)在车内或下车站,对超过免费重量的物品,其超重部分应补收四类包裹运费。对不可分拆的整件超重、超大物品、动物,按该件全部重量补收上车站至下车站四类包裹运费。

(2)发现危险品或国家禁止、限制运输的物品,妨碍公共卫生的物品，损坏或污染车辆的物品，按该件全部重量加倍补收乘车站至下车站四类包裹运费。危险物品交前方停车站处理；必要时移交公安部门处理。对有必要就地销毁的危险品应就地销毁，使之不能为害并不承担任何赔偿责任。

没收危险品时，应向被没收人出具书面证明。

6. 旅客超重、超大的物品价值低于运费时，如何处理？

答：如旅客超重、超大的物品价值低于运费时，可按物品价值的50%核收运费。补收运费时，不得超过本次列车的始发和终点站。

7. 暂存处的设置、物品存取有何规定？

答：三等及其以上车站应设携带品暂存处。暂存处应公布收费标准和注意事项。暂存物品需包装良好，箱袋必须加锁，包装不良的，不予存放。办理暂存手续时，必须填写暂存票，注明品名、包装、日期、件数等。提取时还应注明提取日期、寄存日数和核收款额，并在暂存票乙票上加盖戳记后交给旅客。暂存票应按顺号装订，保管一年。

七、遗失物品的处理规定

1. 旅客的遗失物品如何处理？

答：对旅客的遗失物品应设法归还原主。如旅客已经下车，应编制客运记录，注明品名、件数等移交下车站。不能判明时，移交列车终点站。

2. 车站对旅客的遗失物品如何管理？

答：客流量较大的车站应设失物招领处。失物招领处对旅客遗失物品应妥善保管，正确交付。遗失物品需通过铁路向失主所在站转送时，物品在5 kg以内的免费转送；超过5 kg时，到站按品类补收运费；但对《客规》第五十二条中所列物品及食品不办理转送。

车站对本站发现或列车移交的遗失物品·应在遗失物品登记簿上详细登记,注明日期、地点、移交车次、品名、包装及内含物品、数量、重量、交物人、经办人、处理结果等内容。

3. 列车上拾到旅客遗失的现金时如何处理?

答:拾到现金应开具“客运运价杂费收据”(以下简称“客杂”)上交,并在登记簿上注明“客杂”收据号码,当失主来领取时,开具退款证明书办理退款。

4. 旅客遗失的哪些物品不办理转送?

答:遗失物品中的危险品、国家禁止或限制运输的物品、机要文件应立即移交公安机关或有关部门处理,不办理转送。

鲜活易腐物品和食品不负责保管和转送。

八、行李、包裹运输

1. 行李的范围指什么?

答:行李是指旅客自用的被褥、衣服、个人阅读的书籍、残疾人车和其他旅行必需品。

2.《细则》[①]中对行李的解释是什么?

答:行李仅指为方便旅客的旅行生活所限定的少量物品和残疾旅客代步所用的残疾人车。超过规定范围应按包裹运输。

3. 行李中不得夹带哪些物品?

答:行李中不得夹带货币、证券、珍贵文物、金银珠宝、档案材料等贵重物品和国家禁止、限制运输物品、危险品。

4.《细则》规定行李中不得夹带物品的具体含义是什么?

答:货币:含各币种的纸币和金属辅币;

① 《铁路旅客运输办理细则》,下同。

证券：含股票、彩券、国库券及具有支付、清偿功能的票据等；

珍贵文物：指具有一定年代的有收藏、研究或观赏价值的物品；

档案材料：指人事、技术档案，组织关系，户口簿或户籍关系，各种证件、证书、合同、契约等；

危险品：指国务院铁路主管部门公布的，《危险货物品名表》内的品名。对其性质有怀疑的物品也按危险品处理。

5. 承运人应为托运人提供什么样的服务？

答：对行李、包裹运输，承运人应采取送货上门、多式联运、快运等多种方式，以满足托运人不同的需求。车站行包房应为旅客、托运人提供填单、打包等必需服务。

6. 行包运输组织原则及要求是什么？

答：行李、包裹运输应按照先行李后包裹、先中转后始发和长短途列车分工、安全、经济的原则，合理、均衡地组织运输。

行李应随旅客所乘列车装运或提前装运；包裹应尽量以直达列车或中转次数少的列车装运。对抢险救灾物资、急救药品、零星支农物资应优先安排装运。

7. 哪些物品不能按行李、包裹运输？

答：不能按行李、包裹运输的物品范围主要为：妨碍公共卫生和安全的物品；国家政策法令规定禁止运输的物品。国家禁止和限制运输的物品以国务院及各部委颁发的文件为准。活动物中能够主动攻击伤害人的猛兽、猛禽和蛇、蝎子、蜈蚣、蜂等以及大动物不能承运。

8. 什么是包裹？

答：包裹是指适合在旅客列车行李车内运输的小件货物。

9. 行李托运次数如何规定？

答：旅客在乘车区间内凭有效客票每张可托运一次行李，残疾人车不限次数。

10. 行李、包裹的包装有何规定?

答:行李、包裹的包装必须完整牢固,适合运输。其包装的材料和方法应符合国家或运输行业规定的包装标准。

行李、包裹的包装必须完整牢固,不能有开口、破裂、短缺等现象。包装不符合要求时,应动员其改善包装。托运人拒绝改善包装的,车站可以拒绝承运。

11.《细则》中规定什么情况可延长行李免费保管天数?

答:因事故或不可抗力等原因而延长车票有效期的行李,应按客票延期的日数延长行李免费保管的日数。超过免费保管日数,按规定核收保管费,出具保管费收据或填发客运运价杂费收据。遇特殊情况,车站站长有权减收保管费。

12. 包裹到达通知有何具体规定?

答:包裹到达后,承运人应及时通知收货人领取。通知时间最晚不得超过包裹到达次日的12:00。

13.《细则》中对包裹到达通知的方式如何规定?

答:包裹到达后,应及时以明信片或电话等方式通知收货人领取。通知应以文字或录音等形式记录备查。

14. 收货人领取行李、包裹的依据是什么?丢失时如何领取?

答:收货人凭行李、包裹领取凭证领取行李、包裹。如将领取凭证丢失,必须提出本人身份证、物品清单和担保人的担保书,承运人对上述单、证和担保人的担保资格认可后,由收货人签收办理交付。如在收货人声明领取凭证丢失前行李、包裹已被冒领,承运人不承担责任。

15.《细则》规定收货人丢失行李、包裹票时如何办理领取手续?

答:对丢失行李、包裹票的收货人,应要求其提出身份证和担保人的书面担保以及物品所有权的证明。车站应慎重审查担保人的担保资格。收货人提不出担保人时,可以出具押金自行担保。押金数额应与行李、包裹的价值相当，抵押时间由车站与收货人协商确定。车站收取押金应向收货人出具书面证明，书面证明的式样由车站自定。

16. 发站发现品名不符时，车站如何处理？

答：发现品名不符时，在发站，应补收已收运费与正当运费的差额；在到站，加收应收运费与已收运费差额两倍的运费。

17. 到站发现行李、包裹重量不符时如何处理？

答：到站发现行李、包裹重量不符，应退还时，开具退款证明书将多收款退还收货人；应补收时，开具"客杂"补收正当运费，同时开具客运记录附收回的行李、包裹票报铁路局集团公司收入部门，由铁路局集团公司收入部门列应收账款向检斤错误的车站再核收与应补运费等额的罚款。

18. 对于无法交付的物品什么时候可以予以变卖？

答：行李从运到日起，包裹从发出通知日起，遗失物品、暂存物品从收到日起，承运人对 90 天内仍无人领取的物品应在车站进行通告。通告 90 天以后仍无人领取时，应保上一级主管部门批准后予以变卖。

19. 包用行李车的含义是什么？

答：凡要求单独使用加挂车辆或加开专用列车时，均按包车办理。包车人应先向承运人提出全程路程单。

20. 什么是铁路保价运输？

答：铁路保价运输是指托运人在托运物品时向铁路承运人声明物品的实际价值，并缴纳相应的费用，当物品在运输过程中发生损失时，铁路承运人按照托运人的声明价值赔偿损失。

铁路行李、包裹运输分为保价运输和不保价运输，托运人可以选择其中一种运输方式。办理保价运输时，托运人可以分件声明价格，也可按一批全部件数声明价格，铁路核收保价费。

21. 行李、包裹运输的损失赔偿标准是多少?

答:普通行李、包裹如在运输中发生物品损失,如托运人按保价运输办理的,在声明价格范围内按物品的实际损失(部分损失按损失部分所占的比例)予以赔偿;如托运人未选择保价运输的,按实际损失赔偿,但最高连同包装重量不超过15元/kg。

22. 铁路对行李、包裹运输的包装有什么要求?

答:行李、包裹的包装必须完整牢固、适合运输。其包装的材料和方法应符合国家或运输行业规定的包装标准。

23. 行李、包裹逾期时,收货人如何处理?

答:行李、包裹逾期运到时,收货人可以要求支付违约金,但应当凭行李票、包裹票在行李、包裹到达次日起10日以内提出。承运人应按逾期日数及所收运费的百分比向收货人支付违约金。一批中的行李、包裹部分逾期时,按逾期部分运费比例支付。违约金最高不超过运费的30%。

如果收货人要求将逾期运到的行李运至新到站时,可凭新车票办理,不再支付运费,承运人也不再支付违约金。

如果行李、包裹超过运到期限30天以上仍未到达,收货人可以认为行李、包裹已灭失而向承运人提出赔偿。

24. 行李、包裹的运到期限是如何计算的?

答:行李、包裹的运到期限以运价里程计算。从承运日起,行李600 km以内为3日,超过600 km时,每增加600 km增加1日,不足600 km也按1日计算。包裹400 km以内为3日,超过400 km时,每增加400 km增加1日,不足400 km也按1日计算。快运包裹按承诺的运到期限计算。

25. 行李、包裹运到后,承运人是否免费保管?

答:行李从运到日起、包裹从发出通知日起,承运人免费保管3天,逾期到达的行李、包裹免费保管10天。超过免费保管期限时，按日核收保管费。

26. 收货人如何提取行李、包裹？

答：收货人凭行李、包裹领取凭证领取行李、包裹。如将领取凭证丢失，必须提出本人身份证、物品清单和担保人的担保书，经承运人认可后，签收办理交付，但在收货人声明领取凭证丢失前行李、包裹已被冒领的，承运人不承担责任。

经当事人双方约定，包裹也可使用领取凭证的传真件领取，约定内容应记载在包裹票记事栏内。收货人要求凭印鉴领取包裹时应与承运人签订协议并将印鉴式样备案。经约定凭传真件或凭印鉴领取时，收货人不得再凭领取凭证领取。

收货人领取行李、包裹时，如发现有短少或异状应在领货时及时提出。承运人确认的，应编制事故记录交收货人作为要求赔偿的依据。

27. 如何办理行李、包裹变更手续？

答：托运人在办理托运手续后，可按如下规定办理一次行李、包裹变更手续（鲜活包裹不办理变更），核收变更手续费：

（1）在发站装车前取消托运时，退还全部运费。

（2）装运后要求运回发站或变更到站的（行李只办理运回发站或中止旅行站），补收或退还已收运费与实际运送区间里程通算的运费差额。

（3）旅客在发站停止旅行，要求仍将行李运至到站时按包裹收费，应补收发站至到站的包裹与行李运费的差额。办理变更运输后产生的杂费按实际产生的核收。如已收运费低于已产生的杂费时，则不补收杂费也不退还运费。但因误售误购客票产生的行李变更时，不收变更手续费。

28. 发现无票运输的物品，如何处理？

答：发现无票运输的物品，按实际运送区间加倍补收四类包裹运费。

29. 对行李、包裹事故,如何提出赔偿?

答:发生行李、包裹事故时,一般应在到站办理,特殊情况也可由发站办理。收货人要求赔偿时,应在规定的期限内提出并应附下列文字材料:

(1)行李票或包裹票。

(2)行李、包裹事故记录。

(3)证明物品内容和价格的凭证。

30. 发生旅客伤害、行李或包裹事故时,应当在什么期限内提出赔偿?

答:承运人与旅客、托运人、收货人因合同纠纷产生索赔或互相间要求办理退补费用有效期为一年。有效期从下列日期起计算:

(1)身体损害和随身携带品损失时,为发生事故的次日。

(2)行李、包裹全部损失时为运到期终了的次日,部分损失时为交付的次日。

(3)给铁路造成损失时,为发生事故的次日。

(4)多收或少收运输费用时,为核收该项费用的次日。

31. 铁路对哪些原因造成的旅客身体伤害不承担责任?

答:因下列原因造成的旅客身体损害承运人不承担责任:

(1)不可抗力。

(2)旅客自身健康原因造成的或者承运人证明伤亡是旅客故意、重大过失造成的。

32. 铁路对哪些原因造成的行李、包裹损失不承担责任?

答:因下列原因造成的行李、包裹损失承运人不承担责任:

(1)不可抗力。

(2)物品本身的自然属性或合理损耗。

(3)包装方法或容器不良,从外部观察不能发现或无规定的安全标志时。

(4)托运人自己押运、带运的包裹(因铁路责任除外)。

(5)托运人、收货人违反铁路规章或其他自身的过错。

九、客运运价

1. 客运运价包括什么?

答:客运运价包括旅客票价和行李、包裹运价。客运运价与客运杂费构成全部运输费用。

2. 国家铁路的旅客票价率和行李、包裹运价率,《价规》①有何规定?

答:国家铁路的旅客票价率和行李、包裹运价率由国务院铁路主管部门拟定,报国务院批准。客运杂费由国务院铁路主管部门规定。

经国务院铁路主管部门商国家物价主管部门同意,特殊区段可实行特殊运价。

3. 旅客和行李、包裹的票、运价里程计算的依据是什么?

答:旅客和行李、包裹的票、运价里程,以国务院铁路主管部门公布的《铁路客运运价里程表》为计算依据。发到站间跨及两条及其以上线路时,应按规定的接算站接算;通过轮渡时,应将规定的轮渡里程加入运价里程内计算。

4. 什么是接算站?

答:接算站就是为了把发到站间跨及两条以上的线路衔接起来,进行里程加总计算票价、运价所规定的接算衔接点。

5. "接算站"在示意图和里程表中分别怎样表示?

答:在客运运价里程接算站示意图中,接算站用红色圆圈表示。

---

① 《铁路客运运价规则》,下同。

“接算站”在里程表中，站名用黑体字印刷，站名下部印有1 mm宽的黑色横线，并在该站的第13栏记载接续线名。

6. 列车不经由连接两线接算站运价里程如何计算?

答:旅客列车跨及两线时列车不经由连接两线接算站的，该列车旅客票价和行李的运价里程，在两线连接点车站接算。包裹的运价里程和发售通票时尚未确定车次的区段旅客票价、行李运价里程应按接算站接算。

7. 旅客列车在非红线区间折返运行时运价里程如何计算?

答:旅客列车折返(含环线)运行。折返区段不是折返区间(即接算站示意图上标示为红线)的，通过旅客的票价和行李运价里程不包括折返里程。

8. 旅客列车折返(含环线)运行同一车站同程两次停靠并均办理旅客乘降业务时运价里程如何计算?

答:旅客列车折返(含环线)运行，同一车站同程两次停靠并均办理旅客乘降业务，运价里程按下列规定计算:

该站终到旅客计算到第一次停靠;

该站上车旅客乘坐区间为折返区间内的按第一次停靠起算，乘坐区间为折返区间外的按第二次停靠起算。

9. 准轨铁路与窄轨铁路间里程怎样接算?

答:准轨与窄轨铁璐相互间计算运价里程(如昆明—昆明北)时，不另加算里程(直通运送的行李、包裹，则由窄轨发、到站另行核收换装费用)。

10. 营业办理限制在里程表中怎样表示?

答:(1)全线的营业办理限制:在各该线的里程表上用文字注明。

(2)各站的营业办理限制:在各该站的站名前用下列符号表示:

※ 旅客乘降所，只办理旅客乘降业务;

⊗ 不办理行李和包裹业务的车站；

◎ 不办理包裹业务的车站；

△ 不办理客运业务的线路连接点车站；

11. 旅客票价里程如何计算?

答:旅客票价里程,按旅客乘车的实际径路计算。

12. 旅客行李运价里程如何计算?

答:行李运价里程,按行李实际运送的径路计算,旅客要求行李由近径路运送时,如有直达列车可按近径路计算。超过车票终到站以远的行李计费径路比照包裹计费径路办理。

13.《价规》中旅客包裹运价里程如何计算?

答:包裹运价里程按最短径路计算,有指定径路时,按指定径路计算。带运、押运包裹的运价里程按实际径路计算。

有直达列车的(指挂有行李车,下同)按直达列车径路计算,有多条直达径路的,按其中最短径路计算。

没有直达列车的,按中转次数最少的列车径路计算,中转次数相同的,按最短列车径路计算。

14. 计算旅客票价,行李、包裹运价的起码里程是多少?

答:计算旅客票价,行李、包裹运价的起码里程为:客票20 km;空调票20 km;加快票100 km;卧铺票400 km(特殊区段另有规定者除外);行李20 km;包裹100 km。

15.《价规》中旅客票价包括哪些?

答:旅客票价包括客票票价和附加票票价两部分:

客票票价分为硬座、软座客票票价。

附加票票价分为加快、卧铺、空调票票价。

16. 旅客票价是如何确定的?

答:旅客票价是以每人每千米的票价率为基础,按照旅客旅行的距离和不同的列车设备条件,采取递远递减的办法确定。具体票价以国务院铁路主管部门公布的票价表为准。

包房式硬卧票价分别按硬卧中、下铺另加30%计算。

17. 儿童票票价如何计算?

答:儿童票可享受客票、加快票和空调票的优惠,儿童票票价按相应客票和附加票票价的50%计算。免费乘车及持儿童票乘车的儿童单独使用卧铺时,应另收全价卧铺票价,有空调时还应另收半价空调票票价。

18. 学生票票价如何计算?

答:学生票可享受硬座客票、加快票和空调票的优惠,学生票票价按相应客票和附加票票价的50%计算。持学生票乘车的学生使用硬卧时,应另收全价硬卧票价,有空调时还应另收半价空调票票价。

19. 残疾军人票票价如何计算?

答:残疾军人票可享受客票和附加票的优惠,残疾军人票票价按相应客票和附加票票价的50%计算。

20. 什么是特定运价? 包括哪些方面?

答:特定运价是对一些特殊运输方式和特殊运价区段而制定的客运运价。包括以下两个方面:

(1)包车、租车、挂运、行驶等运价的计算。

(2)国家铁路、地方铁路及特殊运价区段间办理直通、过轨运输运价的计算。

21. 什么是客运杂费?

答:客运杂费是指在铁路运输过程中,除去旅客车票票价、行李包裹运价以外,铁路运输企业向旅客、托运人、收货人提供的辅助作业、劳务及物耗等所收的费用。

22. 对迟交票款、运费、杂费有何规定?

答:迟交票款、运费、杂费时从应收该项费用之次日起至付款日止，每迟交一日，按迟交总额的1%核收运输费用迟交金。

23. 国家铁路客运运价的计算单位和尾数保留是如何规定的？

答：国家铁路的旅客票价，以5角为计算单位，不足5角的尾数按2.5角以下舍去、2.5角及以上进为5角处理。国家铁路的行李、包裹运价及客运杂费的尾数保留至角。对浮动票价应分别按票种处理尾数。

24. 客运杂费的收费项目和收费标准由哪制定？

答：客运杂费的收费项目和收费标准由国务院铁路主管部门制定。

25. 包车票价、运费、使用费如何核收？

答：包车时按下列标准，根据运行里程（娱乐车、餐车根据使用日数）核收票价、运费、使用费：

（1）客车和合造车的客车部分，按客车种别、定员核收全价客票票价。成人与儿童（含享受减价优待的学生、伤残军人）混乘一辆车，人数不足时，按定员核收全价客票票价；实际乘车人数超过定员时，对超过人数按实际分别核收全价或半价客票票价。

（2）卧车按种别、定员核收客票及卧铺票的全价票价。

（3）公务车按40个定员核收软座客票及高级软卧票（上下铺各1/2）的全价票价。

（4）豪华列车每辆按32个定员核收软座客票及高级软卧票（上下铺各1/2）的全价票价。

（5）棚车代用客车，按车辆标记载重计算定员（每吨按1.5人折算）核收棚车客票票价。

（6）娱乐车、餐车使用费每日每辆5 000元，餐车合造车每日每辆2 500元（不足1日按1日核收）。

（7）行李车和合造车的行李车部分，按车辆标记载重核收行李或包裹运费。用棚车代用行李车时，按行李或包裹的实际重量核收行李或包裹运费。起码计费重量按标记载重的1/3计算(不足1 t的尾数进整为1 t)。行李、包裹混装时,按其中运价高的核收。

(8)包用的客车、公务车加挂在普通快车、特别快车列车上或加开的专用列车、豪华列车按上述等级速度运行时,都应根据核收客票票价人数核收相应的加快票价;途中发生中转换挂(或开行)不同列车等级时,按首次挂运(或开行)的列车等级核收加快票价。

(9)包用车辆使用空调设备时,还应按核收客票票价的人数核收空调费。娱乐车、餐车的空调费按使用费的25%计算。

(10)包车全部运行途中,里程采取通算。

26. 包车停留费如何核收?

答:包车时,根据包车人提出的全程路程单,对要求在发站、中途站、折返站停留(因换挂接续列车除外),按下列标准核收包车停留费,在停留当日不足12 h的减半核收。

(1)娱乐车、餐车,每日每辆5 000元;餐车合造车,每日每辆2 500元。

(2)公务车,每日每辆5 000元;高级软卧车,每日每辆3 300元。

(3)软座车、软卧车、软硬卧车、硬卧车、软座硬卧合造车,每日每辆1 800元。

(4)硬座车、行李车、软硬座合造车、行李邮政车、软座行李合造车、硬座行李合造车,每日每辆1 400元。

包用娱乐车、餐车,一日内同时发生停留费、使用费两项费用时只收一项整日费用。

27. 包车变更的费用如何计算?

答:包车变更的费用计算:

(1)包车单位在始发站停止使用,除退还已收空驶费与已产生的空驶区段往返空驶费差额外，其他费用按下列规定办理：

①开车 48 h 以前退还全部费用，核收票价、使用费、运费 10％的停止使用费。

②开车前 6 h 至不足 48 h 时，退还全部费用，核收票价、使用费、运费 20％的停止使用费。

③开车前不足 6 h 退还全部费用，核收票价、使用费、运费 50％的停止使用费。

④开车后要求停止使用，只退还尚未产生的包车停留数。

(2)包用单位在始发站延期使用，在开车前 6 h 以前提出时，按规定核收包车停留费；在开车前不足 6 h 提出时，核收票价、使用费、运费 50％延期使用费，并重新办理包车手续。

(3)包车单位在中途站延长使用时，经中途变更站报请铁路局集团公司同意后，核收票价、运费、使用费或包车停留费；如包车单位付款有困难，可根据书面要求，由变更站电告发站或到站补收应收费用。包车单位中途缩短使用时，所收费用不退。

28. 旅游列车票价计算是如何规定的?

答：旅游列车票价按相应的设备条件（非空调或空调，空调车按新空票价执行）、普快和标记定员的 90％核收，车辆标记定员不足 32 人的按 32 人计算；使用豪华车辆(每辆车定员不足 20 人)的另核收服务费 。使用宿营车内铺位时，按实际铺位计费，加入总票价×90％(服务费不乘 90％)。

29. 旅游列车的空驶费是如何规定的?

答：旅游列车途中产生空驶均按里程通算在票价内(旅游列车在始发站发车前及终到站停车后因调用车辆产生空驶时，不收空驶费)。

30. 旅游列车的停留费、使用费是如何规定的?

答：旅游列车餐车、宿营车为标准配置(一辆)的，不收停留费，旅游列车餐车超过一辆时停留费按餐车标准收。包车人使用宿营车铺位的不收停留费。

旅游列车编挂餐车超过一辆、编挂娱乐车、会议车时，均按相应等级硬卧车标记定员票价核收使用费。

31. 旅游列车的里程是如何计算的？

答：旅游列车单程里程通算票价，往返按 2 个单程；旅游列车不从原径路返回，按实际径路计算，以距离发站最远的停车站为折返站，分别计算往、返单程里程票价加总核收。

32. 旅游列车的运输费用的核收是如何规定的？

答：旅游列车的运输费用由始发站使用代用票一次收清，其他站、车不得再另外收取任何费用。填写代用票时，发到站栏填写，如太原—昆明，昆明—太原。旅游专列不从原径路返回时，按实际径路计算，以距始发站最远的停车站作为折返站填写票据。代用票交包车人持有，并另复印一张交折返站。其余乘车旅客每人发给一张团体旅客证，团体旅客证随代用票使用有效。车票不办理中途改签、分乘、变径或退票。旅客自己要求中途下车出站时，凭团体旅客证出站，未乘区间车票失效，恢复旅行时应另行购票。

第十部分　铁路旅客车票实名制及铁路电子客票

【导读】

本部分主要介绍了车票实名制管理、购买实名制车票的有效证件、铁路运输企业加强车票实名制管理的措施等内容。通过本部分的学习，读者可以初步了解《铁路旅客车票实名制管理办法》的相关规定，掌握平时工作中遇到实名制车票问题的解决方法。

一、铁路旅客实名制管理办法

1. 为什么要制订《铁路旅客车票实名制管理办法》?

答:2014 年 1 月 1 日,《铁路安全管理条例》正式施行,第六十四条明确规定:铁路运输企业应当按照国务院铁路行业监督管理部门的规定实施火车票实名购买、查验制度。为了贯彻落实《铁路安全管理条例》,保障铁路旅客生命财产安全及其他合法权益,维护旅客运输秩序,铁路部门特制订了《铁路旅客车票实名制管理办法》。

2. 什么是车票实名制管理?

答:车票实名购买和实名查验统称为车票实名制管理。车票实名购买是指购票人凭乘车人的有效身份证件购买车票或者铁路运输企业凭乘车人的有效身份证件销售车票。车票实名查验是指铁路运输企业对实行车票实名购买的车票记载的身份信息与乘车人及其有效身份证件原件(以下简称“票、人、证”)进行一致性核对的行为。

3. 铁路旅客车票包含哪些乘车凭证?

答:车票包括纸质车票、铁路电子客票、铁路乘车卡及其他符合规定的乘车凭证。

4. 铁路运输企业如何加强车票实名制管理工作?

答:铁路运输企业应当依法加强车票实名制管理工作,根据《铁路旅客车票实名制管理办法》制定车票实名制管理制度并在服务场所内公告相关规定,通过多种方式提前向社会公告实行车票实名制管理的车站及列车,完善作业程序,落实作业标准,保障运输安全。

5. 哪些情况应当提供身份证件?

答:实行实名购买车票的,购票人应当提供乘车人的有效身份证件原件或者复印件。

通过互联网、电话等方式实名购票的,购票人应当提供真实准确的乘车人有效身份证件信息;取票时,应当提供乘车人的有效身份证件原件或者复印件。

不能提供有效身份证件原件或者复印件的,铁路运输企业有权拒绝发售车票。

6. 对无法出示有效身份证件原件的旅客怎样处理?

答:无法出示有效身份证件原件的旅客,应当到公安机关办理旅客进站乘车的临时身份证明。铁路运输企业应当为公安机关办理旅客临时身份证明提供场所及必要办公条件。

7. 实行车票实名制管理所需的有效身份证件有何要求?

答:实行车票实名制管理所需的有效身份证件应当符合法律、行政法规和国家有关规定,具体种类由铁路运输企业向社会公布。

8. 铁路运输企业对在实行车票实名制管理过程中发现的危及安全的行为如何处理?

答:铁路运输企业在实行车票实名制管理过程中,发现扰乱站车秩序或者危及人身安全的行为,应当制止并报告公安机关。

9. 旅客进站乘车时无法出示有效身份证件原件时怎么办?

答:无法出示有效身份证件原件的旅客,应当到公安机关或公安机关在车站设置的制证窗口,办理旅客进站乘车的临时身份证明。

10. 铁路运输企业在车票实名制管理工作中有何权利?

答:在实行车票实名制管理的车站及列车,乘车人进站乘车时,铁路运输企业有权对乘车人所持车票记载的身份信息、乘车人及其有效身份证件原件进行核对,对拒不提供本人有效身份证件原件或者票、人、证不一致的,以及使用铁路电子客票或者铁路乘车卡,人、证不一致的,铁路运输企业有权拒绝其进站乘车。

11. 旅客身份信息如何得到保护?

答:铁路运输企业登记、收集、使用旅客身份信息,应当符合法律、行政法规和国家有关规定要求;应当加强旅客身份信息保密工作,完善相关保密制度,加强工作人员的保密教育,保护因车票实名制管理所获得的旅客身份信息及乘车信息。

铁路运输企业工作人员窃取、泄露旅客身份信息的,由公安机关依法处罚;构成犯罪的,依法追究刑事责任。

12. 铁路监管部门如何加强车票实名制的监督检查?

答:铁路监管部门应当加强监督检查,督促铁路运输企业落实车票实名制管理制度;加强实名制管理实施情况的调研分析,不断完善管理制度;加强相关投诉举报的处理,依法查处违法违规行为等。

13.《铁路安全管理条例》中对火车票实名购买、查验对铁路运输企业及旅客分别有何要求?

答:铁路运输企业应当按照国务院铁路行业监督管理部门的规定实施火车票实名购买、查验制度。实施火车票实名购买、查验制度的,旅客应当凭有效身份证件购票乘车;对车票所记载身份信息与所持身份证件或者真实身份不符的持票人,铁路运输企业有权拒绝其进站乘车。

铁路运输企业应当采取有效措施为旅客实名购票、乘车提供便利，并加强对旅客身份信息的保护。铁路运输企业工作人员不得窃取、泄露旅客身份信息。

二、铁路电子客票

1. 何谓铁路电子客票？

答：铁路电子客票是指以电子数据形式体现的铁路旅客运输合同的凭证。

2. 旅客应如何购买电子客票？

答：旅客凭乘车人有效身份证件，通过 12306 网站（含铁路 12306 手机客户端，下同）或实行铁路电子客票的车站和铁路客票销售代理点（以下简称车站和铁路代售点）购买铁路电子客票。

3. 车站售票窗口、自动售票机和铁路代售点向旅客发售铁路电子客票时，有何规定？

答：车站售票窗口、自动售票机和铁路代售点向旅客发售铁路电子客票时，不出具纸质车票，根据旅客需要打印报销凭证。不需要报销凭证的可提供"行程信息提示"。旅客须当场核对购票信息"行程信息提示"和报销凭证不能作为乘车凭证使用。

4. 购买电子客票旅客如需报销凭证时，有何规定？

答：旅客如需报销凭证，应在开车前或乘车日期之日起 30 日内，凭购票时所使用的有效身份证件原件，到车站售票窗口、自动售/取票机换取报销凭证，超过 30 日时通过铁路 12306 客服办理。

5. 符合购买学生票、残疾军人票条件的旅客，如何办理？

答：符合购买学生票、残疾军人票条件的旅客，应到车站指定售票窗口或自动售/取票机办理一次本人居民身份证件与学生优惠卡或残疾军人优惠证件的核验手续（学生票需每学年乘车前办理一次），通过核验手续的旅客购票后可凭居民身份证件自助办理实名制验证和进出站检票，核验手续应当在乘车前办理。铁路工作人员有权在车站和列车核对其减价优惠（待）凭证。

6. 列车上无法判别学生、残疾军人旅客是否具备优惠（待）资质的旅客，如何办理？

答：列车上无法判别学生、残疾军人旅客是否具备优惠（待）资质时，应办理补收票价差额手续，并开具电子客运记录（特殊情况可开具纸质客运记录），学生、残疾军人旅客到站后可凭车补车票、减价优惠（待）证件和购票时所用有效身份证原件（列车如开具纸质客运记录，还应携带纸质客运记录），30 天内到全国任意车站退票窗口办理资质核验和退票手续，车站核实学生、残疾军人所购减价优惠（待）票符合有关规定后，为其办理资质核验，扣减学生火车票优惠卡次数，办理学生、残疾军人旅客车补车票退票时，不收取退票手续费，不退列车补票手续费。

7. 列车核验铁路电子客票和实名制查验有何规定？

答：旅客乘车时，应配合列车工作人员核验铁路电子客票和实名制查验，动车组列车运行途中进行差异化查验，普速旅客列车在车门验票，遇客流较大等特殊情况，可让旅客先上车后再补验，对于乘坐卧铺的旅客，列车工作人员应通过手持终端为旅客办理卧铺使用登记和到站提醒业务。

8. 使用哪些证件可通过实名制核验、检票闸机自助完成实名制验证、进出站检票手续？哪些证件需通过人工通道完成实名制验证、进出站检票手续？

答：使用中华人民共和国居民身份证、中华人民共和国港澳居民居住证、中华人民共和国台湾居民居住证、外国人永久居留身份证、港澳居民来往内地通行证、台湾居民来往大陆通行证等可识读证件（以下简称可自动识读证件）购买铁路电子客票的旅客，凭购票时所使用的有效身份证件原件，可通过实名制核验、检票闸机自助完成实名制验证、进出站检票手续，使用其他证件购买铁路电子客票的旅客，凭购票时所使用的有效身份证件原件，通过人工通道完成实名制验证、进出站检票手续。

9. 旅客购票后，丢失购票身份证件的，如何处理？

答：旅客购票后，丢失购票身份证件的，按以下方式处理：

（1）旅客在乘车前丢失证件的，应到该有效身份证件的发证机构办理身份证明，凭身份证明进出站乘车。

（2）旅客在列车上、出站前丢失证件的，须先办理补票手续并按规定支付手续费，列车核验席位使用正常的，开具电子客运记录（特殊情况可开具纸质客运记录），车站核验车票无出站检票记录的，开具客运记录，旅客应在乘车日期之日起30日内，凭该有效身份证件发证机构办理的身份证明和后补车票（如开具纸质客运记录，还应携带纸质客运记录），到列车的经停站退票窗口办理后补车票与原票乘车区间一致部分的退票手续，办理退票手续时，如核查丢失证件有出站记录的后补车票不予退票，无出站记录的办理退票时，不收退票费，已核收的手续费，不予退还。

10. 使用现金方式购买或已打印报销凭证的铁路电子客票，如何办理改签退票？

答：旅客使用现金方式购买或已打印报销凭证的铁路电子客票，可到车站指定窗口办理改签、退票手续，或通过12306网站先行办理退票，自网上办理退票成功之日起180天（含当日），凭乘车人身份证原件到铁路车站指定窗口办理退款手续。已打印报销凭证的铁路电子客票办理改签、退票手续时，须收回报销凭证。

11. 旅客使用电子支付方式购买的电子客票，如何办理改签退票？

答：旅客使用电子支付方式通过车站售票窗口、自动售票机、铁路代售点和12306网站购买的铁路电子客票，均可通过12306网站或车站指定窗口办理改签、退票手续，在12306网站注册且通过铁路12306手机客户端完成人脸身份核验的旅客，也可通过12306网站办理其他人使用电子支付方式通过车站售票窗口、自动售票机、铁路代售点和12306网站为其购买的铁路电子客票改签、退票手续。

12. 哪些车票可通过车站自动检票闸机办理进、出站检票手续?

答：在12306网站注册用户且通过铁路12306手机客户端完成人脸身份核验的旅客，购买铁路电子客票后可凭铁路12306手机客户端生成的动态二维码，通过车站自动检票闸机办理进、出站检票手续。

13. 何谓铁路旅客运输合同运送期间的起、止?

答：自动检票闸机、车站手持移动和半自助检票终端在识读旅客身份证件时所做的检票记录分别作为铁路旅客运输合同运送期间的起、止。

14. 持儿童票的旅客乘车时如何办理?

答：持儿童票的旅客乘车时，须凭购票时所使用的本人或同行成年人的有效身份证件原件，通过人工通道办理实名制验证、进出站检票手续。

第十一部分　互联网订票和电话订票

【导读】

本部分将互联网订票、电话订票的相关知识点进行了归纳整理，介绍了网络购票相关业务、电话订票相关业务、银行卡购票注意事项等内容。通过学习，读者可以对新型购票方式有一个系统的了解。

1. 12306网站提供哪些服务？

答：12306网站提供旅客列车时刻表、余票、票价、正晚点、规章制度等客货运信息查询，办理网络购票、网络改签、网络退票等业务。

2. 在12306网站购票是否需要注册？需要填写哪些信息？

答：在12306网站购票，必须实名注册为网站用户。注册时按12306网站页面提示要求填写相关信息。必须填写用户名、密码、真实姓名、证件类型、证件号码、手机号码和电子邮件等信息。

3. 姓名是中文和英文组合而成，能办理网络购票吗？

答：可以办理。

4. 网络购票可使用的证件有哪些？

答：网络购票可使用的有效身份证件包括：居民身份证（包括中华人民共和国居民身份证、中华人民共和国港澳居民居住证、中华人民共和国台湾居民居住证、中华人民共和国外国人永久居留身份证）、港澳居民来往内地通行证、台湾居民来往大陆通行证和按规定可使用的有效护照。

5. 姓名有生僻字，如何录入身份信息购票？

答：姓名中的生僻字请使用小写的汉语拼音代替。

6. 网络购票对一个身份证购买车票有何限制？

答：一个有效身份证件同一乘车日期同一车次限购一张车

票，但使用同行成年人的有效身份证件信息为乘车儿童购买儿童票的除外。

7. 一笔订单是否有网络购票张数限制？为多人网络购票怎么办？

答：一笔订单最多可订5张单程票或10张往返票（5张去程、5张返程）；如同一注册用户订票张数多于一笔订单限购张数时，需先将第一笔订单支付成功后，再预订第2笔订单，以此类推。

8. 网络购票时能否买到座位在一起的车票？

答：一次提交的订单，系统优先选择座位号在一起的进行配票，但在一些高峰或特殊时期，由于票源紧张，系统不能保证买到的座位或铺位一定能在一起。

9. 国外能够使用12306网站网络购票吗？

答：可以，但需使用12306网站支持的支付方式。

10. 12306网站可购买的车票类别有哪些？

答：目前，在12306网站可购买全价票、儿童票、学生票以及残疾军人票。

11. 在12306网站成功申请到席位后，多长时间内支付票款可以保留席位？

答：在12306网站成功申请到席位后，应当在45 min内，使用12306网站支持的支付方式支付票款，否则将取消席位。

12. 网络购票后，在车站售票窗口改签时，差额部分可以使用现金吗？

答：不可以。

（1）网络改签后新票票价高于原票需补收票价差额的，应当使用银行卡支付新票全额票价，原票票款按银行规定时限退回原网络购票时所使用的银行卡。

（2）网络改签后新票票价低于原票或办理网络退票的，应退票款按银行规定时限退还原网络购票时所使用的银行卡。

13. 如何购买实名制车票?

答:(1)购买实名制车票时,可以使用乘车人有效身份证件原件或复印件;免费乘车的儿童及持儿童票乘车的儿童不实行实名制。

(2)一张有效身份证件同一乘车日期同一车次只能购买一张实名制车票。

(3)须凭证购买的学生票、残疾军人票,在出示有效身份证件的同时,还应出示符合规定的减价优惠(待)凭证原件,经核实后,方可购票、乘车。学生票按规定核减次数。

14. 实名制车票是否可以更改姓名?

答:实名制车票不可以更改姓名。

15. 能否在12306网站分段购买学生票?

答:可以,但乘车区间只能在学生证载明的优惠乘车区间之内且符合购买学生票的相关规定。

16. 购买学生票,是否收取手续费?

答:学生票不收取5元客票销售服务费。

17. 目前订票的电话是多少?

答:目前铁路电话订票的号码是区号+95105105,受理当地所属铁路局集团公司的电话订票业务。

18. 电话订票,可以使用哪些身份证件?

答:电话订票,可使用的有效身份证件包括:

(1)居民身份证。

(2)港澳居民来往内地通行证。

(3)台湾居民来往大陆通行证。

(4)按规定可使用的有效护照。

19. 电话订票的取票方式是什么?

答:旅客凭电话订票系统提供的订单号、订票有效证件原件(购学生票时还需提供学生证、购残疾军人票时还需提供“中华人民共和国残疾军人证”或“中华人民共和国伤残人民警察证”)到各铁路局集团公司管辖各车站指定窗口或火车票代售点窗口取票(具体取票点以当地铁路局集团公司公布为准)。

20. 电话订票的数量有无限制?

答:目前电话订票系统中旅客凭有效证件(推荐二代居民身份证)一次可订同日期、同车次、同席别的车票,数量随客流淡旺季调整,淡季一次最多不超过 19 张,订票次数不限。春运期限和遇到特殊情况需调整时,以铁路当时的文电通知为准。

21. 电话订票受理的席位有哪些?

答:电话订票受理席位包括有座席位和无座席位。

22. 电话订票系统有哪些功能?

答:电话订票系统提供订票。订单查询、订单取消、车次查询、停靠站查询、票价查询、余票查询、取票点查询、订票须知正、晚点、查询等自动语音服务功能。

23. 电话订票的车票范围有哪些?

答:电话订票系统仅办理全价票、儿童票、残疾军人票、学生票(规定售票时期)的预定,不办理团体票、通票、联程票、往返票、签证及其他减价票票种的预订业务。

24. 电话订票如何支付票价?

答:目前电话订票在铁路局集团公司指定售票窗口取票时支付票价,支付票价可以现金支付也可以用银行卡支付。

25. 订票电话接通后可否连续订票?

答:目前电话订票语音提示旅客选择的车票已售完时不用马上挂掉电话,系统很快会给出新的四位验证码,旅客还可以回到前面的流程继续订票。如果还有订票需求,可以再次订票。

26. 何为银行卡购票?

答:银行卡购票是指旅客在安装了银行 POS 机(以下简称 POS 机)的售票窗口(含代售点窗口,下同)及安装了银行读卡器和密码键盘的自动售票机(以下简称TVW机)上办理购票业务。

27. 铁路售票受理银行卡的种类有哪些?

答:(1)售票窗口POS机可以使用收单行(POS机所属银行)所有银行卡,以及带银联标识的其他银行卡。

(2)TVW上可使用标识银行的所有银行卡,以及带银联标识的其他银行借记卡的预付卡。

28. 旅客如何才能了解到银行卡购票的相关规定?

答:开办银行卡购票的车站,在售票大厅明显位置张贴“铁路旅客银行卡购票须知”,旅客可以自行查阅。

29. 车站哪些窗口可以办理银行卡购票?

答:办理银行卡售票的窗口电子显示屏统一显示“欢迎使用银行卡购票”。

30. 用银行卡购买的火车票如何改签和退票?

答:使用银行卡购买的车票办理改签和退票时,应在安装了POS机的车站窗口办理。车站分别设置银行卡购票、退票、改签窗口。在退、改签窗口电子显示屏统一显示“银行卡退票窗口”,“银行卡改签窗口”或“银行卡购票变更窗口”。没有电子显示屏的车站,售票窗口,退、改签窗口按窗口揭示规定张贴或摆放标识,同时,窗口摆放银联标识。

31. 哪些银行卡能在12306网站在线支付?

答:开通工商银行、农业银行、中国银行、招商银行和中国建设银行网银账户的用户直接银行网银支付;开通其他银行网银账户的用户使用银联网银支付;未开通网银账户的用户直接使用银联快捷支付;开通支付宝的也可使用支付宝支付。

32. 购票后发现票面信息有误怎么办?

答:在售票窗口购票时,应当场认真核对票面所载的信息和找零款;发现有误时,应当场立即向售票人员提出。

33. 购买残疾人旅客专用票额的条件是什么?

答:(1)持有“中华人民共和国残疾人证”,且载明视力、肢体或智力三类残疾,残疾等级为一级或二级的。

(2)持有“中华人民共和国残疾军人证”“中华人民共和国伤残人民警察证”,且载明残疾等级为一至六级的。

34. 购买残疾人旅客专用票额的旅客进出站、乘车有何规定?

答:购买残疾人旅客专用票额的车票时,实行实名制,购票、退票、进出站检票及乘车时,应出示乘车人本人的中华人民共和国残疾人证、残疾军人证、伤残人民警察证及其所载明的居民身份证等有效身份证件。进站乘车时,票、证、人不一致的,按无票处理。

35. 残疾人旅客专用票额车票发售有何规定?

答:为方便残疾人旅客乘坐火车出行,每趟旅客列车预留一定数量的残疾人旅客专用票额,自预售之日起至始发站开车前24 h,专门发售给符合购票条件的残疾人旅客并在票面标注㊕。

36. 发现持残疾人旅客专用票额车票的旅客,不符合购票条件的如何处理?

答:残疾人旅客专用席位是为优先保证符合条件的残疾人旅客使用,车站、列车发现持票面标注㊕车票的旅客所持中华人民共和国残疾人证、残疾军人证或者伤残人民警察证,但可判定其不符合发放证件条件的,有权要求其腾出席位、安排符合条件的旅客使用,同时记录其证件信息。发现使用伪造、编造中华人民共和国残疾人证、残疾军人证、伤残人民警察证的,移交铁路公安部门依法处理。

37. 用银行卡购买的火车票始发改签后新票票面不清或误签时怎么办?

答:用银行卡购买的火车票始发改签后新票票面不清或误签时,车站不能作废票处理,必须将新票按原退方式办理,POS机打印“退款凭条”，并按购票流程，为旅客重新办理购票。

38. 用银行卡购买的火车票在中途办理中转签证时还需要银行卡吗？

答：用银行卡购买的火车票在中途办理中转签证须要补收票款时，可用现金或银行卡支付。须要退还票款时，按退票流程进行退款，POS 机打印“退款凭条”。

39. 未开办电子支付业务的车站能否办理银行卡车票的签证？

答：不能。未开办电子支付业务的车站不办理使用银行卡购买的车票退票、改签业务。使用银行卡支付购买的车票退票时不得办理退还现金业务。

40. 用银行卡购买的火车票退票后票款能否及时到账？

答：不能及时到账，需要客票系统的支付平台处理相关业务，经确认无误后才能将退票款返回旅客银行账户。

41. 自动售票机能不能用银行卡购票？

答：可以。自动售票机上方的电子显示屏应固定显示“欢迎使用银行卡购票”。

42. 用银行卡购票卡中余额不足时能否用现金补交？

答：不可以。旅客使用银行卡购买车票时不得部分票款使用银行卡、部分票款使用现金或者使用两张以上的银行卡支付。

43. 能否同时用几张银行卡买票？

答：旅客使用银行卡购买车票时一笔交易仅限一张银行卡支付全部票款，不能同时使用几张银行卡支付票款。

44. 用银行卡购买的火车票票面有什么标记？

答：旅客采用银行卡支付方式购买的车票，正面印有收单银行标记。

45. 用银行卡购票刷卡后售票员让再次刷卡会不会多收票款？

答：不会。如果售票扣款不成功，POS 机凭条未打出，客票系统未收到扣款成功信息，售票员应告知旅客，重新刷卡或改用现金支付。

46. 旅客收到银行扣款成功信息但 POS 凭条未打出怎么办？

答：旅客收到银行扣款成功信息但 POS 凭条未打出时，售票员应告知旅客重新刷卡或改用现金支付，并按银行规定时限查询和退款信息，支付平台处理后续业务。

47. 用银行卡购票后发现车票买错了怎么办？

答：旅客发现车票买错后应及时向售票员提出，售票员需要根据客票系统提示将票款退还至旅客银行卡账户。然后需要重新购买正确的火车票。

48. 用银行卡购票后退票时退款不成功怎么办？

答：退款不成功，POS 机凭条未打出，售票员根据客票系统提示记录退款故障信息和确认后，POS 机打印“退款受理凭条”一式两联，第一联（商户存根联）交由旅客签字确认后车站留存，另一联（持卡人存根联）交旅客，告知旅客联系发卡行查询消费记录，后续退款由支付平台处理。

49. 用银行卡能否购买异地火车票？

答：用银行卡可以购买异地火车票，但旅客需采用现金支付 5 元的异地票手续费。

50. 用银行卡购票遇实名制证件不符怎么办？

答：如窗口发售实名制车票时，若刷卡成功，但制票过程中遇到旅客所提供的证件不符合实名制有关规定无法制票时，先选择“其他”证件类型将车票制出后，再作废或原退，将该张车票票款退回旅客银行卡中。

51. 旅客用银行卡在自动售票机购票支付成功但未制出车票时怎么办？

答：旅客用银行卡在自动售票机购票支付成功但未制出车票时，自动售票机自动发起支付撤销命令，车票自动作废。如支付撤销失败，自动为旅客打印“自助售票系统故障凭条”，支付平台完成后续业务处理。旅客到窗口另行购票。

52. 持“自助售票系统故障凭条”的旅客如何查询消费记录？

答：持“自助售票系统故障凭条”的旅客可联系发卡行客服中心查询消费记录。

53. 旅客用银行卡在自动售票机购票支付成功但制出的车票票面不清或票纸残缺时怎么办？

答：旅客用银行卡在自动售票机购票支付成功但制出的车票票面不清或票纸残缺时，旅客可持车票到改签窗口，售票员通过客票系统提供的“始发改签”换票功能给旅客办理换票手续。

54. 遇有不可抗力、铁路责任、POS 机故障、旅客伤病不能继续旅行时等特殊情况如何处理？

答：遇有不可抗力、铁路责任、POS 机故障、旅客伤病不能继续旅行时等特殊情况，并且不能连接 POS 机进行退票等业务时，经铁路局集团公司客运部同意后，车站可办理不刷卡退票：售票员收回原票，给旅客开具“车票收回凭证”一式两联，第一联旅客签字后随原票交车站留存，第二联交旅客。车站将收回车票扫描，与“车票收回凭证”核对无误，按《客规》规定退款，退款信息由客票系统自动上传支付平台，“车票收回凭证”随原票上缴收入部门，且在当日结账前办理。

55. 旅客用银行卡购票后银行卡丢失如何办理退票？

答：旅客银行卡丢失要办理退票时，经值班站长批准，按遇有不可抗力、铁路责任、POS 机故障、旅客伤病不能继续旅行时等特殊情况办理。相关凭条丢失铁路运输企业不予补办。

第十二部分 《铁路旅客运输管理规则》相关知识

【导读】

本部分明确了铁路旅客运输内部管理的相关规定，涉及车、站对旅客运输的管理，站房、站场、站前广场的设施设备，车站遇到特殊情况处理办法，天桥、地道、候车室的使用等内容。

1. 站容车容标准是什么？

答：站容车容标准：庄重美观、整洁卫生、设备齐全、标志鲜明。站、车业务宣传要内容准确。其他标语口号、宣传画应位置适当。车站建筑物上不准涂写、粘贴标语、宣传口号。

2. 站车卫生标准是什么？

答：卫生标准：窗明地净、四壁无尘、内外清洁、消灭“四害”。

3. 对旅客列车停靠站台有何规定？

答：旅客列车应固定停靠站台。因故临时必须变更时，运转值班人员应提早通知客运值班人员，由客运人员及时向旅客通告。

4. 铁路客运职工的职业道德是什么？

答：铁路客运职工的职业道德是：

(1)勤恳敬业：做到工作勤奋、业务熟练。

(2)廉洁奉公：做到公道正派，不徇私情。

(3)顾全大局：做到团结协作，密切配合。

(4)遵章守纪：做到服从命令，执行标准。

(5)优质服务：做到主动热情，细心周到。

(6)礼貌待客：做到行为端庄，举止文明。

(7)爱护行包：做到文明装卸，认真负责。

5. 车站客运人员对旅客讲话要达到什么标准?

答:对旅客讲话时应态度和蔼,音量适宜称呼恰当,语言表达得体准确。听旅客讲话时应认真倾听不得随意打断,正在行走遇有旅客问话时应停下来回答。夜间在卧车不得喧哗。

6. 车站客运人员遇有外宾及海外同胞应有何要求?

答:对旅客应一视同仁,对外宾及海外同胞应热情友好,不卑不亢,不该问的不问,不该说的不说。

7. 对进入站台车辆有何要求?

答:除指定在站台上作业的小型机动车辆和因特殊情况经站长批准进站的车辆外,其他车辆不得进入站台。进入站台车辆应技术状态良好并限速(10 km/h)行驶。

8. 站、车应如何做好检查危险品工作?

答:站、车应加强禁带危险品的宣传,铁路公安人员和客运人员要密切配合,共同做好检查危险品工作。实施运输安全检查时,应佩戴规定的标志。站、车对查出的危险品,应予没收,数量较大的交由铁路公安部门处理。列车上查出的危险品,由值乘的公安人员妥善保管,移交最近前方停车站公安派出所处理,车站不设公安派出所的,则由列车长编制客运记录,移交车站处理。对发令纸、鞭炮类的危险品,应立即浸水处理。对携带危险品进站上车,造成事故时,按国家有关规定处理。

9. 车站发现无人护送的精神异常旅客,如何办理?

答:车站发现无人护送的精神异常旅客,应严禁乘车。对有人护送的,应通知列车长,协助护送人员防止发生意外。

10. 车站对列车上交下的无人护送的精神异常旅客,如何办理?

答:车站对列车上交下的无人护送的精神异常旅客,由车站客运、公安共同负责妥善处理。如需继续乘车时,车站客运、公安共同派人护送至到站转地方处理，如无直通车时，送至第一个换车站，由换车站继续转送。

11. 客运人员在接班前和工作中有何要求？

答：客运人员在接班前，必须充分休息，保持精力充沛。严禁在接班前和工作中饮酒。

12. 如何通过线路？

答：通过线路时，应走天桥、地道、平过道，并严格执行“一停、二看、三通过”制度，严禁钻爬车底，跨越车钩。

13. 如何顺线路行走？

答：顺线路行走时应走路肩，不走轨心、轨面和轨枕头，并随时警觉前后列车。禁止在运行中的机车车辆前抢越线路。小型机动车通过平过道时必须有人引导。

14. 车站保管行包有何要求？

答：车站保管行包时，必须指定专人负责，根据仓库条件，分别货位，整齐堆放并做好防火、防爆、防湿、防盗工作。站、车装载、堆放一级包装的放射性包裹应备专门存放地点，与食品及活动物包裹不少于 0.5 m，与感光器材和人应保持不少于 1 m 的距离。

15. 车站向银行送款有何要求？

答：车站向银行（包括列车向终到站）存款或缴款时，应由公安、保安人员护送，没有公安、保安人员的车站、客运（列车）段，由站、段派人护送，确保进款绝对安全。

16. 旅客或无票人员在站内受到伤害，如何处理？

答：旅客或无票人员在站内或列车上受到伤害，站、车应先行抢救。车站（在列车上为列车长）应会同公安人员检查受伤情况，收集旁证、物证，详细做成记录。送医院抢救时，由车站凭加盖车站或客运公章的客运记录（送地方医院时为介绍信）送当地铁路医院。

17. 列车发生旅客人身伤害事故,如何办理移交?

答:列车发生旅客人身伤害事故,应当将旅客移交三等以上车站(在区间停车处理时为就近车站)处理,车站不得拒绝受理。列车向车站办理移交手续时,编制客运记录一式两份(一份存查,一份办理站、车交接),连同车票、旅客随身携带品清单、证据材料一起移交。旅客人身伤害事故系因斗殴等治安或刑事案件所致,列车乘警应在客运记录上签字。

列车向车站移交伤亡旅客或无票人员时,受理站不得拒绝。

处理事故产生的费用,列铁路营业外支出。

18. 车站候车区域、上、下车通道应有哪些标志?

答:车站候车区域、上、下车通道应有相应的车次、车厢顺号指引牌、检票车次牌等导向标志。

19. 防寒工作应提前做好哪些工作?

答:防寒工作应提前做好以下工作:

(1)对有关人员进行防寒过冬教育并考试。

(2)对站、车设备进行防寒过冬检查、整修,保证设备完好。

(3)储备足够的防寒过冬材料、燃料和工具,检修好除冰雪用具和防冻防雪备品。

(4)组织好人员,及时清除冰雪。

20. 站房应有哪些设施?

答:站房应根据客运量设置为旅客服务和客运生产、管理、办公、生活及驻站单位使用的各类房舍和设施。如售票厅、票库、问讯、候车、携带品暂存、行包承运和中转、交付等房舍。还应有阅览室、广播室、微机房、监控室、医务室、售货部、饮水处、盥洗间、厕所、工作人员间休室等文化、卫生和生活上的必要设施。其次,还可根据需要,设置贵宾室、软席候车室、母婴、军人候车室和旅客餐厅。候车室和特、一、二等站的站台上,应有准确的时钟。

21. 站场应有哪些设施?

答:站场应具备各类站线、站台、雨棚、天桥、地道、照明、给排水、栅栏(围墙)、跨线路的平过道和垃圾处理等设施。

22. 站前广场应有哪些设施?

答:站前广场应具备供旅客和各种车辆集散、停留的场地,旅客活动地带和相应的绿化区域,并考虑远期规划用地。设置为旅客使用的各种服务性设施,如售货亭、餐厅和厕所等。

23. 车站站台的长度是多少?

答:旅客列车到发线有效长应以能满足该区段旅客列车最大编组辆数长度及发展的需要,一般应不少于 650 m。办理旅客乘降的车站和乘降所,应设置硬面化站台,车站站台的长度,一般应为 550 m。乘降所站台应不少于 350 m。

24. 车站站台宽度是多少?

答:旅客基本站台的宽度:特、一等站应不少于 20 m,二等站及县城所在地车站应不少于 12 m,二等站及县城所在地车站应不少于 10 m,其他站应不少于 4 m。

25. 车站站台高度是多少?

答:旅客站台的高度,特等站应采用 1 100 mm 的高站台,一般车站,可适当采用 300～500 mm 的低站台。

26. 对站台安全白线有何要求?

答:站台安全白线距站台边 800 mm,白线宽 100 mm。

27. 天桥、地道有何规定?

答:三等及其以上车站应设有地道或天桥。地道与天桥的位置应能保证旅客通行和行包搬运、装卸作业的安全、便利。修建天桥时,一般应设雨棚。天桥与地道的宽度应根据客流量确定,但不应小于 4 m,地道净空高度应不低于 2.5 m。并应设有照明、防、排水设施。特、一等站应设有输送行包、邮件的地道。

第十三部分　路内运输

【导读】

本部分主要对铁路内部运输的相关知识进行了归纳总结，包括特种乘车证、铁路乘车证的票种及颜色、持用铁路各种乘车证需交验的证件、使用各种乘车证的乘车规定、铁路各系统之间公文运送的规定等内容。

一、特种乘车证

1. 特种乘车证包括哪些？

答：(1)全国铁路通用乘车证。

(2)中央和各省、市、自治区机要部门使用的软席乘车证(限乘指定的乘车位置)。

(3)邮政部门使用的机要通信人员免费乘车证，包括押运员、检查员(只限乘坐邮车及铁路指定的位置)。

(4)邮局押运人员免费乘车证(只限乘坐邮车及铁路指定的位置)。

(5)邮局视导员免费乘车证(只限乘坐邮车及铁路指定的位置)。

(6)口岸站的海关、边防军、银行使用的往返免费乘车书面证明。

(7)我国铁路邀请的外国铁路代表团使用的中华人民共和国铁路免费乘车证。

(8)用于到外站装卸作业及抢险的调度命令。

2. 中国铁路免费乘车证乘车有何规定？

答：为了加强对铁路运输企业执行国家政策法令的监督，国务院铁路主管部门邀请的其他政府部门和新闻单位检查铁路工作时，凭“中国铁路免费乘车证”可乘坐除国际列车以外各种等级、席别的列车。

“中国铁路免费乘车证”由国务院铁路主管部门制定和管理。

二、铁路乘车证

1. 铁路乘车证分为几个票种、几种颜色?

答:乘车证共分为九个票种、三种颜色。

(1)软席全年定期乘车证,浅粉色。

(2)软席乘车证(含单程,往返,临时定期),浅粉色。

(3)硬席全年定期乘车证,浅蓝色。

(4)硬席临时定期乘车证,浅蓝色。

(5)硬席乘车证(含单程,往返),浅蓝色。

(6)便乘证,浅蓝色。

(7)通勤乘车证(含通学,定期),浅黄色。

(8)就医乘车证(含往返,临时定期,全年定期),浅黄色。

(9)探亲乘车证(含单程,往返),浅黄色。

2. 铁路乘车证按乘车的有效期期限分为哪几种?

答:铁路乘车证可分为全年定期证(为一个历年)、定期乘车证(不超过三个月)、往返和单程四类。

3. 持用铁路各种乘车证应分别携带交验哪些证件?

答:持用铁路各种乘车证的职工出入车站及在列车内须与旅客同样经过检验票证及有关证件,同时交验工作证、学生证、离休证、退休证、家属证及家属医疗证。任何证明均不能代替上述证件。

职工持用探亲乘车证,需同时持贴有本人照片的工作证和探亲证明;职工配偶或父母、子女持贴有本人照片的家属证(医疗证)和探亲证明。任何代替工作证或家属证明均无效。三证(全年定期和临时定期乘车证同时交验乘车证卡片)俱全方为有效。

4. 铁路乘车证使用席别有何规定?

答:准乘软席人员的范围有:

(1)铁路局集团公司正、副局长和相当职级的人员。

(2)年满 50 周岁的正、副处长和相当职级的人员。

(3)年满 50 周岁的副研究员和相当专业技术职务的人员。

(4)经国家和国铁集团批准的"有突出贡献的专家"。

除以上规定外,其他铁路职工和符合《铁路乘车证管理办法》规定的其他人员准乘硬席。

5. 哪些铁路乘车证须由车站签证?

答:持用临时定期、软席、硬席、探亲乘车证时,须由车站签证。铁路职工(含国铁控股合资铁路公司职工)可以持铁路乘车证乘坐动车组列车,但均必须办理实名签证。其中,持软席全年定期乘车证、软席乘车证的人员可以乘坐动车组列车卧铺和一等座席,持硬席乘车证(含全年定期、临时定期乘车证)的人员可以乘坐动车组列车二等座席。

6. 哪些铁路乘车证可以免于签证?

答:持用全年定期、定期通勤、通勤、通学、定期就医除乘坐动车组以外的列车乘车证可免于签证。如要座位号时,可凭乘车证由车站发给座位号。

7. 铁路乘车证的查验有何规定?

答:(1)必须携带有关证件和证明,如有不符,视为无效,并有权扣留所持乘车证,按有关规定处理。

(2)对持用的全年,临时定期、通勤、定期通勤、通学、全年定期就医和临时定期就医乘车证免打查验标记;其他乘车证均须于始乘站和返乘站予以剪口,列车内查验时应打查验标记,否则按客运有关规定办理。

8. 铁路乘车证免费使用卧铺有何规定?

答:职工(含路外符合使用乘车证的人员)出差、驻勤、开会、调转赴任、护送、出入学校，以本人开始乘坐本次列车开始时刻计算，从 20:00～(次日)7:00 在车上过夜 6 h(含 6 h)或连续乘车超过 12 h (含 12 h)以上的，准予免费使用卧铺。

9. 使用卧铺时中途能否下车?

答:使用卧铺中途不能下车。必须下车时，不足夜间乘车 6 h 或连续乘车不足 12 h 的，列车长应按章核收已乘区间的卧铺票价。

10. 使用各种乘车证乘车有何规定?

答:各种乘车证(全年定期、临时定期乘车证除外)每张限填一个到站。由始发站至到达站有直达列车，一般应乘直达列车；因签证原因不能乘直达列车的，可在同一方向换乘站中转换乘(限换乘一次)，经换乘站签证后，可继续乘车至到达站。

11. 持用铁路各种乘车证托运行李有何规定?

答:持用铁路各种乘车证，均不能免费托运行李、搬家物品的托运，需托运时应和持客票的旅客同样办理。

12. 使用全年定期乘车证的范围有何规定?

答:凡因工作需要，必须经常在所管辖区段内铁路沿线往返乘车的铁路职工，可使用所管辖区段内的全年定期乘车证。

全年定期乘车证的乘车区间，如管辖区段的最末一站不是快车停车站，可填到管辖区段的前方一个“直快”停车站。

13. 使用临时定期乘车证有何规定?

答:因工作需要短期内须在一定区段内连续往返乘车或一次出差到几个地点又不顺路的，可使用一定区段内的临时定期乘车证。

(1)临时定期乘车证的到站，除国铁集团机关外，不能填“××局 管内各站”，更不能填“全国各站”，应根据本次出差的实际需要填写。

(2)一次出差到一条线的几个站，可填到最远站；一次出差到几条线又不顺路者，可按线填最远到站，但不能超过三个到站。

14. 使用软席、硬席乘车证有何规定?

答:因工作需要一次性的外出乘车,可使用软席、硬席乘车证,乘车区段及期间按实际需要填发,单程或往返一次有效,除转乘外,中途下车无效。

15. 使用定期通勤乘车证有何规定?

答:符合享受一年一次探亲待遇条件的职工,其工作地至家属居住地在600 km以内(铁路局集团公司工程、大修部门流动施工的职工,在局管辖范围内可不受600 km限制),能利用节假日或休班时间回家的,在不享受国家规定的探亲假的前提下,可填发定期通勤乘车证,有效期间为一个历年。

定期通勤乘车证一个月只限使用一次,不能提前或移作下月使用。如节假日适逢月初或月末,乘车证的往返日期可跨及上月末或下月初,但起止时间不超过一周。

16. 使用通勤乘车证有何规定?

答:(1)职工工作地至家属居住地在300 km以内,上下班有适当列车可乘,不影响出勤、工作和休息的,需通勤时,可使用通勤乘车证。

(2)铁路职工入一年以内短训班、进修班,符合通勤条件的,可按规定使用通勤乘车证。

17. 使用通学乘车证有何规定?

答:铁路沿线职工供养的子、女、弟、妹,由居住地至中、小学校在50 km以内,需要乘车通学时,可使用通学乘车证。当地设有同等学校,原则上应就地入学。通学乘车证的有效期间为一个学年,于每年8月份,开始之日起一个月内换发,在此期间新旧乘车证可交替使用。

18. 使用探亲乘车证有何规定?

答:探亲乘车证是铁路职工及其供养的直系亲属探亲乘车凭

证。职工供养的未满18周岁的子女随同职工或职工供养的配偶、父母探亲时,可共同使用一张探亲乘车证,但职工子女不能单独使用。职工应交验工作证和探亲证明,家属应有家属证(或医疗证)和探亲证明。

19. 使用便乘证有何规定?

答:机车乘务员、运转车长在规定担当乘务的区段内便乘时(不包括调车机车、小运转及出入厂取送机车),可由段、折返段乘务室、驻在所(站)值班员填发便乘证,按指定日期、车次一次乘车有效,便乘到达目的地后,应由值班员收回便乘证,予以注销,月末集中交回填发单位。

机车车辆在中途发生故障,机务段、车辆段检修工人去修理,应填发一次硬席乘车证,不能使用便乘证。

20. 哪些情况持用铁路乘车证乘车需相应证明?

答:出差、探亲、驻勤、开会、入学、出校、调转赴任、搬家必须交验相应的证明,如职工出差证明书、人事调转命令、户口迁移证明等。铁路高等院校、中等专业学校和技工学校的学生到学校所在地铁路局集团公司管辖区域外实习时,必须交验教育部门批准的实习证明;医疗转院或疗养必须交验医疗机构的转院、疗养证明;机车乘务员便乘时,必须携带机务段填发的司机报单;机械保温车乘务员去外地换班乘坐旅客列车时,应交验保温段填发的交、接班证明。

21. 乘车证使用完回收的规定有哪些?

答:(1)按年度(学年)办理填发的乘车证,必须在规定的办理日期前交回;其他乘车证必须在其有效期到期后7日内交回,否则按丢失处理;虽有效期已过,因工作需要,继续在外出差或生产(工作)的,应在回到本单位7天之内交回,否则按丢失处理。

(2)职工入学、调转、离休、退休、停薪留职及其他原因离职时,乘车证填发部门应负责将其持用的各种乘车证收回;休息6个月以上及女职工休长假时其当年所持用的乘车证应由填发部门收回保管；机械保温列车乘务员填发的全年定期乘车证一律由派班室统一保管，出勤（差）时发放，退勤（返回）时交回。

（3）对使用完毕的各种乘车证，各单位要严格执行回收制度。填发人在使用人交回旧证时，应将“乘车证用毕缴销单”（乘车证申请书下联）返给使用人，以此证明旧证已交回；对丢失已做罚款处理的则在缴销单上注明。

22. 对铁路职工违章使用乘车证的处理有何规定？

答：（1）发现违章使用乘车证时，均按无票处理。要按所乘列车的等级、席别、铺别、区间（单程或往返）及票面填写人数加收已乘区间应补票价50%的票款。同时查扣其乘车证及有关证件上交铁路局集团公司收入部门。上交时应编制客运记录，注明违章情况。

（2）下列乘车证还应按票面记载的席别、区间，按照下列计算方法加收罚款：

①定期通勤乘车证，按票面填写乘车区间，自有效月份起至发现违章月份止，按每月一次往返里程通算计算客票票价。

②全年定期乘车证、临时定期乘车证、通勤（学）乘车证。从有效日期（过期的从有效期终了的次日）至发现违章日期止，票面填写的乘车区间在一个铁路局集团公司以内的，按每日乘车50 km计算票价；乘车区间跨铁路局集团公司的，按每日乘车100 km计算票价，计算后低于50元的按50元核收。

③发现其他违章行为的，均按《客规》中的规定相应处理。

23. 各种铁路乘车证的有效期是如何规定的？

答：全年定期、定期通勤、通勤、就医（全年、定期）乘车证有效期为一年，可延期使用到次年的1月15日。

24. 对铁路职工丢失乘车证者处罚有何规定？

答：（1）丢失乘车证者，除本人做出检查外，并按下列标准进行罚款：硬（软）席全年定期乘车证每张罚款200元；临时定期乘车证每张罚 150 元；其他乘车证每张罚款 100 元。

(2)假报丢失乘车证按违章使用处理，若继续违章使用的还要给予纪律处分。

(3)丢失空白乘车证的罚款及票面经济损失的折算，原则按上述罚款标准办理，能落实票面直接经济损失的，应按票面经济损失办理。

(4)丢失硬(软)席全年定期、定期通勤、通勤(学)、就医(全年定期)乘车证的，罚款后予以补发。对丢失乘车证未按规定罚款即补发乘车证的，按违章填发处理。

25. 对单位违章批准和填发乘车证的处理有何规定？

答：对违章批准和填发乘车证，除追回乘车证外，按下列标准进行罚款：

(1)硬(软)席全年定期乘车证使用区间为全国各站的，每张罚款 600 元；使用区间为铁路局集团公司管内各站的，每张罚款 400 元；使用其他区间的乘车证每张罚款 200 元。

(2)临时定期乘车证使用区间超出铁路局集团公司范围的，每张罚款 200 元；使用区间在铁路局集团公司范围内的，每张罚款 140 元。

(3)其他乘车证每张罚款 100 元。

(4)凡违章为路外人员审批和填发乘车证按上述标准视情况加倍罚款。

三、其他规定

1. 什么是路内运输？

答：路内运输是铁路内部因工作、生活需要而产生的人员和物资运输。

2. 铁路各系统之间的公文运送有何规定？

答：铁路各系统之间的公文及其他附属品可以通过旅客列车的行李车免费运送。重要文件、表报、凭证、电报等可以按挂号办理。但此类运输仅限于公务来往。凡铁路单位对内、外或路外单位承揽的铁路用产品不得免费运输。

3. 利用客车车递文件及附件的规定有哪些?

答:下列物品,无论是否随文递送,均作为附件处理,准予车递:

(1)表报(包括空白表报)、图纸。

(2)档案。

(3)公章、证章、证件、纪念章、奖状、锦旗。

(4)公款、有价证券、票据。

(5)规章(包括汇编)、铁路系统印发的供本系统公用的书籍、刊物、报纸。

(6)各种合同(协议)。

(7)物资申请记录书、物资分配和调拨单。

(8)客货运事故记录、国际联运清算单、财务会计账单和凭证。

(9)展览品、模型、样品、图片、电影片、幻灯片。

(10)供化验和研究用的物料样品(液体、剧毒品、爆炸性、自然性和杀伤性物料除外。

(11)车递文件和物品用的回空容器(如麻袋、布袋、票箱等)。

但是,私人信件、物品严禁利用车递传送。

附件数量较多时,应分别包装,每包重不得超过 5 kg,同一发送单位发往同一收受单位的附件不得超过 4 包;超过 4 包时,应到车站行包房办理托运手续,按包裹免费运送,但必须符合包裹运送条件及要求。

利用车递传送的客票票据,每包不得超过 20 kg,同一发运单位发同一收受单位不得超过 20 包。

4. 利用客车车递文件,挂号递送的规定有哪些?

答:(1)密件。

(2)公款、有价证券、票据。

(3)公章、证章、证件、纪念章、奖状、锦旗。

(4)各种合同(协议)。

(5)物资申请记录书、物资分配和调拨单。

(6)客货运事故记录及事故有关的重要文件。

(7)国际联运清算单、财务会计账单和凭证。

(8)重要统计报表、图表。

(9)重要车递电报。

(10)回空的公文袋、票袋。

挂号文件的封套或包装应坚固不易破损。

密件、公款的封皮口要粘贴薄纸条,加盖单位公章或专用骑缝章(名章无效),封皮左上角标明挂号的“字号”“密别”(即秘密、机密、绝密)或“贵重品”(如钱、支票等),易于识别。装公款的布袋应用火漆或铅弹加封。

5. 免费运输的物品范围有何规定?

答:(1)中国铁路文工团演出用的服装、道具、布景准予免费运输。

(2)中国铁路文工团电视部凭中国铁路文工团书面证明,将摄像机、录像机、放像机免费带入客车,自行看管,重量不受20 kg限制;监视器、摄影机、录像机等附属品按规定办理托运手续,免费运输。

6. 免费运输的办理规定有哪些?

答:(1)需托运的服装、道具、布景数量较大时,可以拨给行李车,如行李车不足,也可以拨给棚车代用。

(2)少量的服装、道具、布景,可装在旅客编组中行李车内运送,不必另拨车辆。

(3)办理此项免费运输时,必须凭“中国铁路文工团”开具的证明文件，到车站办理托运手续。如要求拨给行李车或棚车时，应凭上述证明文件到有关铁路局集团公司办理拨车手续。

(4)车站办理托运时，应填写包裹票，并在运价栏划斜线，在记事栏内注明“免费”字样，同时将证明文件收回，随同包裹票报告页一并报铁路局集团公司。

(5)托运的服装、道具、布景等，由车站装卸时，应按规定核收装卸费。

7. 路内有关人员携带路用品的携带规定有哪些？

答：(1)铁路电务等维修人员乘坐管内旅客列车到各站检查、维修设备，凭铁路局集团公司发给的携带器材乘车凭证，可携带蓄电池(6 V)8 组、蓄电池和电池的电解液（装入特种容器）3 瓶，轨道焊接线火柴（铁盒密封）5 盒，焊药 40 包，防腐油 10 kg，机油 1 kg，煤油 1 kg，变压器油 2 kg，调和漆 5 kg，汽油（密封）0.5 kg。乘车时应服从列车长安排，将携带品放在列车尾部，保证安全，并不影响车内秩序和运转车长作业。

(2)铁路衡器管理所检修工作人员，持证明到各站检定、修衡器时，准许随身携带小型配件、调和漆 5 kg 和标准砝码 200 kg，也可凭书面证明免费托运砝码和衡器配件。车站填发包裹票，在记事栏内注明“衡器检修”，收回书面证明报铁路局集团公司。

(3)为方便工务段钢轨探伤工作人员乘车需要，由各铁路局集团公司发给“携带钢轨探伤仪乘车证”可携带 JGT-2 型钢轨探伤仪（体积 1 000 mm×830 mm×380 mm）乘车，同时需出示铁路公用乘车证，准乘管内旅客列车，并按乘务员或列车长指定地点放置，不得妨碍旅客乘降。

第十四部分　铁路旅客运输服务质量

【导读】

本部分参考《铁路旅客运输服务质量规范》，对高铁车站、普速车站以及动车组列车、空调列车、非空调列车的质量规范相关知识点作出解答，并对《铁路旅客运输服务质量规范》进行全方位解读。

一、《铁路旅客运输服务质量规范(车站部分)》

1.《铁路旅客运输服务质量规范》中对车站的照度是如何定义的?

答:照度(平面照度)指单位面积的光通量，单位为勒克斯(lx)。

2.《铁路旅客运输服务质量规范》要求客运车站安全制度的建立有何要求?

答:安全制度健全有效，安全管理职责明确，能满足安全生产需要。

3.《铁路旅客运输服务质量规范》中客运车站安全管理的主要内容有哪些?

答:有安全生产责任制、安全检查和安全质量考核、劳动安全、消防管理、食品安全、设施设备、安检查危、实名验证、结合部、现金票据安全、站台作业车辆安全、旅客人身伤害处理等管理制度和办法。

4.《铁路旅客运输服务质量规范》中客运车站安全防范措施有哪些主要内容?

答:有旅客候车、乘降、进出站、行包保管(高铁快件)和装卸等安全防范措施。

5.《铁路旅客运输服务质量规范》规定车站应与哪些行业的结合部有安全协议?

答:与保洁、商业、物业、广告、安检、行包(高铁快件)等结合部有安全协议。

6.《铁路旅客运输服务质量规范》规定车站应有哪些应急预案?

答:有恶劣天气、列车停运、大面积晚点、(启动热备车底)、突发大客流、设备故障、客票(服)系统故障、火灾爆炸、重大疫情、食物中毒、作业车辆(设备)坠入站台、旅客人身伤害等非正常情况下的应急预案。

7.《铁路旅客运输服务质量规范》中对客运车站安全设备设施的要求是什么?

答:安全设备设施配备齐全到位,作用良好。

8.《铁路旅客运输服务质量规范》中规定,车站应配备哪些安全检查设备?

答:按规定配备危险品检查仪、安全门、危险品处置台、手持金属探测器、防爆罐等安全检查设施设备,正常启用,显示器满足查验不同危险品的需求。危险品检查仪、安全门、危险品处置台、防爆罐设在进站口旅客进站流线、行包房(高铁快件营业场所)适当位置,不影响旅客通行。危险品检查仪延长端适当。

9.《铁路旅客运输服务质量规范》要求客运车站如何配备和维护消防器材?

答:按规定配备消防设备、器材,定期检测维护,合格有效。

10.《铁路旅客运输服务质量规范》对客运车站应急照明系统有何要求?

答:应急照明系统覆盖进出站、候车、售票、站台、天桥、地道等处所,状态良好。

11.《铁路旅客运输服务质量规范》对车站应急备品有何要求?

答:备有喇叭、手持应急照明灯具、应急车次牌、隔离设施等应急物品,定点存放。有应急食品储备或定点食品供应商联系供应机制。

12.《铁路旅客运输服务质量规范》对客运车站安全标志有何要求?

答:安全标志使用正确,位置恰当,便于辨识。电梯、天桥、地道口、楼梯踏步、站台有引导、安全标志。

13.《铁路旅客运输服务质量规范》对旅客携带品的安全检查有何规定?

答:旅客人人通过安全门和手持金属探测器检查,携带品件件过机。安检口外开设的车站小件寄存处对寄存物品进行安全检查。

14.《铁路旅客运输服务质量规范》中要求客运车站工作人员在岗前应通过哪些培训?对培训过程有何要求?

答:工作人员通过生产作业、消防、电器、电气化、卫生防疫、劳动人身等安全培训,特定岗位工作人员按规定通过相应岗位安全培训。安全培训有计划,有记载,有考核。

15.《铁路旅客运输服务质量规范》对车站基础设施设备有何要求?

答:基础设施设备符合设计规范,定期维护,作用良好,无违规改造和改变用途。有售票处、公安制证处、候车室、补票处、站台、围墙(栅栏)等基础设施,地面硬化平整,房屋、风雨棚、天桥、地道无渗漏,墙面、天花板无开裂翘起脱落,扶手、护栏、隔断、门窗牢固完好,楼梯踏步无缺损。

16.《铁路旅客运输服务质量规范》对车站视频监控系统的设置要求是什么?

答:视频监控系统覆盖车站各服务处所,具备自动录像功能。

17.《铁路旅客运输服务质量规范》中规定车站视频录像资料保存时间为多久?

答:录像资料留存时间不少于15天,涉及旅客人身伤害、扰乱车站公共秩序等重要的视频资料为一年。

18.《铁路旅客运输服务质量规范》对车站图形标志有何要求?

答:图形标志符合标准,齐全醒目,位置恰当,安装牢固,内容规范,信息准确。

19.《铁路旅客运输服务质量规范》中规定车站应设有哪些指示标志?

答:有位置标志、导向标志、平面示意图、信息板等引导标志,指引准确。站台两端各设有一个站名牌,并利用进出站地道围栏、无障碍电梯、广告牌、垃圾箱(桶)、基本站台栅栏等站台设施,设置不少于两处便于列车内旅客以正常视角快速识别的站名标志。各站台设有出站方向标志,实行便捷换乘的有便捷换乘标志。

20.《铁路旅客运输服务质量规范》规定车站应公布哪些服务信息?

答:根据各服务处所和服务设备设施的功能、用途设置揭示揭挂,采取电子显示屏、公告栏等方式公布规章文电摘抄、旅客乘车安全须知、客运服务质量标准摘要、客运杂费收费标准等服务信息。

21.《铁路旅客运输服务质量规范》对售票窗口前一米线的设置有何规定?

答:售票窗口前设置黄色“一米线”,宽度10 cm。

22.《铁路旅客运输服务质量规范》中服务语言文字的使用有何规定?

答:采用中文、英文;少数民族自治地区车站可按规定增加当地通用的民族语言文字。

23.《铁路旅客运输服务质量规范》对电子显示设备质量有何规定?

答:有电子显示引导系统,满足温度环境使用要求,室外显示屏具有防雨、防湿、防寒、防晒、防尘等性能,信息显示及时,每屏信息的显示时间适当,便于旅客阅读。

24.《铁路旅客运输服务质量规范》中对电子信息设备的使用范围及显示内容有何规定?

答:候车区内设置候车引导屏,显示车次、始发站、终到站、开车时刻、检票口、状态等信息;检票口处设置进站检票屏,显示车次、终到站、开车时刻、站台、状态等信息;天桥、地道内设置进、出站通道屏,显示当前到发列车车次、始发站、终到站、站台、到开时刻、列车编组前后顺位等信息;站台设置站台屏,显示当前车次、始发站、终到站、实际开点(终到站为到点)、列车前后顺位编组、引导提示等信息;出站口外侧设置出站屏,显示到达车次、始发站、到达时刻、站台、状态等信息;售票窗口正上方设置窗口屏,显示窗口号、窗口功能、工作时间或状态等信息;有剩余票额信息显示屏,及时、正确显示日期、车次、始发站、终到站、开车时刻、各席别剩余票额等售票信息;待机状态显示站名、安全提示、欢迎词等信息。

25.《铁路旅客运输服务质量规范》售票设施的配备应达到什么标准?

答:售票设施设备满足生产需要,作用良好。

26.《铁路旅客运输服务质量规范》中规定售票窗口应有哪些设备?

答:售票窗口配备桌椅、计算机、制票机、居民身份证阅读器、保险柜、验钞机等售票设备及具有录像、拾音、录音功能的监控设备,发售学生票、残疾军人票的窗口配备学生优惠卡、残疾军人证的识读器,退票、改签窗口配备二维码扫描仪,电子支付窗口配备

POS 机。

27.《铁路旅客运输服务质量规范》规定售票窗口应向旅客显示哪些信息?

答:售票窗口应设置工号牌或采用电子显示屏,显示售票人员姓名、工号、本人正面二吋工作服彩色白底照片等信息。

28.《铁路旅客运输服务质量规范》中对补票处的位置及设备有何要求?

答:补票处邻近出站检票口,配备桌椅、计算机、制票机、保险柜、验钞机、学生优惠卡识读器等售票设备和衡器,有防盗、报警设施;有存放票据、现金的处所和设备,具备防潮、防鼠、防盗、监控和报警功能。

29.《铁路旅客运输服务质量规范》中对候车区域布局及设备有何规定?

答:候车区布局合理,方便旅客。配备适量座椅,摆放整齐,不影响旅客通行。

30.《铁路旅客运输服务质量规范》中对问讯处的位置及设备有何规定?

答:问讯处(服务台、遗失物品招领处)位置适当,标志醒目,配备信息终端和存放服务资料、备品的设备。

31.《铁路旅客运输服务质量规范》对候车区饮水处的位置及设备有何要求?

答:饮水处配备电开水器,有加热、保温标志,水质符合国家标准要求。可开启式箱盖的电开水器或保温桶加锁,箱盖与箱体无间隙。

32.《铁路旅客运输服务质量规范》对卫生间有何要求?

答:厕位适量。有通风换气及洗手池等盥洗设备,正常使用,作用良好。厕位间设置挂钩。

33.《铁路旅客运输服务质量规范》对检票口的设置有何要求？

答：检票口设人工检票通道，已检票区域与候车区隔离，封闭良好。

34.《铁路旅客运输服务质量规范》中对行包房的设施设备有何规定？

答：行包房有机动车作业场地和停车位。办理窗口有桌椅、计算机、制票机，使用行包管理信息系统，配有电子衡器和装卸搬运机具，电子支付窗口配备POS机。有打包机、施封钳等包装工具；有编织带、纸箱、锁等包装材料；有封箱钉、打包带、铁锤、缝针等维修工具施封材料。行包仓库有发送、中转、到达作业区域，根据品类划分鲜活、易腐、放射品等不同的存放区，方便存放和领取。有防火、防爆、防盗、防水、防鼠设备。

35.《铁路旅客运输服务质量规范》规定站台应有哪些设施设备，其设置标准是什么？

答：站台设有响铃设备或配备口笛，作用良好；地面标示站台安全线。

站台设有响铃设备，作用良好；地面标示站台安全线，内侧铺设提示盲道；设置的座椅、垃圾箱（桶）、广告灯箱等设施设备安装牢固，不影响旅客通行。

36.《铁路旅客运输服务质量规范》中对客车给水有何规定？

答：给水站按规定设置水井、水栓，给水系统作用良好，水源保护、水质符合国家标准。

37.《铁路旅客运输服务质量规范》对工作人员仪容的整体要求是什么？

答：仪容整洁，上岗着装统一，干净平整。

38.《铁路旅客运输服务质量规范》中对工作人员发型有何要求？

答：头发干净整齐、颜色自然，不理奇异发型，不剃光头。男性两侧鬓角不得超过耳垂底部，后部不长于衬衣领，不遮盖眉毛、耳朵，不烫发，不留胡须；女性发不过肩，刘海长不遮眉，短发不短于 7 cm。

39.《铁路旅客运输服务质量规范》对工作人员面部、手部有何要求？

答：面部、双手保持清洁，指甲修剪整齐，长度不超过指尖 2 mm，身体外露部位无文身。女性淡妆上岗，保持妆容美观，不浓妆艳抹，不染彩色指甲。

40.《铁路旅客运输服务质量规范》对工作人员着装有何规定？

答：换装统一，衣扣拉链整齐。着裙装时，丝袜统一，无破损。系领带时，衬衣束在裙子或裤子内。外露的皮带为黑色。佩戴的外露饰物款式简洁，限手表一只、戒指一枚，女性还可佩戴发夹、发箍或头花及一副直径不超过 3 mm 的耳钉。不歪戴帽子，不挽袖子和卷裤脚，不敞胸露怀，不赤足穿鞋，不穿尖头鞋、拖鞋、露趾鞋，鞋的颜色为深色系，鞋跟高度不超过 3.5 cm，跟径不小于 3.5 cm。

41.《铁路旅客运输服务质量规范》中要求工作人员如何佩戴职务标志？

答：佩戴职务标志（售票员除外），胸章牌（长方形职务标志）戴于左胸口袋上方正中，下边沿距口袋 1 cm 处（无口袋的戴于相应位置），包含单位、姓名、职务、工号等内容。臂章佩戴在上衣左袖肩下四指处。售票员、验证人员、安检值机人员等坐姿作业人员可不戴制帽，其他人员执行职务时应戴制帽，帽徽在制帽折沿上方正中。

42.《铁路旅客运输服务质量规范》要求工作人员面对旅客时举止有何要求？

答：表情自然，态度和蔼，用语文明，举止得体，庄重大方。不高声喧哗、嬉笑打闹、勾肩搭背，不在旅客面前吃食物、吸烟、剔牙齿和出现其他不文明、不礼貌的动作，不对旅客评头论足，接班前和工作中不食用异味食品。

43.《铁路旅客运输服务质量规范》对旅客候车环境的要求是什么?

答:干净整洁,窗明地净,物见本色。地面干净无垃圾;玻璃透明无污渍;墙壁无污渍、涂鸦。扶手、护栏、座椅、台面、危险品检查仪、危险品处置台等处无积尘、污渍。卫生间通风良好,干净无异味,地面无积水,便池无积便、积垢,洗手池清洁无污垢。饮水处地面无积水。站台、天桥、地道等地面无积水、积冰、积雪,股道无杂物。

44.《铁路旅客运输服务质量规范》对服务处所的卫生设施有何要求?

答:各服务处所设置适量的垃圾箱(桶),外皮清洁,内配的垃圾袋材质符合国家标准、厚度不小于0.025 mm,无破损、渗漏,每日消毒一次。垃圾车外表无明显污垢,垃圾不散落,污水不外溢。垃圾及时清运,日产日清。保洁工具定点隐蔽存放。设有供保洁作业使用的水、电设施和存放清扫工具的处所,不影响旅客候车、乘降。

45.《铁路旅客运输服务质量规范》对保洁工作有何要求?

答:车站对保洁作业有检查,有考核。保洁人员经过保洁专业知识和铁路安全知识培训合格,持证上岗。清洗剂符合环保要求,不腐蚀、污染设备备品。墙壁、玻璃、隔断、护栏等2 m以下的部位每日保洁,2 m以上的部位及顶、棚等设施定期保洁。

46.《铁路旅客运输服务质量规范》对服务处所的温度有何规定?

答:通风良好,空气质量符合国家规定。空调温度调节适宜,体感舒适,原则上保持冬季18～20 ℃,夏季26 ～28 ℃。高寒地区站房进出口处有门斗和风幕(防寒挡风门帘)。

47.《铁路旅客运输服务质量规范》对服务场所照明度有何规定?

答:主要服务场照明充足,售票处照明照度不低于 150 lx,候车区、行包营业厅照明照度不低于 100 lx,站台、天桥及进出站地道照明照度不低于 50 lx。

48.《铁路旅客运输服务质量规范》对车站广播有何要求?

答:广播语音清晰,音量适宜,用语规范,内容准确,播放及时。采用自动语音合成方式,日常重点内容播音录音化,可变信息尽可能集中录制,减少信息合成的频次。

49.《铁路旅客运输服务质量规范》规定如何受理旅客咨询、投诉?

答:售票处、候车区公布中国铁路客户服务中心客户服务电话(区号+电话号码)、铁路 12306 手机客户端和微信公众号二维码,直辖市、省会城市和计划单列市所在地主要车站、站房规模和发送量较大的车站进站口外和候车室内设咨询服务台,受理旅客咨询、求助、投诉,专人负责,及时回应。实行首问首诉负责制,旅客问讯时,有问必答,回答准确;对旅客提出的问题不能解决时,指引到相应岗位,并做好耐心解释。接听电话时,先向旅客通报单位和工号。

50.《铁路旅客运输服务质量规范》规定重点旅客可享受哪些特殊服务?

答:重点旅客优先购票、优先进站、优先检票上车。

51.《铁路旅客运输服务质量规范》中对售票窗口的设置有何规定?

答:售票窗口设置、开放的数量适应客流量,日常窗口排队不超过 20 人。

52.《铁路旅客运输服务质量规范》中规定售票窗口应有哪些提示?

答:在售票处醒目位置公布售票时间和停售时间。工作时间内暂停售票时设有提示。用餐或交接班时间实行错时暂停售票。

53.《铁路旅客运输服务质量规范》规定车站如何验票?

答:按规定实行实名制验证,核验车票、有效身份证件原件、旅客的一致性。无法实施全封闭实名制验证的在检票口组织验证。

54.《铁路旅客运输服务质量规范》规定如何组织旅客候车?

答:秩序良好,通道畅通,按列车开行方向、车次组织旅客有序候车。

55.《铁路旅客运输服务质量规范》规定车站怎样提示检票时间?

答:开始、停止检票时间的设置适应客流量和站场条件,进站口有提前停止检票时间的提示。开始检票或列车到站前,通告车次、停靠站台等检票信息。

56.《铁路旅客运输服务质量规范》规定怎样组织旅客检票进站?

答:检票通道数量适应客流情况,组织旅客排队检票进站,确认车次、日期相符、车票有效、核验其他乘车凭证后加剪车票放行。

57.《铁路旅客运输服务质量规范》规定如何进行站台旅客组织?

答:站台客运人员提前到岗,检查站台、股道等情况。组织旅客按车厢位置在站台安全线排队等候,列车停稳后先下后上、有序乘降。铃响时巡视站台,无漏乘。同一站台有两趟列车同时进行乘降作业时,有宣传,有引导,无误乘。

58.《铁路旅客运输服务质量规范》对出站旅客的组织有何规定?

答:引导旅客排队检票、有序出站,核对车票及其他乘车凭证，对未加剪的车票补剪，防止尾随。

59.《铁路旅客运输服务质量规范》中对装卸、搬运行包有何要求？

答：装卸、搬运行包轻搬轻放，大不压小、重不压轻、方不压圆，箭头向上、标签向外，堆码整齐。

装卸、搬运高铁快件轻搬轻放，堆码整齐。装车时，合理计划，按方案装载，站、车认真核对、准确交接，装车完毕及时信息确认，做到不逾期、不破损、不丢失。易碎品、流质物品或一级运输包装的放射性同位素，外包装上粘贴或印制有安全标志；运输过程中发生行包包装松散、破损及时修整，并有记录、有交接。

60.《铁路旅客运输服务质量规范》车站工作人员如何进行客车给水作业？

答：给水站根据给水方案配备给水人员，防护用具齐全，按指定线路提前到指定位置接送车，有人防护，同去同回。

61.《铁路旅客运输服务质量规范》规定旅客列车晚点如何公告旅客？

答：普速车站列车晚点 30 min 以上时，根据调度通报，公告列车晚点信息，说明晚点原因、预计晚点时间，广播每次间隔不超过 30 min。电子显示屏实时显示。按规定办理退票、改签，协调市政交通衔接。

高铁车站列车晚点 15 min 以上时，根据调度通报，公告列车晚点信息，说明晚点原因、预计晚点时间，广播每次间隔不超过 30 min。电子显示屏实时显示。按规定办理退票、改签或提供免费饮食品，协调市政交通衔接。

62.《铁路旅客运输服务质量规范》中遇车底变更如何办理？

答：遇车底变更时，组织旅客换乘，按规定办理改签、退票。

63.《铁路旅客运输服务质量规范》对车站餐饮食品经营卫生有何规定?

答:餐饮食品经营场所环境卫生符合要求,用具清洁,消毒合格,生熟(成品、半成品)分开。销售散装熟食品时,有防蝇、防尘措施,不徒手接触食品。

64.《铁路旅客运输服务质量规范》对车站内的广告设置有何要求?

答:站内广告设置场所、位置、面积、形式统一规划,广告设施安全牢固,形式规范,内容健康,与车站环境相协调。不挤占、遮挡图形标志、业务揭示、安全宣传等客运服务信息,不影响客运服务功能,不影响安全。旅客通道内安装的广告牌使用嵌入式灯箱,突出墙面部分不超过 200 mm,棱角部位采取打磨、倒角处理。除围墙、栅栏外,无直接涂写、张贴式广告。广播系统不发布音频广告。播放视频时不得外放声音。

65.《铁路旅客运输服务质量规范》对客运工作人员素质和工作经历有何要求?

答:身体健康,五官端正,持有效健康证明。新职人员具备高中(职高、中专)及以上文化程度。持有效上岗证,经过岗前安全、技术业务培训合格。客运值班员、售票值班员从事客运服务工作满 2 年。

熟练使用本岗位相关设备设施,熟知本岗位业务知识和职责,掌握本岗位应急处置作业流程,具备应对突发事件的能力。

二、《铁路旅客运输服务质量规范(列车部分)》

1.《铁路旅客运输服务质量规范》中对重点旅客是如何定义的?

答:重点旅客指老、幼、病、残、孕旅客。特殊重点旅客是指依靠辅助器具才能行动等需特殊照顾的重点旅客。

2.《铁路旅客运输服务质量规范》中对动车组列车是如何定义的?

答:动车组列车指由若干带动力和不带动力的车辆以固定编组组成、两端设有司机室的一组列车。

3.《铁路旅客运输服务质量规范》对普速旅客列车是如何定义的?

答:普速旅客列车指运送旅客或行包、邮件的非动车组列车。

4.《铁路旅客运输服务质量规范》中关于安全管理制度有哪些?

答:防火防爆、人身安全、食品安全、现金票据、结合部等安全管理制度健全有效。

5.《铁路旅客运输服务质量规范》中要求动车组应配备哪些应急设备?如何存放?

答:各车厢灭火器、紧急制动阀(手柄或按钮)、烟雾报警器、应急照明灯、防火隔断门、紧急门锁、紧急破窗锤、气密窗、厕所紧急呼叫按钮及车门防护网(带)、应急梯、紧急用渡板、应急灯(手电筒)、扩音器等安全设施设备配置齐全,作用良好,定位放置。

6.《铁路旅客运输服务质量规范》中要求动车组乘务人员应掌握哪些应急设备知识?

答:乘务人员对动车组应急设备应知位置、知性能、会使用。

7.《铁路旅客运输服务质量规范》对旅客列车灭火器的配备、存放和质量有何要求?

答:灭火器安放牢固,便于取用,不搭挂物品;检修不过期,压力符合规定,标牌齐全清晰,施封完好。

8.《铁路旅客运输服务质量规范》对普速旅客列车洗脸间、厕所防护栏的安装有何要求?

答:封闭式洗脸间、厕所防护栏安装牢固,防护栏栏杆之间及栏杆与窗框之间间隙不大于 150 mm。25 型客车下拉上开式车窗开启范围在 100～150 mm。

9.《铁路旅客运输服务质量规范》对动车组电器设备的使用和管理有何规定?

答:安全使用电源,正确使用电器设备。电器元件安装牢固,接线及插座无松动,按钮开关、指示灯作用良好;不乱接电源和增加电器设备,不超过允许负载。配电室(箱)、电气控制柜锁闭,无堆放物品。不用水冲刷车内地板、连接处和车内电器设备。

10.《铁路旅客运输服务质量规范》对普速旅客列车安装和使用电器设备有何规定?

答:正确使用电器设备,安全用电。电器元件安装牢固,接线及插座无松动,紧急断电按钮护盖施封良好,按钮开关、指示灯作用良好;不乱接电源和增加电器设备,不超过允许负载。配电室(箱)人离锁闭,门锁良好,配电箱、控制箱内及上部不得放置物品;可燃物品不得贴靠电采暖装置。不用水冲刷地板、墙板、电器设备及带有电伴热塞拉门乘降梯。

11.《铁路旅客运输服务质量规范》中对普速旅客列车餐车炉灶的清理有何规定?

答:定期对餐车炉灶(台面)、器具进行油垢清理。餐车炉灶台面一餐一清;炉灶墙壁、抽油烟机、排烟罩和烟道的表面可见部位一趟一清。

12.《铁路旅客运输服务质量规范》对普速旅客列车电气化厨房设备的操作有何规定?

答:普速旅客列车电气化厨房设备在明显位置粘贴操作说明和安全操作规程,使用前确认电源控制柜技术状态良好,操作时按规定使用电磁炉、电炸炉、电烤箱、微波炉、电冰箱、蒸饭箱等电器设备,使用中有人监管,用后清洁,餐车离人断电。灶台上保持干燥、清洁，不放导磁体。不使用电磁炉油炸食品。不带电清洁和用水冲刷，不自行拆卸电气设备。电气化餐车电炸锅内油面高于1/4油锅深度，最高油面高度不超过油位警告标志，油温设定值严禁超过200 ℃。

13.《铁路旅客运输服务质量规范》对动车组列车车门管理有何规定？

答：列车到站停稳后，司机或随车机械师开启车门，并监控车门开启状态。开车前，列车长（重联时为运行方向前组列车长）接到车站与客运有关的作业完毕通知后，按规定通知司机或随车机械师关闭车门。

14.《铁路旅客运输服务质量规范》对普速旅客列车的车门管理是如何规定的？

答：车门管理做到停开、动关、锁，出站台检查瞭望值乘区域车门。车站开车铃声结束、旅客乘降完毕后上车放下脚踏板，在车门口值守做好关门准备（塞拉门应关闭车门），车动关闭车门；进站提前到岗，确认站台，试开车门（塞拉门除外），停稳开门，卡牢翻板，无旅客从背面车门下车。试开车门时开启车门缝隙不超过10 cm，确认车门状态良好后立即关闭。始发、终到客流较大时双开车门组织乘降，一人值乘多个车厢时，由车站负责值守增开的车门。

15.《铁路旅客运输服务质量规范》中普速旅客列车端门、边门的管理有何规定？

答：列车运行中，载客车厢连接端门不锁闭，特殊情况需要锁闭时，应有工作人员监管，需要时能随时打开。车门及餐车厨房边门、走廊边门、厨房后门锁闭；行李车、发电车、邮政车端门锁闭，但与车厢连接端门锁闭后可用列车通用钥匙打开。到站前、开车后疏通通道。列车站停期间，卧车端门按照值乘范围锁闭相应车厢端门。

16.《铁路旅客运输服务质量规范》规定列车停站时乘务人员如何立岗?

答:停站立岗时,面向旅客放行方向立岗(高站台时不背对车厢连接处立岗),做好安全宣传,验票上车,重点帮扶,安全乘降。

17.《铁路旅客运输服务质量规范》中对列车秩序的维护有哪些规定?

答:运行中做好安全宣传和防范,车内秩序、环境良好,无闲杂人员随车叫卖、拣拾、讨要。发现可能损坏车辆设施和影响安全、文明的行为及时制止。

18.《铁路旅客运输服务质量规范》中要求普速旅客列车临时停车时乘务人员应做好哪些工作?

答:临时停车时做好宣传,加强巡视,确保车门锁闭,严禁旅客上下车,未经列车长统一组织不准开启车门。列车启动后四门检查瞭望。

19.《铁路旅客运输服务质量规范》对列车设置在端门、护栏处的安全提示标志有何规定?

答:列车首节车辆前部、尾节车辆后部设有外端门、防护栏和"禁止通行、当心坠落"标志,外端门运行中锁闭。餐车后厨边门窗户不是内翻可开启式的,边门外加装防护栏并加锁固定牢固。列车首尾载客车厢内端门运行中锁闭,在内端门设置"旅客止步"标志。

20.《铁路旅客运输服务质量规范》要求如何保证高站台作业安全?

答:高站台乘降作业时,站停时间超过 4 min 时,车门口与站台间使用安全踏板,组织乘降的车门与相邻车厢间空档处设置警示带。安全踏板制作轻巧牢固,安放平稳,定位放置。警示带印有反光材料制作的"请勿靠近、当心坠落"字样及当前、相邻车厢顺号，设置方式、位置统一。临时双开车门组织乘降时，增开的车门可不设置安全踏板和警示带。

21.《铁路旅客运输服务质量规范》中对动车组列车禁烟工作有何规定？

答：全列各处所禁止吸烟，加强禁烟宣传，发现吸烟行为及时劝阻，并由公安机关依法查处。

22.《铁路旅客运输服务质量规范》中对普速旅客列车禁烟工作有何规定？

答：车厢内禁止吸烟，加强禁烟宣传，发现禁烟区吸烟行为及时劝阻，并由公安机关依法查处。允许吸烟的处所有“吸烟处”标志和安全注意事项告知揭示，配备烟灰盒。

23.《铁路旅客运输服务质量规范》对动车组列车行李的放置有何要求？

答：行李架、大件行李存放处物品摆放平稳、牢固、整齐。大件行李放在大件行李存放处，不占用席（铺）位，不堵塞通道。锐器、易碎品、杆状物品及重物等放在座（铺）位下面或大件行李存放处。衣帽钩限挂衣帽、服饰等轻质物品。使用小桌板不超过承重范围。

24.《铁路旅客运输服务质量规范》对普速旅客列车行李的放置有何要求？

答：行李架物品摆放平稳、牢固、整齐。大件行李妥善放置，不占用席（铺）位，不堵塞通道。锐器、易碎品、杆状物品及重物等放在座（铺）位下面。衣帽钩限挂衣帽、服饰等轻质物品。

25.《铁路旅客运输服务质量规范》中对乘务人员进出站和动车所（客技站）时如何安全通过线路？

答：乘务人员进出车站和动车所（客技站）时走指定通道，通过线路时走天桥、人行地道，走平交道时做到“一停二看三通过”，不横越线路，不钻车底，不跨越车钩，不与运行中的机车车辆抢行。进出车站时集体列队。

26.《铁路旅客运输服务质量规范》规定，为保证安全，列车乘务人员班前班中应做到什么？

答：乘务人员在接班前充分休息，保持精力充沛，不在班前、班中、折返站饮酒。

27.《铁路旅客运输服务质量规范》要求发现旅客可疑携带品和无人认领物品如何处理？

答：发现旅客携带品可疑及无人认领的物品时，配备乘警（或列车安全员，下同）的列车通知乘警到场处理；未配备乘警的由列车长按规定处理，对危险品做好登记、保管及现场处置，并交前方停车站（公安部门）处理。

28.《铁路旅客运输服务质量规范》中对发现行为、神情异常旅客的处理有何规定？

答：发现行为、神情异常的旅客时，重点关注，配备乘警的列车通知乘警到场处理；未配备乘警的由列车长按规定处理，情形严重时交列车运行前方停车站处理。发生旅客伤病时，提供协助，通过广播寻求医护人员帮助；情形严重的，报告客调。

29.《铁路旅客运输服务质量规范》对儿童票标高线的位置和尺寸有何要求？

答：载客车厢通过台内端门框旁设儿童票标高线。儿童票标高线宽 10 mm、长 100 mm，距地板面分别为 1.2 m 和 1.5 m，以上缘为限，距内端门框 100 mm。

30.《铁路旅客运输服务质量规范》对列车服务图形标志有何要求？

答：车内各种服务图形标志型号一致、位置统一，安装牢固，齐全醒目，符合规定。

31.《铁路旅客运输服务质量规范》中对列车服务备品的配置有何要求？

答：服务备品、材料等符合国家环保规定，质量符合要求，色调与车内环境相协调。

32.《铁路旅客运输服务质量规范》对列车卧具的配备有何要求？

答：贴身卧具（被套、床单、枕套）和头靠套干燥、清洁、平整，无污渍、无破损；已使用与未使用的折叠整齐，分别装袋保管。卧具袋防水、耐磨，干净，无破损。贴身卧具与其他布质备品分类洗涤；洗涤、存储、装运及更换不落地、无污染。可使用独立包装的贴身卧具供途中、折返更换。

33.《铁路旅客运输服务质量规范》对列车清扫工具的存放有何规定？

答：车内清扫工具放置在清洁柜内，无清洁柜的定位隐蔽存放。有厕所专用清扫工具，定位存放厕所内或与车内清扫工具分开放置在清洁柜内，不影响旅客使用空间。

34.《铁路旅客运输服务质量规范》对列车垃圾箱（桶）套用的垃圾袋有何要求？

答：垃圾箱（桶）套用垃圾袋，垃圾袋符合国家标准，印有使用单位标志，与垃圾箱（桶）规格匹配，厚度不小于 0.025 mm。

垃圾箱（桶）内用垃圾袋，垃圾袋符合国家标准，印有使用单位标志，与垃圾箱（桶）规格匹配，厚度不小于 0.025 mm。餐车厨房配备专用垃圾袋，厚度不小于 0.04 mm。

35.《铁路旅客运输服务质量规范》中垃圾箱的配备数量和质量有何要求？

答：每节车厢垃圾箱不少于一个，与垃圾袋配套使用。内嵌式垃圾箱正常启用,不封闭或挪作他用,内胆采用不锈钢材质,与垃圾箱体空间适应,与箱体内壁间隙不超过 1 cm,箱体四壁封闭,垃圾投放进口有漏斗。外置式垃圾箱有盖,放置位置不占用通道或影响其他服务设施使用。

36.《铁路旅客运输服务质量规范》中车厢卫生标准是什么?

答:车厢内外各部位整洁,窗明几净,四壁无尘,物见本色。车外皮、车梯、翻板内外、窗门框及玻璃、扶手干净、无污渍。

37.《铁路旅客运输服务质量规范》对餐车厨具的存放有何规定?

答:餐车橱、柜、箱干净无异味,分类标志清晰,餐料、商品、备品和餐、炊具等分类定位放置。

38.《铁路旅客运输服务质量规范》对列车厕所卫生有何要求?

答:厕所无积便、积垢、异味,地面干净无杂物,便器排污管及内边沿无积垢。集便式厕所污物箱内污物排尽。

39.《铁路旅客运输服务质量规范》中卧铺车备品整理标准是什么?

答:卧具叠放整齐,摆放统一,床单、头枕套、座席套、茶几布等铺设平整,干净整洁。窗帘、纱帘悬挂整齐,定型统一,美观大方,无脱扣。

40.《铁路旅客运输服务质量规范》对贴身卧具的保管和洗涤存放有何要求?

答:贴身卧具(被套、床单、枕套)和头靠套干燥、清洁、平整,无污渍、无破损;已使用与未使用的折叠整齐,分别装袋保管。卧具袋防水、耐磨,干净,无破损。贴身卧具与其他布质备品分类洗涤;洗涤、存储、装运及更换不落地、无污染。可使用独立包装的贴身卧具供途中、折返更换。

41.《铁路旅客运输服务质量规范》规定乘务人员在值乘中要做好哪些卫生工作?

答:各处所地面墩扫及时,干燥、干净;台面、桌面、面镜擦抹及时,干净、无水渍;中途站擦扶手,低站台停车时擦翻板扶手。

42.《铁路旅客运输服务质量规范》对列车上易积水、积污部位的清洁工作有何要求?

答:洗脸(手)池、餐车洗碗池清理、擦抹及时,无污渍,无残渣,无堵塞,无积水;果皮盘、垃圾箱(桶)清理及时,无残渣;厕所畅通无污物,无异味。

43.《铁路旅客运输服务质量规范》对餐车各部位卫生有何要求?

答:餐车餐桌、厨房地面和工作台,以及各橱、箱、柜内保持洁净。厨房垃圾使用专用垃圾袋收纳,与列车其他垃圾分类管理。

44.《铁路旅客运输服务质量规范》对车上垃圾的处理是如何规定的?

答:垃圾装袋、封口、无渗漏,定位放置,在指定站定点投放;不向车外扫倒垃圾、抛扔杂物。

终到站时车内无垃圾,无污水,无粪便。垃圾装袋、封口、无渗漏,到站定点投放。

45.《铁路旅客运输服务质量规范》中对动车旅客消耗品的供应和存放有何规定?

答:洗手液(皂)、卫生纸、一次性坐便垫圈、垃圾袋等服务备品补足配齐,定位放置。

46.《铁路旅客运输服务质量规范》对动车组列车到站后的卫生标准是如何规定的?

答:车内地面清洁,行李架、大件行李存放处、扶手及座椅(铺位)、窗台上和靠背网兜内干净整洁;垃圾箱(桶)内无垃圾,无异味。

47.《铁路旅客运输服务质量规范》对普速旅客列车到站后的卫生标准是如何规定的?

答:车厢地面、通过台、连接处、行李架、扶手及座椅(铺位)、暖气罩、边角等部位干净整洁,通风口、电茶炉下、洗脸间下等隐蔽处所无积垢,无杂物。垃圾箱(桶)内无垃圾,无异味。

48.《铁路旅客运输服务质量规范》对列车工作人员的仪容仪表有何要求?

答:头发干净整齐、颜色自然,不理奇异发型、不剃光头。男性两侧鬓角不得超过耳垂底部,后部不长于衬衣领,不遮盖眉毛、耳朵,不烫发,不留胡须;女性发不过肩,刘海长不遮眉,短发不短于 7 cm。

49.《铁路旅客运输服务质量规范》中对列车工作人员的着装有何规定?

答:乘务组换装统一,衣扣拉链整齐。着裙装时,丝袜统一,无破损。系领带时,衬衣束在裙子或裤子内。外露的皮带为黑色。佩戴的外露饰物款式简洁,限手表一只、戒指一枚,女性还可佩戴发夹、发箍或头花及一副直径不超过 3 mm 的耳钉。不歪戴帽子,不挽袖子和卷裤脚,不敞胸露怀,不赤足穿鞋,不穿尖头鞋、拖鞋、露趾鞋,鞋的颜色为深色系,鞋跟高度不超过 3.5 cm,跟径不小于 3.5 cm。

50.《铁路旅客运输服务质量规范》要求列车工作人员如何佩戴职务标志?

答:佩戴职务标志,胸章牌(长方形职务标志)戴于左胸口袋上方正中,下边沿距口袋 1 cm 处(无口袋的戴于相应位置),包含单位、姓名、职务、工号等内容。臂章佩戴在上衣左袖肩下四指处。按规定应佩戴制帽的工作人员,在执行职务时戴上制帽,帽徽在制帽折沿上方正中。除列车长外,其他客运乘务人员在车厢内作业时可不戴制帽。

51.《铁路旅客运输服务质量规范》中对列车工作人员服务用语有何规定?

答:使用普通话,表达准确,口齿清晰。服务语言表达规范、准确,使用“请、您好、谢谢、对不起、再见”等服务用语。对旅客、货主称呼恰当,统称为“旅客们”“各位旅客”“旅客朋友”,单独称为“先生、女士、小朋友、同志”等。

52.《铁路旅客运输服务质量规范》规定如何回答旅客问询?

答:旅客问讯时,面向旅客站立(列车办公席工作人员办理业务时除外),目视旅客,有问必答,回答准确,解释耐心。遇有失误时,向旅客表示歉意。对旅客的配合与支持,表示感谢。

53.《铁路旅客运输服务质量规范》对列车工作人员的举止有何要求?

答:坐立、行走姿态端正,步伐适中,轻重适宜。在旅客多的地方,先示意后通行;与旅客走对面时,要主动侧身面向旅客让行,不与旅客抢行。列队出(退)勤(乘)时,按规定线路行走,步伐一致,箱(包)在同一侧。

54.《铁路旅客运输服务质量规范》中对列车工作人员立岗姿势有何要求?

答:立岗姿势规范,精神饱满。站立时,挺胸收腹,两肩平衡,身体自然挺直,双臂自然下垂,手指并拢贴于裤线上,脚跟靠拢,脚尖略向外张呈“V”字形。女性可双手四指并拢,交叉相握,右手叠放在左手之上,自然垂于腹前;左脚靠在右脚内侧,夹角为45°呈“丁”字形。

55.《铁路旅客运输服务质量规范》中对列车进出站时工作人员立岗有何规定?

答:列车进出站时,在车门口立岗,面向站台致注目礼,以列车进入站台开始，开出站台为止。办理交接时行举手礼，右手五指并拢平展，向内上方举手至帽沿右侧边沿，小臂形成45°角。

56.《铁路旅客运输服务质量规范》对需要踩踏旅客座椅进行作业时有何规定？

答：清理卫生时，清扫工具不触碰旅客及携带物品。挪动旅客物品时，征得旅客同意。需要踩踏座席、铺位时，戴鞋套或使用垫布。占用洗脸间洗漱时，礼让旅客。

57.《铁路旅客运输服务质量规范》对夜间作业有何要求？

答：夜间作业、行走、交谈、开关门要轻。进包房先敲门，离开时，应倒退出包房。

58.《铁路旅客运输服务质量规范》对工作人员在面对旅客时的行为举止有何要求？

答：不高声喧哗、嬉笑打闹、勾肩搭背，定时定点用乘务餐，其他时段不在旅客面前吃食物、吸烟、剔牙齿和出现其他不文明、不礼貌的动作，不对旅客评头论足，接班前和工作中不食用异味食品。餐车对旅客供餐时，不在餐车逗留、闲谈、占用座席、陪客人就餐。

59.《铁路旅客运输服务质量规范》对列车广播用语和内容有何要求？

答：广播常播内容录音化。使用普通话。经停少数民族自治地区车站的列车可根据需要增加当地通用的民族语言播音。过港列车可增加粤语播音。直通列车可增加英语播报客运作业信息。

60.《铁路旅客运输服务质量规范》中"一站两报"的内容是什么？

答：列车停站信息预、播报及时。执行"一站两报"，即开车后预告下一到站站名和时刻；到站前（不晚于到站前10 min）再次通报。开车后、到站前硬座车厢乘务员双车(边)通报。

61.《铁路旅客运输服务质量规范》中对动车组列车锁闭厕所有何规定?

答:运行途中,厕所吸污时或未供电时锁闭厕所,其他时间不锁厕所。厕所锁闭时,为特殊情况急需使用厕所的旅客提供方便。

62.《铁路旅客运输服务质量规范》对普速旅客列车锁闭厕所有何规定?

答:列车渡海以及运行在市区、长大隧道、大桥和站停 3 min 及以上的停车站锁闭厕所;中途停车站提前 5 min、终到站提前 10 min 锁闭厕所。集便式厕所吸污时或未供电时锁闭厕所,其他时间不锁厕所。厕所锁闭时,为特殊情况急需使用厕所的旅客提供方便。

63.《铁路旅客运输服务质量规范》中对旅客首问负责制有何规定?

答:实行首问首诉负责制。受理旅客咨询、求助、投诉,及时回应,热情处置,有问必答,回答准确;对旅客提出的问题不能解决时,指引到相应岗位,并做好耐心解释。

64.《铁路旅客运输服务质量规范》规定对旅客遗失物品如何处理?

答:发现旅客遗失物品妥善保管,设法归还失主,无法归还时编制客运记录交站处理。无法判明旅客下车站时交列车终到站处理。

65.《铁路旅客运输服务质量规范》对列车无障碍设施设备的设置有何要求?

答:按规范设置无障碍厕所、座椅、专用座席等设施设备,作用良好。

66.《铁路旅客运输服务质量规范》对重点旅客的服务有何要求?

答:对重点旅客做到"三知三有"(知座席、知到站、知困难,有登记、有服务、有交接）；为有需求的特殊重点旅客联系到站提供担架、轮椅等辅助器具，及时办理站车交接。

67.《铁路旅客运输服务质量规范》对途经少数民族地区车站列车广播和服务标识有何要求？

答：尊重民族习俗和宗教信仰。经停少数民族自治地区车站的列车可按规定在图形标志增加当地通用的民族语言文字，可根据需要增加当地通用的民族语言播音。

68.《铁路旅客运输服务质量规范》对列车配备应急备品有何要求？

答：配备照明灯、扩音器、口笛等应急物品，电量充足，性能良好。灾害多发季节增备易于保质的食品、饮用水和应急药品，单独存放。

69.《铁路旅客运输服务质量规范》要求旅客列车应分建立健全哪些应急预案？对预案内容的学习培训有何要求？

答：火灾爆炸、重大疫情、食物中毒、空调失效、设备故障和列车大面积晚点、停运、变更径路、变更车底等非正常情况下的应急处置预案健全有效，预案内容分工明确，流程清晰。日常组织培训，定期组织演练，培训演练有记录，有结果，有考核。

70.《铁路旅客运输服务质量规范》规定什么情况下启动应急预案并应做好哪些工作？

答：遇火灾爆炸、重大疫情、食物中毒、空调失效、设备故障和列车大面积晚点、停运、变更径路、启用热备车底等非正常情况时，及时启动应急预案，掌握车内旅客人数及到站情况，维持车内秩序，准确通报信息，做好咨询、解释、安抚、生活保障等善后工作。

71.《铁路旅客运输服务质量规范》要求动车组列车晚点如何向旅客通告？

答：列车晚点 15 min 以上时，列车长根据调度、本段派班室（值班室）或车站的通报，向旅客公告列车晚点信息，说明晚点原因、预计晚点时间。广播每次间隔不超过 30 min，可利用电子显示屏实时显示。

72.《铁路旅客运输服务质量规范》要求普速旅客列车晚点如何向旅客通告？

答：列车晚点 30 min 以上时，列车长根据调度、本段派班室（值班室）或车站的通报，向旅客公告列车晚点信息，说明晚点原因、预计晚点时间。广播每次间隔不超过 30 min，有条件的可利用电子显示屏实时显示。

73.《铁路旅客运输服务质量规范》要求动车组遇空调故障时如何处理？

答：遇列车空调故障时，有条件的，将旅客疏散到空调良好的车厢；需开启车门通风的，按规定安装防护网，有专人防护。在停车站，开启站台一侧车门；在途中，开启运行方向左侧（非会车侧）车门。运行途中劝阻旅客不在连接处停留，临时停车严禁旅客下车。在站停车须组织旅客下车时，站车共同组织。按规定做好旅客到站退还票价差额时的站车交接。

74.《铁路旅客运输服务质量规范》要求普速旅客列车空调故障时如何处理？

答：遇列车空调故障时，有条件时将旅客疏散到空调良好的车厢，必要时采取开窗通风措施。在站停车须组织旅客下车时，站车共同组织。按规定做好旅客到站退还票价差额时的站车交接。

75.《铁路旅客运输服务质量规范》规定普速旅客列车车底变更时如何办理？

答：遇车底变更时，做好宣传解释，配合车站共同组织旅客换乘其他列车，或者按照车站通报的席位调整计划组织旅客调整席位，按规定做好站车交接。

76.《铁路旅客运输服务质量规范》中动车组车门故障的处理是如何规定的?

答:车门故障无法自动开启时,手动开启车门,并通知随车机械师处理;无法关闭时,由专人看守并通知随车机械师处理。使用车门紧急解锁拉手后,及时复位。

77.《铁路旅客运输服务质量规范》中对动车组发生烟火报警时的处理办法有何规定?

答:发生烟火报警时,随车机械师、列车长和乘警根据司机通知立即到报警车厢查实确认,查看指定车厢的客室、卫生间,随车机械师重点查看电气设备。若发生客室或设备火情,列车长或随车机械师立即通知司机按规定实施制动停车,并启动应急预案进行处理;若确认因吸烟等非火情导致烟火报警时,由随车机械师做好恢复处理,乘警依法调查,并向旅客通告。

78.《铁路旅客运输服务质量规范》要求变更径路列车组织旅客时要做好哪些工作?

答:遇变更径路时,做好宣传解释,配合车站组织不同径路的旅客下车,按规定做好站车交接。

79.《铁路旅客运输服务质量规范》中对商品销售有何规定?

答:经营行为规范,文明售货,不捆绑销售商品。非专职售货人员不从事商品销售等经营活动。餐车实行不间断营业,并提供订、送餐服务。销售人员不在车内高声叫卖、危险演示,销售过程中主动避让旅客。夜间运行时,不得进入卧车销售,座车可根据情况适当延长或提前销售时间,但不得超过 1 h。

80.《铁路旅客运输服务质量规范》规定如何保证列车售出食品安全?

答:不出售无生产单位、生产日期、保质期和过期、变质,以及口香糖、方便面等严重影响列车环境卫生的食品。超过保质期限的食品单独存放、回收销毁。

81.《铁路旅客运输服务质量规范》对行李车货仓设置和货物码放有何要求?

答:行李车货仓保持干净,留有安全通道,保证货物装卸和人员正常通行,货物堆码平稳、牢固、整齐,不堵塞车门,不超载、偏载、超限。贵重品、密件入柜加锁。

82.《铁路旅客运输服务质量规范》对列车上经营广告的内容和安装有何规定?

答:广告发布的内容、形式、位置等符合有关规范,布局合理,安装牢固,内容健康,与列车环境协调,不挤占铁路图形标志、业务揭示、安全宣传等客运服务内容或位置,不影响安全和服务功能,不损伤车辆设备设施。

83.《铁路旅客运输服务质量规范》对列车员的岗位业务技能有何要求?

答:熟练使用本岗位相关设备设施,熟知本岗位业务知识和职责,掌握担当列车沿途停站和时刻,沿线长大隧道、桥梁、渡海等线路概况,以及上水、吸污、垃圾投放等作业情况。熟悉本岗位相关应急处置流程,具备应对突发事件能力。

84.《铁路旅客运输服务质量规范》中对列车管理制度的落实是怎样规定的?

答:管理制度健全,有考核,有记载。定期分析安全和服务质量状况,有针对性整改措施。

85.《铁路旅客运输服务质量规范》规定旅客列车如何落实岗位责任制?

答:各工种在列车长的领导下,按岗位责任各负其责,相互协作,落实作业标准,有监督,有检查,有考核。

86.《铁路旅客运输服务质量规范》对列车业务票据、台账、报表的填写和保管有何规定?

答:业务办理符合规定,票据、台账、报表填写规范、内容准确、完整清晰。配备保险柜,营运进款结算准确,票据、现金及时入柜加锁,到站按规定解款。

87.《铁路旅客运输服务质量规范》对宿营车管理有何规定?

答:宿营车整齐有序,管理规范,乘务员休息铺位定位管理,有定位图,客运、公安、检车等乘务人员每两人轮流使用一个铺位(日勤人员除外),不在乘务人员休息区安排旅客。硬卧宿营车旅客与乘务人员休息区之间有挡帘,印有“旅客止步、请勿喧哗”标志。乘务人员铺位每格有挡帘。宿营车端门有“保持安静”标志。

三、《铁路旅客运输服务质量》(GB/T 25341.1—2019)

1. 何谓铁路旅客运输合同?

答:明确铁路运输企业与旅客之间权利义务关系的协议。

2. 何谓铁路旅客运输服务质量?

答:铁路旅客运输服务工作完成的优劣程度。

3. 何谓铁路旅客车站?

答:办理铁路客运业务,为铁路旅客提供乘降功能的场所。一般由车站广场、站房和站场组成。

4. 何谓旅客列车?何谓客流?

答:运送旅客的列车为旅客列车。一定时间内旅客的流量、流向和旅行距离的总称为客流。

5. 何谓铁路客户服务?

答:铁路运输企业通过语音、互联网、人工等方式,为客户提供的业务咨询、信息查询、业务办理、投诉受理、求助响应等服务。

6.《铁路旅客运输服务质量》基本要求中对安全有何具体规定?

答:(1)铁路运输企业应建立旅客运输安全管理制度,明确安全责任，非正常情况下的应急处置预案完善，具备妥善应对各类安全问题的能力，为旅客生命财产安全提供保障。

（2）铁路运输企业应按照国家规定设置安全设施设备，作用良好，配备相应安全人员并进行安全知识技能培训，培训合格率应为100％。

7.《铁路旅客运输服务质量》基本要求中对正点有何具体规定？

答：（1）铁路运输企业应公开旅客列车到发时刻，旅客列车到发正点率宜不低于95％。

（2）铁路运输企业应制定旅客列车晚点运行应对方案，根据实际情况提供相应补救服务。

8.《铁路旅客运输服务质量》基本要求中对可及有何具体规定？

答：（1）铁路运输企业开行旅客列车应符合：

a. 办理客运业务的铁路旅客车站（以下简称车站）有旅客列车经停；

b. 地级市主要车站在6:00～24:00间有旅客列车经停；

c. 省会城市主要车站有始发旅客列车。

（2）车站运营时间应覆盖旅客列车经停时间，方便旅客购票乘车。

（3）车站应与城市公共交通合理衔接，车站主要出入口与城市公共交通站点换乘距离宜不大于300 m，满足旅客集散需求。

9.《铁路旅客运输服务质量》基本要求中对便捷有何具体规定？

答：（1）铁路运输企业应及时提供真实、准确、完整、有效的服务信息，公开服务承诺。

（2）铁路运输企业应及时响应旅客服务需求，为重点旅客提供相应帮扶。

(3)车站应规模合理、功能完备、流线顺畅。车站宜设站内便捷换乘通道,为旅客提供便捷的旅行环境。

10.《铁路旅客运输服务质量》基本要求中对舒适有何具体规定?

答:(1)铁路运输企业应为旅客提供使用方便、数量适宜、功能良好的服务设施设备,同类服务设施设备完好率不低于98%。

(2)铁路运输企业应为旅客提供空气质量合格、文明有序、温度适宜、明亮清洁的旅行环境。

(3)铁路运输企业应提供文明、友好、适度的服务,并应提供方便、快捷、畅通的客户服务。

11.《铁路旅客运输服务质量》基本要求中对绿色有何具体规定?

答:(1)铁路运输企业应在旅客服务场所开展节能环保宣传,在服务过程中应重视资源的节约、再利用和再循环,考虑可持续性发展的要求。

(2)铁路运输企业宜使用节能环保的服务设施设备和可循环利用的服务用品,若使用一次性服务用品,应选择可降解的一次性服务用品。

(3)铁路运输企业应控制服务过程中排污和固体废弃物总量,并采取垃圾分类处理措施。

12.《铁路旅客运输服务质量》服务管理中服务组织铁路运输企业应符合哪些要求?

答:(1)具有合法合规的经营资质。

(2)经营行为符合国家相关规定,保护旅客合法权益,保护当事人个人信息。

(3)有完备的服务管理制度。

(4)有满足车站、列车服务作业需求的人员。

(5)提供人员培训,包括员工岗前培训、安全生产培训、重点时期培训等。

(6)制定实现服务质量承诺和目标的主要措施。

13.《铁路旅客运输服务质量》服务管理中服务人员应符合哪些要求?

答:(1)具备与岗位相适应的资质。

(2)掌握本岗位业务知识,执行规章、制度、作业标准。

(3)上岗穿着工作装,仪容整洁,佩戴职务标志,礼仪规范,使用普通话。

(4)遵守职业道德、岗位纪律,态度友好耐心,行为用语文明。

(5)熟练操作本岗位设施设备,掌握本岗位必要的应急疏散和应急救护技能,具备应对突发事件能力。

14.《铁路旅客运输服务质量》服务管理中服务合同有哪些要求?

答:(1)铁路运输企业制订的运输服务合同文字表述应简洁易懂。

(2)铁路运输企业采用的格式条款中涉及旅客权利和义务的内容应提示告知。

(3)铁路运输企业应以适当的方式或载体提供乘车凭证。

15.《铁路旅客运输服务质量》中车票应载明哪些内容?

答:车票应载明:

(1)发站和到站站名。

(2)席别、席位号。

(3)票价。

(4)车次。

(5)乘车日期。

(6)开车时间。

(7)有效期。

纸质车票载明的内容不应被其他信息遮挡。

16.《铁路旅客运输服务质量》中车票宜载明哪些内容？

答：车票宜载明：

(1)检票口。

(2)旅客姓名及有效身份证件号码。

(3)客户服务联系方式。

(4)发售站。

(5)旅客乘车须知。

纸质车票载明的内容不应被其他信息遮挡。

17.《铁路旅客运输服务质量》中车票可载明哪些内容？

答：车票可载明：

(1)车票改签、挂失补办信息。

(2)车票支付渠道标记。

(3)特殊种类车票。

(4)铁路运输企业需要注明的其他信息。

纸质车票载明的内容不应被其他信息遮挡。

18.《铁路旅客运输服务质量》中行李票内容应包括哪些？

答：行李票的内容应包括：

(1)行李票号。

(2)发站和到站。

(3)托运人/收货人的姓名、地址、联系电话、邮政编码，托运人车票票号、有效身份证件信息。

(4)包装、件数、重量。

(5)费用。

(6)声明价格。

(7)承运日期、运到期限、承运站站名及经办人员姓名。

19.《铁路旅客运输服务质量》通用要求规定铁路运输企业提供的服务环境和设施设备应满足哪些要求?

答:铁路运输企业提供的服务环境和设施设备应满足:

(1)服务、安全和应急设施设备配置齐全,功能完好,正常使用。

(2)公共信息图形符号符合 GB/T 10001 的要求,公共信息导向系统设置符合 GB/T 15566、GB/T 31015 的要求,消防安全标志符合 GB 13495 的要求,齐全醒目,使用规范,电子显示屏信息符合附录 A 的要求,无电子显示屏或电子显示屏故障的应使用信息板显示相应内容。

(3)视频监控系统覆盖各个服务区域,应具备提供实时图像和自动录像功能,一般区域录像资料留存时间不少于 15 天,进站口、出站口、候车室、售票厅等重点目标区域录像资料保存时间不少于 90 天。

(4)广播设施设备覆盖各个服务区域。

(5)封闭公共空间为禁止吸烟区,空气质量符合 GB 9672、GB 9673 的规定,服务区域及服务设施设备保持清洁卫生。

20.《铁路旅客运输服务质量》一般要求规定车站服务环境和设施设备应满足哪些要求?

答:车站服务环境和设施设备应满足:

(1)建筑和无障碍设计符合 TB 10100 的要求。

(2)通风、照明、电气、空气调节、采暖条件符合 TB 10100 的要求。

(3)售票处、候车区、站台醒目位置设有时钟,显示时间准确。

21.《铁路旅客运输服务质量》对车站广场区域有哪些要求?

答:(1)车站广场区域人行通道应与城市公共交通合理衔接。

交通标志与标线符合 GB 5768 和 GB/T 16311 的规定，进出车辆分类引导。

(2)车站广场区域应设有停车场，停车场宜按照车辆用途分类分区，停车位及开放的车辆进出口与车辆流量相适应，无障碍车位数量不应少于停车位数量的 0.5%，应规划临时停车位。

(3)车站广场区域应设有出租车候车区，位置方便旅客寻找和乘车。旅客等候区域应通风良好、有具备遮挡雨雪功能的设施设备，应在醒目位置公布服务监督电话，宜有本市(地区)地图。

(4)通往车站出入口的主路线应为坡度平缓的便捷路径，不应设置阻挡逃生疏散的障碍物，应尽量避免建筑物遮挡出入口和重要图形标志。

(5)车站广场区域宜配置自动售/取票机。

22.《铁路旅客运输服务质量》规定站房内符合哪些要求？

答：(1)空气流速、新风量等应符合 GB/T 18883 与 GB 9672 的规定。

(2)有空调的服务区域室内温度冬季应为 18～20 ℃，夏季应为 26～28 ℃，无空调的服务区域室内温度冬季不应低于 14 ℃，夏季超过 28 ℃应使用电风扇。

(3)各服务区域有充足的照明，灯具最少擦拭次数应为 2 次/年。

(4)各服务区域应配备应急照明设施设备，有安全应急疏散标志、通道，并相互衔接。

(5)广告、商业设施应统一规划，与周围环境协调，位置合理，不应影响引导标志、安全标志和站房应有的服务功能，公共区域噪声不应高于 70 dB(A)，多媒体广告亮度不应大于附近电子引导标志，多媒体广告宜静音，如有声音，音量不应高于 30 dB(A)和站房广播音量。

23.《铁路旅客运输服务质量》规定站房各处所照度有何具体规定?

答:(1)候车区(厅、室)、通道、扶梯、集散厅照度不应低于150 lx。

(2)售票厅、检票处、问讯处照度不应低于200 lx。

(3)贵宾室、行李托运处、安全检查区域照度不应低于300 lx。

24.《铁路旅客运输服务质量》规定进站集散厅或进站区域符合哪些要求?

答:进站集散厅或进站区域符合:

(1)应设置电子显示屏。

(2)应有实名查验、安全检查区域并配备相应的设施设备,安全检查区域面积应满足设备布置及安全检查作业要求。

(3)应在醒目位置设置服务台,宜配备可查询列车运行情况的信息终端和轮椅、担架等辅助器具。

(4)应设置旅客随身携带物品寄存区域,地市级及以上主要车站宜设置自助寄存柜。

25.《铁路旅客运输服务质量》规定售票厅符合哪些要求?

答:(1)应设置电子显示屏。

(2)应有人工服务窗口并符合:

a. 根据购取票客流开设售票窗口,日常旅客排队不超过20人。

b. 应使用双面显示屏幕,实时同步显示售票员操作的售票信息。

(3)应根据客流配置自动售/取票机,日常旅客排队不超过10人。

26.《铁路旅客运输服务质量》规定候车区(厅、室)符合哪些要求?

答:(1)应设置电子显示屏。

(2)配置与候车面积相适应的候车座椅,每位旅客候车面积宜大于 1.0 m^2,座椅的排列方向应有利于旅客通向进站检票口,座椅间走道净宽不应小于 1.3 m。

(3)应设有饮水处,能够提供热水,水质应符合 GB 5749 的规定,饮水处应与厕所隔离设置。

(4)应设有厕所,有无障碍厕所或厕位,厕所干净卫生,宜配备卫生纸、洗手盆、皂液、面镜。

(5)宜设置销售饮品与食物、报刊、旅行用品等的商业点和便民服务设施设备。

(6)可根据旅客、列车运行方向和车次,设置不同用途的候车区,省会城市主要车站应设置独立母婴室或母婴候车区,母婴室应具有保护哺乳私密性的设施设备,地面应防滑,并应配置婴儿护理台、洗手盆、婴儿床、座椅等设施设备,宜配置恒温空调、呼叫设施设备;地级市及以上主要车站应设置贵宾候车室(区)。

(7)设置临时性候车区的,临时性候车区应安全可靠,有具备遮挡雨雪功能的设施设备,具备饮水、如厕条件,配备适量座椅。

27.《铁路旅客运输服务质量》规定进站、出站检票口应满足安全疏散及无障碍通行要求,并符合哪些要求?

答:进站、出站检票口应满足安全疏散及无障碍通行要求,并符合:

(1)应设置电子显示屏或信息板。

(2)每组自动检票口旁应设人工检票口,宜设置自动检票通道。

(3)应设有检票口净宽不小于 0.90 m 的检票通道,检票口栏杆内、外侧 1.80 m 范围内地面应平整。

(4)附近不应设置影响排队检票的设施设备。

(5)提供便捷换乘服务的,宜配备具有双向自动检票功能的检票设施设备。

28.《铁路旅客运输服务质量》规定行李房应符合哪些要求?

答:(1)设置电子显示屏或信息板。

(2)设置安全检查设施设备。

(3)分别设置行李托运、存放、提取的场所。

(4)配备衡器、搬运机具等必要的服务设施设备。

29.《铁路旅客运输服务质量》对站场有何具体要求?

答:站场应设置天桥、地下通道采用坡道时应有防滑措施,天桥、地下通道内应设置进、出站通道电子显示屏或信息板,站台照度不低于 75 lx。

30.《铁路旅客运输服务质量》规定站台应符合哪些要求?

答:(1)旅客列车停靠的站台应在全长范围内,距离站台边缘不小于 1.0 m 处,设置宽度为 0.10 m 的安全警戒线。

(2)应设置站名牌、安全标志及电子显示屏或信息板。

(3)应设置雨棚,雨棚长度宜与站台长度相等,县级及以下车站的雨棚长度可根据客运量和需要确定。

(4)1.25 m 高站台宜设有屏蔽门/安全门,站台两端应设置防护设施设备。

(5)应设置电铃。

(6)宜设置旅客上下车引导标志。

(7)可设置座椅、垃圾箱等设施设备,安装牢固,不影响旅客通行。

32.《铁路旅客运输服务质量》规定对铁路旅客运输服务应符合哪些具体要求?

答:(1)应文明服务、首问负责、重点帮扶,考虑旅客不同需求,可提供差异化服务。

(2)应维护秩序,保持应急通道畅通。

(3)广播应以方便旅客旅行生活为主,及时通告列车运行情况，语音清晰，音量适宜，可根据需要安排专题宣传，可增加英语、少数民族语言广播。

（4）信息发布应及时，采取多种方式通告列车运行、票务、旅行须知等信息。

（5）商业服务应规范经营，明码标价，提供发票，商铺应按照规定悬挂经营许可、卫生许可等证照。并在醒目位置公布服务监督电话，餐饮类服务应做到卫生管理制度健全，符合食品安全卫生条件要求。

33.《铁路旅客运输服务质量》规定对铁路旅客运输服务的服务过程包括哪7个基本环节？

答：铁路旅客运输服务的服务过程包括票务服务、行李运输服务、进站服务、候车服务、站台乘降服务、列车服务、出站服务7个基本环节。

34.《铁路旅客运输服务质量》规定对票务服务有哪些具体要求？

答：（1）铁路运输企业应控制出售车票的总量，不超过列车车辆负载的技术要求。残疾人专用席位按规定发售。

（2）铁路运输企业应根据旅客有效购票身份证件及需求，采取多种形式正确发售车票，将车票信息及取票、退票、改签等内容告知旅客，并提供订单信息查询服务。设有停止售票时间的提示。

（3）铁路运输企业应提供退票、改签服务，并为有需要的旅客出具报销凭证。

（4）购买实名制车票的，铁路运输企业应为丢失纸质车票的旅客办理挂失补办服务。

（5）列车变更、停运时，铁路运输企业应通知旅客，并为受影响的旅客提供一定期限内的改签、退票服务。

35.《铁路旅客运输服务质量》规定对进站服务有哪些具体要求?

答:(1)车站实名查验、安全检查开放的通道数量应与旅客发送量相适应,日常旅客等候不超过 5 min。车站有服务于重点旅客和急客的通道,并提供优先进站服务。

(2)铁路运输企业应对旅客及其携带物品实施全面安全检查,提醒旅客带好随身携带物品。女性旅客应由女性安全检查人员进行人身安全检查。

(3)铁路运输企业应在安全检查区域醒目位置公告禁止和限制携带物品信息,必要时,辅助语音等方式告知相关安全检查要求。

(4)铁路运输企业应提供限制携带物品的保管服务,免费保管期限不超过 3 天。

36.《铁路旅客运输服务质量》规定对候车服务有哪些具体要求?

答:(1)候车区应有服务人员巡视,提供引导、咨询和帮扶等服务。

(2)服务台应及时回应旅客需求,准确回答旅客问询,帮助重点旅客,提供寻人寻物广播、遗失物品查找等服务。

(3)铁路运输企业应组织旅客有序候车,提醒旅客对超重、超大等物品办理托运。

(4)检票口设置停止检票时间的提示。

37.《铁路旅客运输服务质量》规定对站台服务有哪些具体要求?

答:(1)铁路运输企业应做好安全宣传及防范,维护站台秩序。

(2)铁路运输企业应引导旅客到车厢位置安全线内排队等候,列车停稳后引导旅客有序乘降,及时组织下车旅客出站,站台无滞留人员。为重点旅客提供帮扶。

(3)铁路运输企业应利用电子显示屏、引导标志或人工服务,提示便捷换乘路径,方便中转旅客接续乘车。

38.《铁路旅客运输服务质量》规定对行李运输服务有哪些具体要求?

答:(1)行李托运的场所应有行李运输有关规定的公告。

(2)行李托运应经过安全、运输条件检查。

(3)行李托运手续需要凭车票和有效身份证件办理,可提供保价或保险服务。

(4)铁路运输企业应在承诺时限内完好运送行李到站,旅客提取行李时正确交付。

(5)行李到站后,铁路运输企业应及时通知收货人领取,并提供不少于 3 天免费保管服务。

39.《铁路旅客运输服务质量》规定对出站服务有哪些具体要求?

答:(1)开放的出站通道数量应与出站旅客量相适应。

(2)出站口应提供补票、车票挂失补办等票务服务。

40.《铁路旅客运输服务质量》规定对应急和补救服务有哪些具体要求?

答:(1)铁路运输企业应制定突发客流、恶劣天气及设施设备故障等非正常情况的应急预案,定期组织培训演练,做好应急响应。

(2)列车非正常运行时,铁路运输企业应及时、准确发布信息,尽快采取措施,恢复正常秩序。条件允许情况下,为旅客提供通风、照明、卫生良好的休息等候环境。列车晚点超出市政公共交通运营时间时,铁路运输企业应协调市政交通衔接。

41.《铁路旅客运输服务质量》规定对服务信息有哪些具体要求?

答:(1)铁路运输企业应根据现场条件,在显著位置选择设置服务台、信息牌、显示屏、图形符号，宜配合网站、广播、移动通信信息媒介等多种手段，为旅客提供静态、动态信息服务。

（2）铁路运输企业提供服务信息的内容和形式应规范清晰、更新及时，宜符合 GB/T 34417。

42.《铁路旅客运输服务质量》规定铁路运输企业应为旅客提供哪几类信息？

答：铁路服务企业应为旅客提供安全信息、价格信息、票务信息、进站信息、检票信息、列车运行信息、出站信息、客户服务信息。

43.《铁路旅客运输服务质量》规定安全信息包括哪些内容？

答：安全信息包括安全检查、禁止或限制携带物品信息、安全标志、设施设备使用安全注意事项等。

44.《铁路旅客运输服务质量》规定价格信息包括哪些内容？

答：价格信息包括车票价格、行李运输价格、商品及服务价格等。

45.《铁路旅客运输服务质量》规定票务信息包括哪些内容？

答：票务信息包括实名制购票信息、购票渠道、售票窗口营业时间、余票信息及车票改签、补票、退票流程和所需凭证信息等。

46.《铁路旅客运输服务质量》规定进站信息包括哪些内容？

答：进站信息包括营业时间、车票实名制查验、旅客接送站、行李托运提取流程等。

47.《铁路旅客运输服务质量》规定检票信息包括哪些内容？

答：检票信息包括候车区域、检票口位置及检票开始、停止时间等。

48.《铁路旅客运输服务质量》规定列车运行信息包括哪些内容？

答：列车运行信息包括列车时刻、正晚点信息以及列车加开或停运信息等。

49.《铁路旅客运输服务质量》规定出站信息包括哪些内容?

答:出站信息包括出站补票位置、补票费用规则、换乘衔接信息等。

50.《铁路旅客运输服务质量》规定客户服务信息包括哪些内容?

答:客户服务信息包括服务承诺、旅客诚信信息、遗失物品信息及咨询、建议、投诉、求助渠道等。

51.《铁路旅客运输服务质量》对客户服务有何具体规定?

答:(1)铁路客户服务应具有信息公告、信息咨询、意见建议和投诉受理等功能。

(2)铁路运输企业应提供 24 h 信息咨询服务,每日 07:00～23:00 应提供人工信息咨询服务。

(3)铁路运输企业应在车站和列车醒目位置公布投诉处理渠道。对每件投诉有记录,在接到投诉后 3 个工作日内答复受理情况,10 个工作日内告知实质性处理结果。

52.《铁路旅客运输服务质量》对服务评价与改进有何具体规定?

答:(1)铁路运输企业应建立包含旅客满意度的服务质量测量和监测方法,铁路旅客运输服务质量评价数据采集方法。

(2)铁路运输企业每年应至少开展 1 次服务质量评价,并对发现的问题进行原因分析和整改,不断提升服务质量。

第十五部分　客运站旅客服务作业

【导读】

本部分对车站候车室、进站检票口、站台、出站口、问讯处、广播室、软席(贵宾)候车室、遗失物品服务作业中对岗接班,班中、班后整理,对岗交班等旅客服务作业的主要内容作了简要解答,旨在使客运人员了解客运站的旅客服务作业规范。

一、候车室作业

1. 候车服务对岗接班的主要内容及要求有哪些?

答:接清客流变化、列车运行情况、设备、设施、备品、揭示、卫生、候车秩序、重点旅客及承办事项,做到列车正、晚点清楚,设备设施作用良好,揭示备品完整定位,旅客按区排队、有序候车,重点旅客有登记,卫生符合标准之后对岗签字接班。

2. 候车服务班中作业的主要内容及要求有哪些?

答:(1)征求旅客意见,了解旅客需要,认真解答问讯,实行重点照顾。做到"三要、四心、五主动",安全服务好,重点照顾到。

(2)凭票候车,清理闲散人员。候车实行三条线(椅子、携带品、排队)。

(3)及时更换车次显示(牌),组织旅客排队候车和检票。

(4)介绍服务项目,及时供应饮用水。

(5)宣传安全、卫生、旅客须知。查堵危险品。做好候车室内禁止吸烟工作。

(6)动员携带超重、超大、超长物品的旅客办理托运手续。

(7)整理标牌、座椅,卫生状况良好,确保候车室整齐清洁。

(8)及时调节候车室内照明、温度,符合规定。

3. 候车服务班后整理作业的主要内容及要求有哪些?

答:列车运行、股道运用及旅客候车情况清楚,设备实施完整,备品齐全定位,旅客候车秩序好,重点旅客有登记,卫生符合标准。

4. 候车服务对岗交班作业的主要内容及要求有哪些?

答:重要事项交接清楚,按规定填写交班簿,按作业内容认真办理交接。

二、进站检票口作业

1. 进站检票对岗接班作业的主要内容及要求有哪些?

答:接清客流变化、列车运行情况、设备、设施、备品、卫生及重点事项,做到列车正、晚点清楚,设备设施作用良好,备品完整定位,卫生符合标准后对岗签字交接。

2. 进站检票班后整理作业的主要内容及要求有哪些?

答:检查交班卫生符合标准,整理备品、工具,定位存放,不短缺。

3. 进站检票对岗交班作业的主要内容及要求有哪些?

答:(1)重要事项交接清楚。

(2)按规定填写交班簿,按作业内容认真办理交接。

三、站台作业

1. 站台服务对岗接班作业的主要内容及要求有哪些?

答:接清客流变化、列车运行情况、设备、设施、备品、卫生及重点事项,做到列车正、晚点清楚,设备设施作用良好,备品完整定位,站台无闲杂人员和无关车辆,卫生符合标准后对岗签字交接。

2. 站台服务班中作业的主要内容及要求有哪些?

答:(1)按列车预报提前到岗,检查站台和线路有无障碍物。

组织旅客站台排队等候上车。

(2)迎送列车。组织旅客站在安全线内,注意防止有人抓车、钻车、跳车和横越线路。在规定位置迎送列车,做到姿态端正,目迎目送。

(3)组织旅客有秩序乘降,确保乘降秩序好。按规定与列车办理战车交接。

(4)加强宣传。引导旅客进出站,防止天桥、地道对流。

(5)按岗堵截,防止旅客进入线路。

(6)随时清理站台闲杂人员和无关车辆。

(7)及时检查清扫环境卫生,清除冰雪、积水。

3. 站台服务班后整理作业的主要内容及要求有哪些?

答:检查交班卫生符合标准,整理工具、备品,定位存放,不短缺。

4. 站台服务对岗交班作业的主要内容及要求有哪些?

答:重要事项交接清楚,按规定填写交班簿,按作业内容认真办理交接。

四、出站口作业

1. 出站验票对岗接班作业的主要内容及要求有哪些?

答:接清客流变化、列车运行情况、设备、设施、备品、资料、票据、现金、环境卫生及重点事项,确保列车正、晚点清楚,设备设施作用良好,备品完整定位,票号相连、账款相符,资料正确齐备,卫生符合标准之后对岗签字接班。

2. 出站验票班后整理作业的主要内容及要求有哪些?

答:(1)结算票据,清点现金,及时交款。账、票、款相符,消灭票据丢失、票款溢赔。

(2)进行交班卫生清扫,符合标准。

(3)整理资料、工具、备品,定位存放,不短缺。

3. 出站验票对岗交班作业的主要内容及要求有哪些?

答:重要事项交接清楚,按规定填写交班簿,按作业内容认真办理交接。

五、问讯处作业

1. 问讯(服务)对岗接班作业的主要内容及要求有哪些?

答:接清客流变化、列车运行情况、设备、设施、备品、资料、岗位卫生及重点事项,做到列车正、晚点清楚,设备设施作用良好,备品完整定位,资料正确齐备,卫生符合标准之后对岗签字接班。

2. 问讯(服务)班中作业的主要内容及要求有哪些?

答:(1)接待旅客问讯。解答旅客提出的购票、托运、领取行包、候车、上车及中转换乘等旅行及相关方面的问题。做到面向旅客、热情接待、回答准确、用语文明、态度和蔼。

(2)遇疑难问题时,应查阅资料或与有关部门联系后给予解答。

(3)相关资料更新及时,妥善保管。各种规章及时修改。

(4)接听电话问讯时先通报单位和工号。

(5)经常与广播、售票、计划、行包、客运值班室联系,掌握列车运行、客流计划、售票组织、旅客乘降、行包运输等情况。

3. 问讯(服务)班整理作业的主要内容及要求有哪些?

答:检查交班卫生符合标准,整理资料、工具、备品,定位存放,不短缺。

4. 问讯(服务)对岗交班作业的主要内容及要求有哪些?

答:重要事项交接清楚,按规定填写交班簿,按作业内容认真办理交接。

六、广播室作业

1. 广播员对岗接班作业的主要内容及要求有哪些?

答:接清客流变化、列车运行情况、机械设备、备品、资料、岗位卫生及重点事项。做到列车正、晚点清楚,机械设备作用良好,备品完整定位,资料正确齐备,卫生符合标准之后对岗签字接班。

2. 广播员班中作业的主要内容及要求有哪些?

答:(1)按程序熟练操作机械,消灭机械责任损坏事故。

(2)播音时,使用普通话(外籍旅客较多的车站应增加英语广播),语言亲切、发音准确、音量适当、清晰易懂、时间恰当。消灭晚播、漏播、误转、错播。

(3)与运转部门联系,掌握列车正、晚点,车底到站、股道占用情况,及时向问讯等有关人员通告旅客列车运行情况。

(4)广播接车。通告到站,广播安全、旅客乘降有关事项。

(5)广播送车。通告停止售票、检票,宣传上车,安全事项,配乐送车。

(6)配合站台组织送客人员出站、清理站内无关人员。

(7)列车晚点应及时广播致歉词。

(8)与服务作业配合,宣传安全、卫生。旅客须知。介绍服务设备情况。

3. 广播员资料积累的主要内容及要求有哪些?

答:(1)及时修订广播资料。录音资料完整、齐全,及时更换。

(2)磁带、光盘等录音资料有登记、有目录,分类编号专柜保管。

4. 广播员班后整理作业的主要内容及要求有哪些?

答:检查交班卫生符合标准,设备状态良好,整理资料、工具、备品,定位存放,不短缺。

5. 广播员对岗交班作业的主要内容及要求有哪些？

答：重要事项交接清楚，按规定填写交班簿，按作业内容认真办理交接。

七、软席（贵宾）候车作业

1. 软席（贵宾）候车服务对岗接班作业的主要内容及要求有哪些？

答：接清客流变化、列车运行情况、设备、设施、备品、揭示、卫生及重点事项。做到列车正、晚点清楚，设备设施作用良好，揭示备品完整定位，重点事项清楚，卫生符合标准之后对岗签字接班。

2. 软席（贵宾）候车服务班中作业的主要内容及要求有哪些？

答：(1)严格执行凭票候车，杜绝无关人员入内，做好安全工作。

(2)征求旅客意见，了解旅客需要，解答旅客问讯。认真做到“三要”“四心”“五主动”。

(3)随时为旅客送水，茶具做到一客一消毒。

(4)主动向旅客介绍旅行须知、列车运行情况及安全注意事项，引导旅客检票上车。

(5)书刊、杂志在规定位置整齐摆放。

(6)对来站候车的首长、外宾，要做好接待工作，并及时汇报。

(7)发现遗失物品立即汇报，设法送还。

(8)严守外事纪律和保密制度。

(9)候车室卫生整洁、空气清新、窗明地净，随时处于接待状态。及时调节候车室内照明、温度，符合规定。

3. 软席（贵宾）候车服务班后整理作业的主要内容及要求有哪些？

答：检查交班卫生符合标准，设备状态良好，整理资料、工具、备品，定位存放，不短缺。

4. 软席(贵宾)候车服务对岗交班作业的主要内容及要求有哪些?

答:重要事项交接清楚,按规定填写交班簿,按作业内容认真办理交接。

八、遗失物品服务作业

1. 遗失物品服务班前准备作业的主要内容及要求有哪些?

答:对仓库、货件进行安全检查。准备账簿、票据、工具、备品。

2. 遗失物品的接受登记作业的主要内容及要求有哪些?

答:(1)清点、核对遗失物品的品名、产地、重量、长度、件(个)数、新旧程度、颜色、款额和票证等。账物分管,数量、质量登记准确,编号不漏、不重。

(2)开具收据,注明拾到者单位、姓名,并由拾到者签认。

(3)编号登入"遗失物品登记簿"。

3. 遗失物品的保管和处理作业的主要内容及要求有哪些?

答:(1)按编号顺序和物品种类放入货架,摆放整齐。货位编号醒目,货件堆码条理,方便查找。贵重物品及现金放入保险柜。保证物品完整,不丢失、不损坏、不误交、不腐坏,防止鼠咬虫蚀。

(2)收到遗失品,对有地址、姓名的应尽早发出诏令通知书,对无地址的及时对外公布。

(3)失主来信、来函、来电或来人查询时,认真核对遗失日期、地点、包装、件数、品名,确认无误后,负责给予答复,并按规定办理领取手续。进出账目相符,处理报批手续正确,资料保管完整,处理款上缴及时。

(4)对危险品、管制刀具、易腐物品及逾期无人认领的遗失物品按规定正确处理。

(5)经常清扫,按时通风防潮。

第十六部分　客运记录、铁路电报

【导读】

本部分涉及客运记录、铁路电报的相关知识，包括客运记录的用途、客运记录的编制规定、编制范围、铁路电报的拟稿要求等内容。通过本部分的学习，读者可以对客运记录的编制要求和铁路电报拍发范围有一定的了解。

1. 客运记录有何用途？

答：客运记录是指在旅客或行李、包裹运输过程中因特殊情况，承运人与旅客、托运人、收货人之间需记载某种事项或车站与列车之间办理业务交接的文字凭证。

2. 编写客运记录注意事项有哪些？

答：要符合铁路的规章制度。交人时附带材料、人民币、证件、档案材料一定要在记录下面注明。

凡是交接的记录一定要让接收人签字。（注：有些记录属证明类，如误购车票，旅客退票等）。记录存根要根据需要保存，备查。

3. 客运记录编写的基本要求是什么？

答：（1）据实填写，事项齐全。编写的客运记录应内容准确、具体、详细、齐全、完整，如实反映情况，不得虚构、假想、臆测。如涉及旅客车票时，应有发到站、票号；涉及行李、包裹票时，除应有发到站、票号外，还应有旅客、发（收）货人姓名、单位、物品品名、数量、重量等，不得漏项。

（2）简要写明记录事由。即为什么要编写此记录，如“移交遗失物品”等。

（3）记录第一行应明确写出抬头，即交接时接收方的官方称谓,如“××站”等。

(4)记录内容应精炼,层次清楚,述事完整,目的明确。语言简练,书写清楚,不得潦草,不写自造简化字。

(5)记录词句应本着实事求是的原则。做到具体、准确,不应凭猜想、可能或似是而非、含糊不清。

(6)涉及的数据、名称、单位、姓名、性别、年龄、发到站、座别时间、伤势状态、程度应尽量准确。

(7)涉及退票款内容应记录原票种类、发到站、票号、座别、铺别、后补票号及应退票价(票号字头应抄全)。

(8)涉及移交车票时应记录票种票号。

(9)涉及移交物品时应记录名称、数量、款额、证件名称。

(10)记录内容要符合铁路的规章制度。词句不应出现命令、质问、强制性以及不尊重站方的语句。

(11)移交旅客遗失物品时,在能判明旅客下车站时应注明旅客的下车站。

(12)移交人员附带材料、人民币(金额大写)、物品(数量大写)、证件、档案材料时,一定要在记录上注明。

(13)凡是手工填写交接的记录一定要接受人签字。

(14)客运记录应按顺序编号使用,不得断号,更换“客运记录”时按原记录接续编号,并加盖编制人名章。客运记录一式两份,一份交接收人,另一份由接收人签字后自己留存。对留存的应装订成册,妥善保管,以备存查。客运记录保管期限为1年。

4. 哪些情况列车应编写客运记录?

答:当发生以下情形之一时,由列车应编写客运记录:

(1)旅客误乘列车或坐过了站,交前方停车站免费送回时。

(2)对无票乘车、违章乘车,拒绝按章补票的人员,责令其下车,移交县市所在地车站或三等以上车站处理(旅客的到站近于上述移交站时,应交其到站处理)时。

(3)旅客携带品超重、超大或携带妨碍公共卫生的物品、动物以及能够损坏或污染车辆的物品,无钱或拒绝补交运费,移交车站处理时。

(4)发现旅客携带国家禁止或限制运输的物品、危险品,移交最近前方停车站或有关车站处理时。

(5)旅客在列车上发生急病或因病死亡,移交县、市所在地或三等及以上车站处理时。

(6)因意外伤害(包括区间坠车),导致旅客伤亡移交有关车站处理时。

(7)旅客纠纷发生伤害,将受伤者、死亡者移交有关车站处理时。

(8)列车发现无人护送的行为、神情异常旅客,移交到站或中转站处理时。

(9)列车发现弃婴,限移交有民政部门的车站时。

(10)发现违章使用各种乘车证,移交车站或转交有关部门处理时。

(11)发现车站多收票款或运费,转交车站退款时。

(12)发现列车装载的行李、包裹品名不符,但不属于有意取巧或伪报一般品名者,以及发现实际重量与票面记载的重量不符,移交到站补收运费时。

(13)发现列车装载的行李、包裹中有政府限制运输的物品或危险品而伪报其他品名,移交到站或前方停车站处理时。

(14)伪报品名的行李、包裹损坏其他旅客的行李、包裹时,应分别编制客运记录说明情况,并应分别附在伪报品名的被损坏的行李、包裹票上,移交有关到站处理。

(15)列车接到发站行李、包裹变更运输(包括行李误运)电报时，应编制客运记录，连同行李、包裹和运输报单，交前方营业站转运；或变更后新到站（需中转的，交前方中转站继续转运），旅客在列车上要求变更时，同样办理。

(16)列车内发现旅客因误购、误售车票而误运行李时，其托运的行李在本列车装运，应编制客运记录，交前方营业站或中转站向正当到站转运。

(17)发现无票装运的行李、包裹交到站按章补收运费时。

(18)行李、包裹在运输途中发生事故，移交到站处理时。

(19)其他与车站办理的交接事项。

5. 哪些情况车站应编写客运记录?

答：当发生以下情形之一时，由车站编写客运记录：

(1)发生误售、误购车票，在中途站、原票到站应退还票价时。

(2)将旅客遗失物品向查找站转送时。

(3)旅客在车站发生意外伤害时。

(4)车站向铁路局集团公司收入部门寄送因违章乘车所查扣的铁路乘车票证时。

(5)行李、包裹票货分离，需补送行李、包裹或票据时。

(6)行李、包裹票货分离，部分按时到达交付，部分逾期时。

(7)行李、包裹装运后，旅客或托运人要求运回发站取消托运时。

(8)行包所在站接到行包变更运输的电报时。

(9)车站发现伪报品名的行李、包裹损坏其他行李、包裹时。

(10)在中途站、原票到站处理因误售、误购车票而误运的行李时。

(11)线路中断，列车停止运行后，鲜活包裹在途中被阻，托运人要求被阻站处理时。

(12)在发站或中途站，行李、包裹发生事故或需要说明物品现状时。

(13)行李未到,办理转运手续后,逾期到达时。

(14)其他情况需要编写时。

6. 铁路电报有何作用?

答:铁路电报是铁路部门之间处理紧急公务的通信工具。

7. 铁路电报有何分类?

答:铁路电报的等级按电报的性质和紧急程度分为以下 7 种。

(1)特提电报(TT),指特别紧急的命令、指示,处理重大突发事件等性质的电报。受理后即行办理,从受理到送达用户原则上不超过 2 h。

(2)特急电报(TJ),指非常紧急的命令、指示,处理较大突发事件等性质的电报。从受理到送达用户原则上不超过 4 h。

(3) 加急电报(JJ),指紧急命令、指示,时间紧迫的会议通知列车改点、变更到站和收货人、车辆甩挂超限货物运行及行车设备施工停用、开通限速的电报、国际公务电报及其他时间紧迫的电报。从受理到送达用户原则上不超过 8 h。

(4) 平急电报(PJ),指命令、指示、会议通知等性质的电报。从受理到送达用户原则上不超过 24 h。

(5)限时电报(X),指限定时间到达的电报。根据需要与收发报条件,由用户与电报所商定,在附注栏内填记送交收电单位的时间,如限时 8:30,应写“XS8 :30”。

(6)列车电报(L),指处理列车业务,必须在列车到达以前或在列车到达当时送交用户的电报。

(7)国际联运电报(G 或 C):指处理国际铁路联运业务的电报,办理时限同特急电报。

8. 铁路电报可主送哪些部门?

(1)国铁集团(包括国铁集团各部门、各直属机构)发报范围不限。

(2)国铁集团所属单位可向国铁集团所属其他同级单位及其所属站段发报,但不得发至全路各站段。

(3)铁路局集团公司所属站段(或同级单位)可向本铁路局集团公司和其他铁路局集团公司同级单位发报,基层站段向所属车间、班组(工区)制发铁路电报权由铁路局集团公司自定。

(4)站段(或同级单位)所属机构可向本集团公司和其他集团公司与其有直接工作关系的运输生产单位或其所属机构发报。

(5)担当列车乘务工作的负责人员(列车长、乘警长、车辆乘务员等工作人员)执乘时,根据工作需要,可向有关站段、车站、集团公司调和公安部门发报。

(6)铁路公安系统各单位(公安局、公安处、公安派出所、乘警队等)根据工作需要可向有关单位发报。

(7)拍发给铁路乘务人员的铁路电报,必须指定能够代其负责收转的铁路单位。

9. 列车遇哪些情况应拍发铁路电报?

当列车遇有下列情况时,列车长应拍发铁路电报:

(1)列车需要临时吸污处理时。

(2)列车超员,通知有关部门和前方停车站采取控制客流措施时。

(3)列车行包满载,通知前方有关停车营业站停止装运行包时。

(4)遇有特殊情况,列车途中发生餐料不足,通知前方列车(客运)段补充餐料时。

(5)餐车电冰箱发生故障,通知前方列车(客运)段或车站协助加冰时。

(6)列车在中途站因车辆发生故障甩车或空调车发生故障不

能修复，通知前方各停车站并汇报有关上级部门时。

(7)列车广播设备中途发生故障，通知前方广播工区派员前来处理时。

(8)专运等列车在中途站临时需要补充物料，通知前方列车段或客运段补充时。

(9)列车运行中因发生意外伤害，招致旅客重伤或死亡，应向有关部门拍发事故速报时。

(10)列车发生或发现重大行包事故后，向有关部门拍发事故速报时。

(11)站、车之间办理行李、包裹交接时，接受方未按规定签收，但双方对装卸的件数、包装等情况产生异议，向当事站拍发铁路电报声明时。

(12)列车内发生运输收入现金、客票票据丢失、被盗和短少等事故，向路局收入部门和公安部门报案，通知有关单位协助查扣时。

(13)列车发生爆炸、火灾及重大刑事案件等突发事件，须向上级部门报告处理时。

(14)列车上发生旅客食物中毒，向所属铁路局集团公司或前方铁路疾控所报告时。

(15)遇其他紧急情况，需要迅速报告时。

10. 车站遇哪些情况应拍发铁路电报?

当车站遇有下列情况时，应拍发铁路电报：

(1)线路中断列车停止运行后，向上级汇报时。

(2)因发生意外伤害，招致旅客重伤或死亡时。

(3)发生票货分离、票货不符，需查找下落时。

(4)发生票货分离、顶件运输，需声明纠正时。

(5)行李、包裹装运后，托运人要求变更到站时。

(6)行李、包裹装运后，托运人要求运回发站取消托运时。

(7)中途站发现行李、包裹中有国家禁止或限制运输的物品和危险品时。

(8)到站发现伪报一般货物品名时。

(9)到站发现重量不符,补收运费差额后,发铁路电报通知发站和主管铁路局集团公司收入部门时。

(10)到站发现重量不符,退还运费差额后,发铁路电报通知发站和主管收入部门时。

(11)站车对装卸的行李、包裹,因故未办理交接手续时。

(12)到站查询逾期未到的行李、包裹时。

(13)车站对查询逾期行李、包裹电报的复电。

(14)其他需要拍发铁路电报事项。

11. 拟编电文应掌握哪些基本方法?

(1)电文应以报告、汇报的形式写出,禁止使用命令、指责、指示、质问的词句。

(2)电文的语句应本着实事求是的原则。做到具体准确,不应凭猜想,不使用似是而非,含糊不清的语言。电文的数据、百分比、术语名称、尺寸、病情、伤势、姓名、性别、单位、年龄、时间、区间、站名应当尽量准确。

(3)电文的语句,不应出现自我推断的语言,特别是关系到事件的性质、责任的不可妄下结论。

(4)发收报单位名称应准确,不应出现错误或根本不存在某一单位的现象。

(5)电文叙述要简练,层次、顺序清楚,目的明确。

(6)对出现突发情况,由于时间紧张、情况复杂、条件限制,一时无法做到完全准确,应在电文中声明“详情正在调查,特此报告”字样。

(7)涉及乘警、乘检人员事件,列车长应召集多乘务一体会议，对拟出电文进行商议，尽力取得一致意见，对意见不一致的语句修改为事件客观状况，并由各部门乘务负责人共同签字再发。

12. 拍发铁路电报应注意哪些事项?

拍发铁路电报时需要注意的事项如下：

(1)拍发铁路电报必须使用铁路电报纸或在指定的系统使用终端设备上拍发。目前客运管理信息系统已实现了客运电报拍发、签收、查询、汇总、分析等功能。

(2)编拟铁路电报稿应使用规定的文字、符号、记号(汉字及标点符号，汉语拼音字母，阿拉伯数字，规定有电报符号的记号和能用标准电码本译成四码的记号和字母)，收电单位明确，电文通顺，文字力求简练，标点符号完整，字体清晰，并在原稿上填写拟稿人姓名和电话号码。

(3)电报稿左上角应有收、抄报单位，右下角有发报单位本部门电报编号、日期，并应加盖公章、名章或签字。

(4)列车拍发铁路电报一般交有电报所的车站代发。

(5)拍发铁路电报应盖章、签字留存。

(6)铁路电报反映情况要真实。

13.《关于部分客运记录实施电子化的通知》(运营客管电〔2016〕2656号)**对列车客运记录电子化有何要求?**

答：因列车晚点，影响旅客接续行程时，列车不开具客运记录，由车站通过客票系统查询列车晚点运行信息后，为旅客办理相关改签、退票手续。

列车遇旅客持“挂失补车票”乘车时，在旅客到站前，查验旅客席位情况后，使用站车交互系统终端“客运记录”功能的“挂失补”模块，选择席位使用情况，向客票系统发送席位使用情况的确认信息，旅客在列车上办理“挂失补”的，列车长仍需开具纸质客运记录，一份交旅客，一份随车移报告上交。

因临时更换车底、空调故障等原因旅客需到站退还票价差额或空调费时，列车使用站车交互系统终端“客运记录”功能的“席位调整”或“空调故障”模块，向客票系统发送确认退差信息。

14.《关于部分客运记录实施电子化的通知》（运营客管电〔2016〕2656号）**要求哪些情况执行特殊规定？**

答：(1)列车遇站车交互系统无信号、手持终端故障、登记失败时，应编制纸质客运记录，作为旅客到站办理退票的凭证。

(2)列车上同一旅客同时发生挂失补、退票价差、退空调费等情形时，分别按指定模块确认录入。

(3)同一车次途中更换乘务担当时，发生挂失补、退票价差、退空调费等情形时，列车长办理口头或书面交接，旅客到站前，由担当乘务的列车长录入确认信息。

15.《关于部分客运记录实施电子化的通知》（运营客管电〔2016〕2656号）**对信息核验有何要求？**

答：旅客到车站办理挂失补退票、退还差价、退还空调费以及晚点接续行程退票时，车站退票窗口自动通过客票系统查询电子客运记录或列车运行信息。经核查信息无误的，按规定予以办理。

经系统核查无相应信息或无纸质客运记录的，车站应记录旅客身份信息，车票信息和联系电话，车站负责联系担当客运段或车站确认信息，涉及外局担当列车或车站的，报所属局客户服务中心，转担当局客户服务中心协查确认。

担当客运段或车站核实信息属实，应及时将信息反馈办理站（客户服务中心），办理站应记录“核实事项、单位名称、经办人、职务、联系电话、办理日期”等信息，经办理站客运主管领导、经办人签字后，联系旅客予以办理。

车站办理退票、退差后，客票系统生成客运记录(退票说明)按规定上报，如未生成客运记录(退票说明)的，以列车开具的纸质客运记录或车站纸质核实记录为准，晚点信息以调度部门行车日志为准，并按规定上报。

第十七部分　铁路旅客人身伤害及携带品损失处理

【导读】

本部分从车站和列车两部分介绍了发生旅客人身伤害的处理规定，旨在使客运人员充分了解发生旅客人身伤害时应如何处理，更好的保护旅客人身和财产的安全。

一、车站部分

1. 哪些情形的旅客人身伤害事故，属于车站应承担相关责任的?

遇下列情形之一的，车站应当承担相关责任：

(1)旅客持票进站后或下车后出站前，因车站组织不当造成人身伤害的。

(2)车站引导标识缺失或不准确，误导旅客造成其人身伤害的。

(3)车站设施设备不良造成旅客人身伤害的。

(4)车站在停止检票后继续检票放行或检票放行时间不足，致使旅客抢上列车造成人身伤害的。

(5)车站组织不当造成旅客上车时发生人身伤害的。

(6)因车站客运工作人员违章作业、过失造成旅客人身伤害的。

(7)有理由认定属于车站责任的。

2. 车站发生旅客人身伤害时，车站应如何处理?

答：车站发生旅客人身伤害时，车站工作人员应当到场查看旅客伤害情况，报告站长组织救护，稳定人员情绪，维护现场秩序。

3. 车站对本站发生的及列车移交的伤害旅客，应当如何组织急救？对产生的医疗费用是如何规定的？

答：车站对本站发生的及列车移交的伤害旅客，应当及时联系当地医疗急救机构或送就近医院抢救。

发生医疗费用时，应当根据对责任的初步判断，属于旅客自身责任或第三人责任的，由旅客或第三人支付医疗费用。

暂不能区分责任或者责任人不明、无力承担的，经处理站站长或者车务段段长批准，可用站进款垫付。

动用站进款时，填写或补填"运输收入进款动支凭证"（财收—29），10日内由核算站或车务段财务拨款归还。

4. 车站受伤旅客经现场抢救无效死亡或对站内、区间发现的旅客尸体，如何处理？

答：车站受伤旅客经现场抢救无效死亡或对站内、区间发现的旅客尸体，经医疗部门或公安机关确认死亡，公安机关现场勘查结束后，车站应当转送殡仪馆存放（在此之前，车站应将尸体转移至适当地点并派人看守），并尽快通知其家属。尸体存放原则上不超过10日。

死者身份不清且在地（市）级以上报纸刊登寻人启事后10日仍无人认领的，应当根据铁路公安机关书面意见处理尸体；系不法侵害所致的，应当根据铁路公安机关书面意见并商死者家属意见处理尸体。

对死者的车票、衣物、随身携带物品等应当妥善保管，并于善后处理时一并转交其继承人；死者身份不明或者家属拒绝到站处理的，按无法交付的物品处理。

外国人在铁路站车死亡的按照《关于转发〈民政部、外交部、公安部关于外国人在华死亡后处理程序有关问题的实施意见〉的通知》（公法〔2008〕25号）处理。

5. 车站发生旅客人身伤害、应如何保护好现场?

答:车站发生旅客人身伤害、需要保护现场时,应当及时采取措施保护现场,禁止与救援、调查无关的人员进入。必要时,可请求地方政府协助。

6. 车站发现进站乘车的旅客精神异常时,如何办理?

答:车站发现进站乘车的旅客精神异常时,可不予其进站乘车,并为其办理退票手续。

7. 发生旅客人身伤害后,车站应如何做好调查取证工作?

答:站长应当及时组织现场查验,发生旅客人身伤害后,列车长、站长应当及时组织现场查验,全面搜集、梳理相关证据资料,检查旅客所持车票的票种、票号、发到站、车次、有效期及有效身份证件信息等,描绘现场旅客定位图,收集不少于两份同行人或见证人的证言及查验记录、现场照片、录像等其他相关证据,形成比较完整的证据链,能够证明发生的过程和原因,初步明确性质,并妥善保管。

旅客或第三人能够说明事件发生经过或责任的,应当由其出具书面材料,并签字确认。

涉及违法犯罪或者旅客死亡的,由铁路公安机关组织现场勘查。

证人应当具有完全民事行为能力。证人证言中应当记录证人的姓名、性别、年龄、地址、联系方式、有效身份证件信息等内容。有医务工作人员参加救治时,应当由其出具参与救治经过的证言。

证言、证据应当真实,能够反映发生的时间、地点、过程、原因和结果。

8. 旅客在法定时限内索赔且能够证明伤害是在铁路旅客运输过程中发生的,受理单位应如何办理?

答:旅客在法定时限内索赔且能够证明伤害是在铁路旅客运

输过程中发生的，受理单位应及时通知发生单位，并本着方便旅客的原则，移交旅客就医所在地车站或旅客发、到站处理，被移交站应当受理。发生单位应当在10日内搜集并向处理单位移交相关证据材料。

9. 哪些情形造成的旅客人身伤害时应当立即向铁路公安机关报警？

答：遇有下列情形造成的旅客人身伤害应当立即向铁路公安机关报警：

（1）杀人、抢劫、抢夺、强奸、爆炸、纵火、绑架、结伙斗殴、寻衅滋事、故意伤害、击打列车、故意损毁、移动站车设备等违法犯罪行为。

（2）因散布谣言、谎报险情、疫情、警情、扬言放火、爆炸、投放危险物质，或者非法阻拦行车、堵塞通道等，引起公共秩序混乱。

（3）火灾、爆炸、中毒等治安灾害事故。

（4）精神病人肇事肇祸，醉酒滋事行为。

（5）自然灾害。

（6）铁路设备、设施故障造成的事故。

10. 发生哪些旅客人身伤害及携带品损失应当通知铁路公安机关？

答：发生旅客人身伤害及携带品损失且有下列情形之一的，应当及时通知铁路公安机关：

（1）应当控制、约束违法犯罪嫌疑人和扣押相关涉案物品的。

（2）应当保护现场、维持秩序、协同救助的。

（3）应当由铁路公安机关介入调查、获取证据、查明原因的。

（4）引发治安纠纷或者酿成群体性事件并影响站车秩序，应当及时处置的。

（5）造成旅客死亡的。

11. 车站发生旅客人身伤害时,应如何做好报告工作?

答:车站发生旅客人身伤害时,可用电话向所在单位或上级主管部门报告概况;但发生重伤以上旅客人身伤害时,应在第一时间以短信方式向所属铁路局集团公司主管部门报告,随后向有关铁路局集团公司主管部门拍发速报,并逐级向上级主管部门和宣传部门报告。

12. 车站发生旅客人身伤害,报告(含速报)**内容主要包括哪些?**

答:报告(含速报)内容主要包括:

(1)发生日期、时间、车次、地点、车站、区间里程。

(2)伤亡旅客的姓名、性别、年龄、国籍、民族、职业、单位、有效身份证件号码、联系方式、住址以及车票种类、号码、发站、到站、车厢、席位等基本情况。

(3)发生经过、旅客伤亡及现场处理简况。

13. 发生旅客人身伤害后,发生地车站(车务段)**或处理站应组织哪些单位成立善后处理工作组做好处理?**

答:发生旅客人身伤害后,发生地车站(车务段)或处理站(车务段)应当组织发生单位、车站铁路公安派出所及相关单位成立善后处理工作组(以下简称工作组)。必要时,由发生地或处理站所在地铁路局集团公司组织。

发生旅客轻伤且经旅客或第三人同意现场调解、责任明确的,可由车站会同铁路公安派出所、发生单位、旅客、第三人等共同进行现场处理。

14. 发生旅客人身伤害后,工作组负责哪些工作?

答:工作组负责如下工作:

(1)办理受伤旅客就医、食宿等事宜。

(2)收集相关资料,建立案卷。案卷中应有客运记录、证人证言、车票、医院证明、现场照片或图示、寻人启事及铁路公安机关处理尸体意见等材料；铁路公安机关制作有现场勘验笔录、法医鉴定结论的，在不影响案件办理的情况下，可以收集存入案卷。

(3)核查伤亡旅客身份，通知其家属或发布寻人启事。

(4)处理旅客遗留物品或死亡旅客遗体。

(5)向旅客或其继承人、代理人通报有关情况，协商处理善后事宜。

(6)其他与善后处理有关的事宜。

15. 受伤旅客治疗结束或死亡旅客遗体处理完毕，工作组应做好哪些工作？

答：受伤旅客临床治疗结束或死亡旅客遗体处理完毕，工作组应当根据铁路安全监督管理办公室对责任确定情况，核实各项费用及授权委托书、亲属关系证明等有关证明后，涉及铁路运输企业责任的，尽快按有关法律规定与旅客或其继承人、代理人协商办理赔付。

16. 受伤旅客治疗结束或死亡旅客遗体处理完毕，医疗费用如何核定？

答：医疗费用应根据实际产生或后续治疗需要，凭治疗医院单据或建议核定。旅客需转院治疗时，应与处理单位协商一致，并经治疗医院同意。

17. 受伤旅客治疗结束或死亡旅客遗体处理完毕，残疾赔偿金应如何计算？

答：残疾赔偿金应根据有关鉴定机构出具的旅客人体损伤残疾程度鉴定意见，或者根据旅客受伤程度，比照有关人体损伤残疾程度鉴定标准所对应的残疾等级，按照有关标准计算。

18. 发生旅客人身伤害后，如何办理赔付？

答：办理赔付时，编制“铁路旅客人身伤害及携带品损失最终处理协议书”，经各方确认、签字或加盖处理单位公章后，将赔偿金依据法定顺位支付给旅客或其继承人、代理人，旅客或其继承人、代理人出具收据交处理单位。

19. 发生旅客人身伤害后，赔付需向责任单位或发生单位转账时，如何办理？

答：需向责任单位或发生单位转账时，由处理单位所属铁路局集团公司财务部门开具“转账通知书”（会凭 7），连同“铁路旅客人身伤害及携带品损失最终处理协议书”转送责任单位或发生单位所属铁路局集团公司财务部门。

责任单位或发生单位所属铁路局集团公司财务部门应当在收到“转账通知书”等材料次日起 30 日内将费用转拨至处理单位所属铁路局集团公司；超过 30 日的，每超过 1 日，按应付费用的 0.5%支付滞纳金。

20. 发生旅客人身伤害，赔偿金及其他费用由谁承担？

答：根据责任确定情况，处理旅客人身伤害所发生的赔偿金及其他费用，由责任单位承担；无法确定责任单位的，由发生单位承担。

21. 旅客人身伤害是旅客自身原因或第三方造成时，铁路垫付费用如何办理？

答：旅客人身伤害是旅客自身原因或第三方造成时，铁路运输企业在垫付相关费用后，可向旅客或第三方追偿。

22. 旅客人身伤害处理完毕后，应做哪些工作？

答：旅客人身伤害处理完毕后，处理单位和发生单位应在 3 日内逐级向所属铁路局集团公司客运主管部门报送“调查处理报告”。

23. 铁路局集团公司应当如何做好铁路旅客人身伤害的上报工作？

答：铁路局集团公司应当在每月 20 日前汇总本局上月处理的

旅客人身伤害情况，按要求填写“铁路旅客人身伤害统计表”和“安全情况报告”，报国铁集团客运部。

24. 铁路旅客人身伤害案卷应当如何保管？

答：案卷一案一卷，由调查处理单位保管，保存期为5年。

25. 车站应当如何按规定安装、使用视频监控设备？

答：车站应当按规定配置安全防护设备或视频监控装置，合理设置安全警示标志，建立健全日常管理、维护机制。视频监控设备管理部门应当定期采集视频监控数据，涉及旅客人身伤害纠纷的视频监控数据保存期不得少于一年。

26. 铁路局集团公司及站、段对旅客人身伤害及携带品损失处理应配备哪些设备？

答：铁路局集团公司及站、段应根据实际设置旅客人身伤害及携带品损失处理工作人员，配备照相机、摄像机、录音笔等必要设备，给予适当的岗位、交通、通信等补贴，定期组织培训，提高业务能力。

27. 何谓铁路旅客运输过程？

答：铁路旅客运输过程指旅客自进站检票时起至出站检票时止。

28. 发生旅客携带品损失时，旅客或其继承人、代理人要求赔付时，如何办理？

答：在铁路运输过程中发生旅客携带品损失时，按照《铁路旅客人身伤害及携带品损失处理暂行办法》（铁运〔2012〕319号）处理。旅客或其继承人、代理人应当向铁路运输企业提出可确认的证据；铁路运输企业经确认后，使用“铁路旅客人身伤害及携带品损失最终处理协议书”，由参与协商的各方签字盖章后，办理赔付。

二、列车部分

1. 哪些情形的旅客人身伤害事故,属于列车应承担相关责任的?

遇下列情形之一的,列车应当承担相关责任:

(1)车门漏锁致旅客坠车造成人身伤害的。

(2)列车工作人员过错致旅客误下车、背门下车、在不办理乘降的车站(包括区间停车)下车、列车运行中开启车门造成人身伤害的。

(3)列车组织不当或列车工作人员违反作业标准,致旅客乘降时造成人身伤害的。

(4)列车客运工作人员对设备管理不善造成旅客人身伤害的。

(5)列车客运工作人员违章作业、过失造成旅客人身伤害的。

(6)有理由认定属于列车责任的。

2. 列车发生旅客人身伤害时,如何处理?

答:列车发生旅客人身伤害时,列车工作人员应当到场查看旅客伤害情况,报告列车长组织救护,稳定人员情绪,维护现场秩序。

3. 列车因旅客伤害需交车站处理时,如何办理?

答:列车因旅客伤害需交车站处理时,应移交前方县、市所在地车站或者当地具备公共医疗条件的停车站;需要提前报告运行所在局客运调度时,由客运调度通知车站做好救护准备工作。

4. 旅客不同意在列车指定的停车站下车处理时,如何办理?

答:旅客不同意在前方县、市所在地车站或者当地具备公共医疗条件的停车站下车处理时,应当由旅客出具拒绝下车治疗的书面声明,并按照《铁路旅客人身伤害及携带品损失处理暂行办法》(铁运〔2012〕319 号)规定收集两份及以上证人证言。

5. 列车因旅客伤害严重需紧急停车处理或发生 3 人以上疑似食物中毒时,如何处理?

答:列车因旅客伤害严重需紧急停车处理或发生 3 人以上疑

似食物中毒的,应立即报告运行所在局客运调度。接到报告后,客运调度应当立即根据列车长提出的要求,通知有关车站及值班主任(列车调度员),需要停车处理的停车处理,并报告本铁路局集团公司客运部。

6. 列车发现旅客在区间坠车时,如何处理?

答:列车发现旅客在区间坠车时应当立即停车按照《铁路旅客人身伤害及携带品损失处理暂行办法》(铁运〔2012〕319 号)第四条处理,并通知就近车站或将受伤旅客移交就近车站。需要防护时,按有关规定处理。

7. 列车如发现旅客在区间坠车不具备停车条件或者迟延发现时,如何处理?

答:如发现旅客在区间坠车不具备停车条件或者迟延发现的,列车长应当报告运行所在局客运调度,客运调度员接到报告后立即通知值班主任,值班主任通知相关列车调度员和铁路公安局指挥中心,由列车调度员和铁路公安局指挥中心分别通知邻近车站及车站铁路公安派出所派人寻找。列车运行至前方停车站时,列车长应拍发电报,向发生地和列车担当铁路局集团公司主管部门报告。

8. 如列车发生旅客人身伤害、需要保护现场时,如何处理?

答:发生旅客人身伤害、需要保护现场时,应当及时采取措施保护现场,禁止与救援、调查无关的人员进入。必要时,可请求地方政府协助。

9. 发生旅客人身伤害后,列车应如何做好调查取证工作?

答:发生旅客人身伤害后,列车长、站长应当及时组织现场查验,全面搜集、梳理相关证据资料,检查旅客所持车票的票种、票号、发到站、车次、有效期及有效身份证件信息等,描绘现场旅客定位图,收集不少于两份同行人或见证人的证言及查验记录、现场照片、录像等其他相关证据，形成比较完整的证据链，能够证明发生的过程和原因，初步明确性质，并妥善保管。

旅客或第三人能够说明事件发生经过或责任的，应当由其出具书面材料，并签字确认。

涉及违法犯罪或者旅客死亡的，由铁路公安机关组织现场勘查。

证人应当具有完全民事行为能力。证人证言中应当记录证人的姓名、性别、年龄、地址、联系方式、有效身份证件信息等内容。有医务工作人员参加救治时，应当由其出具参与救治经过的证言。

证言、证据应当真实，能够反映发生的时间、地点、过程、原因和结果。

10. 列车向车站移交伤害旅客时，如何做好站车移交工作？

答：列车向车站移交伤害旅客时，车站不得拒绝接收。

办理移交手续时，列车应当编制客运记录和旅客携带物品清单一式两份，一份由列车存查，一份连同车票、证明材料、相关证人或其联系方式等一并移交。客运记录应载明日期、车次，旅客姓名、性别、年龄、国籍、民族、职业、单位、有效身份证件号码、联系方式、住址，车票种类、号码、发站、到站、车厢、席位，受伤地点、受伤原因、受伤部位，处理简况，以及证据材料清单等内容。因时间来不及记明前述内容时，可在客运记录中简要记明日期、车次、下交原因，并必须在3日内向处理单位补交有关材料。特殊情况来不及编制客运记录时，列车长或其指定的专人应随同伤害旅客下车办理交接。涉及第三人时，应将第三人同时交站处理。

对已经控制的违法、犯罪嫌疑人，应当及时移交车站铁路公安派出所。

11. 列车发现精神异常旅客时，如何处理？

答：列车发现精神异常旅客时，应重点关注，并按规定交到站或下车站妥善处理。列车运行途中，旅客有同行成年人的，应要求其同行成年人看护；无同行成年人时，应指派专人看护。必要时，可安排在适当位置看护。

12. 哪些情形造成的旅客人身伤害时应当立即向铁路公安机关报警？

答：对下列情形造成的旅客人身伤害应当立即向铁路公安机关报警：

(1)杀人、抢劫、抢夺、强奸、爆炸、纵火、绑架、结伙斗殴、寻衅滋事、故意伤害、击打列车、故意损毁、移动站车设备等违法犯罪行为。

(2)因散布谣言、谎报险情、疫情、警情、扬言放火、爆炸、投放危险物质或者非法阻拦行车、堵塞通道等，引起公共秩序混乱。

(3)火灾、爆炸、中毒等治安灾害事故。

(4)精神病人肇事肇祸，醉酒滋事行为。

(5)自然灾害。

(6)铁路设备、设施故障造成的事故。

13. 发生旅客人身伤害及携带品损失且遇有哪些情形之一的，应当及时通知铁路公安机关？

答：发生旅客人身伤害及携带品损失且有下列情形之一的，应当及时通知铁路公安机关：

(1)应当控制、约束违法犯罪嫌疑人和扣押相关涉案物品的。

(2)应当保护现场、维持秩序、协同救助的。

(3)应当由铁路公安机关介入调查、获取证据、查明原因的。

(4)引发治安纠纷或者酿成群体性事件并影响站车秩序，应当及时处置的。

(5)造成旅客死亡的。

14. 发生旅客人身伤害时，应如何做好报告工作？

答：列车发生旅客人身伤害时，可用电话向公安部门、所在单位或上级主管部门报告概况；但发生重伤以上旅客人身伤害时，应在第一时间以短信方式向所属铁路局集团公司主管部门报告，随后向有关铁路局集团公司主管部门拍发速报，并逐级向上级主管部门和宣传部门报告。

15. 发生旅客人身伤害，报告（含速报）**内容主要包括哪些？**

答：报告（含速报）内容主要包括：

（1）发生日期、时间、车次、地点、车站、区间里程。

（2）伤亡旅客的姓名、性别、年龄、国籍、民族、职业、单位、有效身份证件号码、联系方式、住址以及车票种类、号码、发站、到站、车厢、席位等基本情况。

（3）发生经过、旅客伤亡及现场处理简况。

16. 列车应当如何按规定安装、使用视频监控设备？

答：列车应当按规定配置安全防护设备或视频监控装置，合理设置安全警示标志，建立健全日常管理、维护机制。视频监控设备管理部门应当定期采集视频监控数据，涉及旅客人身伤害纠纷的视频监控数据保存期不得少于1年。

第十八部分　应急处置

【导读】

本部分对车站、旅客列车(包括普速旅客列车和动车组列车)发生火情、恐怖事件、列车晚点、列车严重超员、旅客食物中毒、列车中途甩车等应急处置预案及处理方法作简要解答。通过本部分的学习,读者可以大致了解各类突发事件的应急处理方法。

1. 普速旅客列车空调失效应急处置程序是什么?

答:普速旅客列车突发空调设备故障时,本车厢列车员要立即通知列车长、车辆乘务长(空调乘务长)赶赴现场,查明原因,进行抢修,排除故障,采取措施确保空调设备正常使用。

(1)单车空调失效

①空调失效超过 20 min 不能修复时,列车长要及时按章拍发车辆设备设施故障速报,请求列车运行前方站和终到站所在局的车辆段派工程技术人员进行援助、抢修,通知司机向列车调度员提出在前方最近客运营业站停车请求。并随时将车内情况向所属(所在)局客调、客运部、段应急办公室报告。

②空调设备故障难以排除时,列车长应随同车辆乘务长(空调乘务长)及时向旅客致歉,并根据列车票额及空余铺位、座席情况及时调整旅客铺位或座席,必要时在不影响列车乘务员休息的情况下可调整至列车宿营车铺位。千方百计保障旅客利益,取得旅客谅解。

③在普速旅客列车没有空余铺位或座席无法另行安排时,列车长要组织人员逐一登记旅客姓名、车票票号、乘车区间、通信方式,及时拍发电报,编制客运记录交旅客下车站,作为旅客到站退

还未使用空调区间票价的依据；同时组织乘务员，做好旅客服务和宣传解释、致歉工作，稳定旅客情绪，维护铁路声誉。

④在车站停留时，要打开车门通风，但必须指定专人负责看护车门，确保旅客的绝对安全。必要时，要与车站共同组织将旅客疏散到车站安全处所，等待故障修复、救援或组织旅客换乘其他旅客列车。

(2)全列空调失效

①全列空调失效超过 20 min 不能恢复时，经车辆乘务员或随车机械师确认不能修复后，列车长可视情况通知司机向列车调度员提出在前方最近客运营业站停车请求。并随时将车内情况向所属(所在)局客调、客运部、段应急办公室报告。

②空调设备故障难以排除时，列车长应随同车辆乘务长(空调乘务长)及时向旅客致歉，各车厢乘务员做好旅客服务和宣传解释、致歉工作，稳定旅客情绪。

③在车站停留时，要打开车门通风，但必须指定专人负责看护车门，确保旅客的绝对安全。必要时，要与车站共同组织将旅客疏散到车站安全处所，等待故障修复、救援或组织旅客换乘。组织旅客换乘其他旅客列车时，列车长要组织人员逐一登记旅客姓名、车票票号、乘车区间、通信方式，及时拍发电报，编制客运记录交旅客下车站，作为旅客到站退还未使用空调区间票价的依据。

2. 动车组列车空调失效应急处置程序是什么？

答：空调失效超过 20 min 不能恢复时，经随车机械师确认不能修复后，列车长可视情况通知司机向列车调度员提出在前方最近客运营业站停车请求。

列车因故停车不能维持运行，且空调失效超过 20 min 不能恢复时，列车长应及时与司机、随车机械师沟通，视情况做出打开车门决定，并通知动车组司机转报列车调度员。列车长组织列车员在司机、随车机械师的配合下，在车厢内前进方向左侧（非会车侧）第一个车门处安装防护网、确认牢固后打开车门。同时，列车长应向段应急办公室报告列车故障原因、时间、车内温度、旅客情绪状况，请示开启塞拉门通风，并向旅客广播致歉、宣传注意事项。具体程序如下：

列车长根据旅客人数、车内温度、通风需求、乘务员人员配置等情况，确定打开车门的位置和数量，立即用对讲机组织乘警、随车机械师、乘务员、餐吧服务员、保洁人员到达负责监控的车门。

车门监护人员到达责任监控门后，立即将通过台处旅客动员到车厢内，将车厢内端门设定在手动位并拉开，挂放带有“请勿通行，注意安全”标志的防护带进行防护，同时向列车长报告：“××车门防护作业完毕”。

列车长接到防护作业完毕的报告后，组织车门监护人员配合随车机械师，在车厢内前进方向左侧（非会车侧）第一个车门处安装防护网。列车长、机械师在确认防护网固定状态及防护后，根据车内通风需要报告动车组司机，开启前进方向左侧第一个车门，保证车内通风，手动开门必须有人防护的情况下进行操作。

防护网安装完毕，打开车门后，车门值守人员应将严格值守车门，直到车门关闭。遇旅客向相邻车厢走动或接近车门时耐心劝阻，做好宣传，严禁通过。需调整监控人员时，应经列车长同意，交接人员办理交接后执行。

动车组空调装置恢复正常后，列车长应组织列车员配合随车机械师关闭车门，拆除防护网。并原数收回车门防护网交随车机械师妥善保管。随车机械师应加强车门巡视，确保车门关闭良好。

动车组列车安装好防护网、打开部分车门，由列车乘务人员防护的情况下允许限速 60 km/h 运行，通过高站台时限速 40 km/h。司机根据列车长的报告，向列车调度员申请打开车门限速运行的调度命令。列车调度员向沿途各站及司机(救援时,同时向救援机车司机)下达"××次因空调失效开放部分车门运行,限速60 km/h(通过高站台时限速 40 km/h 运行)"的调度命令。调度命令下达后,司机应及时通知列车长。列车长通知所有车门值守人员,做好在车门开启状态下列车运行中自身和旅客的安全防护工作。

3. 旅客转乘如何规定?

答:(1)接到调度命令,需要组织旅客下车或换乘其他列车时,应在车站站台进行,列车与车站一起组织旅客乘降。必须在站内正线或区间组织旅客下车或换乘时,要在线路前后及旅客上下车门处做好安全防护,以防发生意外。

(2)遇动车组空调故障,旅客需转乘热备车底时,执行《高速、动车组列车故障需启用热备动车组应急处置预案》。

4. 旅客列车发生晚点通用应急处置程序是什么?

答:因自然灾害、设备故障或事故影响旅客列车晚点 30 min 及以上;旅客列车发生群体性事件;线路中断行车已 30 min 以上并预计 30 min 以内不能恢复运行时,列车长要向段应急办公室、所在(所属)局客调、客运部汇报。报告内容:列车晚点区段、时间、原因、旅客人数、去向、重点旅客、行包、邮件、煤、水、餐料、发电车油料等。发生线路中断时,还应汇报预计恢复通车或继续晚点时间及列车折返、迂回、停运、换乘、并线等调整列车运行方案的信息。

遇列车晚点时列车长要认真查明和记录列车晚点原因,积极和前方客运办理站取得联系,准确掌握各站旅客乘降人数、行包装卸件数,快速组织旅客乘降、行包装卸作业,积极配合减少列车晚点。

发生大面积晚点时列车长要及时与停留站、所在(所属)局客调联系,及时掌握列车折返、迂回、停运、换乘、并线方案,列车乘务人员要立即熟悉迂回线路、经由车站、运行时间。

5. 旅客列车发生旅客人身伤害和突发疾病通用应急处置程序是什么?

答:本车厢列车员发现旅客发生人身伤害或突发急病时,应在第一时间内掌握旅客位置,立即报告列车长,并保护好现场。

列车长接到报告后应迅速会同乘警赶到事故现场,仔细查明发生事故的详细情况。

列车长应迅速和乘警、列车红十字救护员对受伤或发病旅客进行简单救护,立即通过列车广播寻找旅客当中的医务工作者协助救护,广播时要讲明受伤或发病旅客所在位置和简要的病情或伤情。对自愿实施救治旅客的医务人员,列车工作人员要确认资质,必须详细登记实施救治人员的姓名、身份证号、住址、单位、联系方式等信息。

如旅客伤情或病情较重时,列车长要及时通知车辆乘务员联系司机与前方县、市所在地车站或者当地具备公共医疗条件的停车站联系,讲清伤病人员所在车厢,请求120救护车站台等候救治。需要提前报告运行所在局客调时,由客调通知车站做好救护准备工作。列车因旅客疾病严重需紧急停车处理,应立即报告运行所在局客调,列车工作人员按照命令指挥,做好停车处置工作。

列车长在组织抢救的同时,会同乘警查明情况,全面搜集、梳理相关证据资料,做好讯问笔录(医务人员、病人或伤者、同行人、周围旅客),描绘现场旅客定位图,收集不少于两份同行人或见证人的证言及查验记录、现场照片、录像等其他相关证据,形成比较完整的证据链,能够证明发生的过程和原因,初步判定性质,并妥善保管。

旅客或第三人能够说明事件发生经过或责任的,应当由其出具书面材料,并签字确认。

收集旁证材料的内容要求:证明人必须在材料上写明日期、车次、车厢、座号、发生事故的事实经过和发生的时间,落款要有证明人的签名、详细地址、身份证号、联系电话、年月日、指印。

办理移交手续时，列车长要亲自编写客运记录和旅客携带物品清单一式两份，到站亲自与站方办理交接。编制客运记录连同车票、原始旁证材料（复印件交段备查）一并与站方办理交接，并按规定拍发电报。涉及第三人（同行人）时，应将第三人同时交站。

客运记录记载内容有：发生事故的时间、车次、地点、伤者（急病患者）的姓名、性别、年龄、受伤部位和伤情（病情）及事故伤亡简况、车票发到站、票号、工作单位或家庭住址等。如有责任人同样在客运记录上写清姓名、性别、年龄、车票发到站、票号、工作单位或家庭住址；如有伤者同行人需要一起下车时，记录上只写车票发到站、票号。对没有同行人的，列车长会同乘警要收集旅客随身携带物品及车票，详细登记，列好清单，一并随记录交站。因特殊情况来不及编写记录的，列车长必须指派专人下车与车站办理交接，并在三日内向事故处理站补交有关材料。

旅客（同行人）不同意在以上规定的停车站下车处理时，应当由其出具拒绝下车治疗的书面声明，并按照规定收集两份及以上证人证言。

旅客人身伤害事故系因斗殴等治安或刑事案件所致，列车乘警应在客运记录上签字。

按要求拍发电报。

电报内容：①事故种类；②发生日期、时间、车次；③发生地点、车站、区间里程；④伤亡旅客姓名、性别、国籍、民族、年龄、职业、单位、住址、车票种类、发到站、票号、身份证号码；⑤事故及伤亡情况。

电报内容要简明扼要，主送受理站和派出所，抄送所在（所属）局客运部、公安处，受理站车务段（独立站除外），太原客运段。如交接过程中发生列车晚点或临时停车，还要抄送所在（所属）局客调,有条件要把住院或死亡证明复印一份。

发生旅客意外伤害或突发急病时,列车长在整个处置过程中要精心组织,周密安排,并在事发 30 min 内向本局客运部、段应急办汇报处理情况,听取指示,堵塞各种遗漏。因旅客伤、病站车移交造成列车晚点、临时停车的要立即汇报所在(所属)局客调(动调)。

6. 旅客列车发生反恐防暴处置原则是什么?

答:统一领导,分级指挥;各司其职,密切协作;快速反应,高效处置;以人为本,减少危害。

7. 旅客列车发生反恐防暴处置措施是什么?

答:对在列车上发生的恐怖活动事件,列车反恐防暴应急处置小组要及时根据列车恐怖犯罪事件的具体情况和上级指令,采取不同的措施和方法,要按照职责分工,充分利用列车反恐防暴器材(防暴桶、防暴毯、警棍、催泪瓦斯等装备),迅速有效处置,尽快消除危害减少损失。

8. 旅客列车发生劫持人质恐怖事件时应急处置措施是什么?

答:赶赴现场、疏散警戒。对在旅客列车发生的劫持人质恐怖事件,各车厢乘务员发现后要立即使用手机或接力传递方式第一时间通知列车长、乘警长迅速到达现场,判明情况,启动应急预案,指挥救援疏散组立即疏散周边旅客,尽快使未受到恐怖分子控制的人员全部离开现场。现场警戒组实施现场封锁,设立警戒圈,控制局势,孤立和隔断恐怖分子劫持人质的中心现场。

立即报告、请求支援。列车长、乘警长组织疏散警戒的同时,要立即将现场情况通过手机、G 网手机分别向所在(所属)局客调、公安局指挥中心、段应急指挥中心汇报,听取指令,同时通过对讲机通知车辆乘务员、司机向最近停车站调度报告,择机停车处置,同时请求联系铁路、地方公安及武警、消防、驻军、医疗等机构紧急支援。

判明情况，制定对策。乘警长、列车长要积极通过与恐怖分子对话、技术侦察等多种方法和手段，最大限度地收集恐怖分子情况、被劫持人质的安全情况等现场信息，判明情况后，迅速组织有指挥经验的公安干警、武警、军人等，尽量吸收旅客当中有关专家和对恐怖分子有影响力的人员参加，研究制定现场解救行动方案。

对话谈判、争取时间。一是实施政策攻心，摧毁其心理防线，迫其缴械投降；二是离间恐怖分子团伙成员，孤立首犯，瓦解斗志，创造行动机会；三是通过对话谈判，了解恐怖分子本人或团伙成员内部情况；四是讨价还价，为专业处置力量到达现场解救人质行动争取宝贵时间。

情况紧急，实施解救。提前成立由乘警、公安干警、武警、现役军人组成的突击处置组，在一切努力均告失败或人质生命受到严重威胁时，列车长、乘警长立即报告指挥部，听取指令，果断决策，实施现场紧急施救。一是在现场周围由持枪乘警秘密布建狙击点，寻机击伤或击毙恐怖分子，解救人质；二是使用催泪瓦斯等非杀伤性武器，使恐怖分子减弱或丧失抵抗能力后捕获，解救人质；三是根据列车停靠地点、车内现场情况，制定突击方案并择机实施，制服恐怖分子，解救人质。

积极抢救、运送伤员。救援疏散组红十字救护员、医务工作者对被救的受伤人质，参加营救的受伤人员，被捕获的受伤恐怖分子进行紧急救治，向赶到现场的地方支援医疗机构人员转移伤员。

汇报情况、配合取证。列车长、乘警长要及时将现场处置情况向段指挥部、公安局指挥中心、赶到支援的现场总指挥报告，请求下步行动指令，同时积极组织全体乘务人员、治安联防员维护列车现场秩序，配合公安人员现场勘查，提取人证、物证。

处置完毕、尽快开车。现场处置完毕，组织旅客返回车厢，报告所在局客调、车站调度，积极组织列车恢复运行。

9. 旅客列车上发现爆炸物品时应急处置程序是什么?

答:判明情况、立即汇报、请求支援。乘务人员在列车上发现爆炸物品时,要立即向列车长、乘警长报告赶赴现场,乘警在做好自身保护同时,力争判明爆炸物的性质,确定爆炸物的种类。列车长立即启动应急预案,组织疏散周围旅客,与乘警长利用手机、G网手机、对讲机等通信设备立即将车上发现爆炸物品情况报告所在(所属)局客调、公安局指挥中心、就近车站派出所及段应急指挥部,听取指令,并通过对讲机通知车辆乘务员、司机向最近停车站调度报告,择机停车处置,同时请求联系铁路、地方公安及武警、消防、驻军、医疗等机构紧急支援。

妥善处置、设置警戒、做好防护。乘警立即使用列车上配备的防爆毯、防爆桶对爆炸物进行覆盖,最大限度地减少爆炸造成的损失和危害。情况紧急时列车长对列车实行紧急制动,组织旅客向安全地带疏散,同时由车辆乘务员、司机配合将发现爆炸物的车厢脱离孤立,封闭线路区间,设置警戒线。等待地方排爆专家到达后,由乘警协助排爆,尽快消除隐患。

汇报情况、配合取证。列车长、乘警长要及时将现场处置情况向段指挥部、公安局指挥中心、赶到支援的现场总指挥报告,请求下步行动指令,同时积极组织全体乘务人员、治安联防员维护列车现场秩序,乘警要积极配合公安人员现场勘查,及时对现场周围旅客和乘务人员进行调查访问,提取人证、物证,积极寻找线索,配合尽快查明犯罪嫌疑人体貌特征。

处置完毕、尽快开车。现场处置完毕,组织旅客返回车厢,报告所在局客调、车站调度,积极组织列车恢复运行。

10. 旅客列车上发现可疑爆炸物的应急处置程序是什么?

答:立即报告、准确判断。乘务人员在列车上发现可疑爆炸物后,要立即向列车长、乘警长报告,乘警长根据掌握的情况,组织有关人员对可疑爆炸物进行初步甄别,如能判定属于何种性质的物品，可随机做出相应的处理。如难以判断可疑物的性质，应立即报告，待有关专业人员进行检测，避免因方法不当造成不应有的损失和危害。

判明情况、妥善处置。如果经判断确系爆炸物品，应按发现爆炸物品处置措施立即处置。

11. 旅客列车发生纵火、爆炸案应急处置程序是什么？

答：情况紧急、启动预案。如恐怖犯罪分子在列车纵火或引爆爆炸装置应立即启动《旅客列车火灾、爆炸事故应急处置预案》《动车组列车发生初起火情、火灾、爆炸事故应急处置预案》。

立即报告、请求支援。列车长、乘警长要用最快的速度将案件的性质、发案时间、车次、地点、作案手段、犯罪嫌疑人情况、损伤程度、列车运行等情况报告所在（所属）局客调、公安局指挥中心、段指挥部，并同时通报给就近车站派出所、地方政府、地方公安局及其消防部门、急救中心，请求救援。

维护秩序、紧急疏散。全体乘务人员、治安联防员要采取一切措施稳定旅客情绪，防止发生骚乱和恐慌，列车乘务人员要在列车长、乘警长的指挥下，尽快将旅客疏散到安全地带，积极组织扑救纵火、爆炸引发的火险，组织列车红十字救护员、旅客中的医务人员、志愿者对伤员进行处置、抢救。

积极宣传、广泛动员。通过列车广播等宣传工具，广泛动员和组织旅客中的治安联防员、现役军人、武警官兵、公安民警、医务人员及青壮年，积极参与救援、抢险工作。

密切配合、收集证物。列车长要与先期赶到的处置救援队伍总指挥取得联系，简要汇报纵火、爆炸案情、人员伤亡情况和急需解决的问题，积极配合当地救援力量开展工作。乘警要在抢救伤员、维护秩序的同时尽最大努力保护好现场，配合当地公安机关对现场封锁固定，协助技术人员进行现场勘查，做好现场访问，清理遗留物品，收集物证。

12. 旅客列车发生生物化学及核辐射恐怖活动的应急处置程序是什么?

答:及时汇报、判明性质。列车发生生物化学及核辐射恐怖活动袭击事件时,列车长、乘警长要迅速判明事件的性质,及时汇报上级指挥部门,并随时掌握时间发展的动态。

封锁现场、维持秩序。列车长、乘警长要迅速会同卫生、防疫等部门根据生物化学或核辐射恐怖袭击的种类和危害情况划定列车封锁和隔离区域,及时组织疏散旅客,维护好现场秩序。

调查了解、积极取证。采取公开和秘密相结合的方式开展现场调查取证工作,及时地对现场知情人、证人和受害者进行询问,了解事件发生的全过程。

协助处理、积极救助。提请并协助专业人员对相关人员进行免疫接种或药物预防,对人体被污染的部位和被污染的物品进行清洗除毒等卫生处理,控制污染源和疫情。对造成伤害的旅客及乘务人员,要积极协助相关部门开展有效的救助行动。

果断应对、制止袭击。列车乘务人员遇正在实施生化袭击和实施恐怖袭击的恐怖嫌疑分子,要立即报告乘警长、列车长,积极采取果断措施,在有效保证自身安全的情况下,制止和抓捕罪犯。

13. 旅客列车运行中发生异音异响、击碎玻璃应急处置程序是什么?

答:立即报告。列车员听到(发现)或接到旅客告知列车发生异音异响和发生击碎列车玻璃情况时,要在第一时间通过接力传递或手机、对讲机联系方式汇报列车长,列车长立即通知车辆乘务长(机械师)、乘警长赶赴现场确认情况,启动应急预案。

车辆乘务长(机械师)确认异音异响故障原因,确定处置措施,动车组通过司机向动调报告,各次列车长要立即(10 min 内)向所在(所属)局客调、客运部、段应急办公室报告,报告内容:车次、时间、运行区段、突发情况原因、需采取的措施、车内现状和旅客人数。

积极处置,有效应对。车辆乘务长(机械师)要立即确认异音异响原因,立即处理。如列车因设备故障或行车事故无法继续运行时,及时通过司机联系调度停车处理或请求救援,同时列车长立即启动《旅客列车发生行车事故应急处置预案》或《高速、动车组发生行车中断应急处置预案》。

危及安全,立即停车:如确认异音异响和击碎列车玻璃情况危及行车及旅客安全时,乘务人员要立即果断使用紧急制动阀停车,动车组使用对讲机通知司机立即停车。

采取措施,确保运行。如发生击碎玻璃时车辆乘务长要立即更换玻璃或采取应急防护措施,确保列车安全运行。动车组列车长、机械师要及时将车窗玻璃破碎情况通知司机,由司机请示调度限速运行。

意外伤害,按章处理。发生击碎列车玻璃时,列车长要按章准确及时拍发击碎玻璃电报,发生旅客或职工意外伤害时要及时启动"旅客列车(含高速、动车组)突发旅客人身伤害和疾病通用应急处置预案"。

加强服务,维护秩序。列车长要组织全体乘务员做好旅客服务、致歉、宣传解释工作,稳定旅客情绪,乘警要加强车内流动,确保车内秩序良好。

后续处理。处置过程中,列车长要随时将列车处置情况向上级部门汇报,请示后续救援及开行组织工作,积极恢复列车正常运行。

14. 旅客列车在非桥梁隧道地段疏散旅客应急处置程序是什么?

答:立即报告。列车经确认不能继续运行时,列车长通过车辆乘务员、司机向调度(动调)报告的同时,要立即(10 min 内)向所在(所属)局客调、客运部、段应急办公室报告(报告内容:车次、时间、运行区段、突发情况原因、车内现状和旅客人数)。

维护秩序。列车长要安排全体乘务人员做好旅客宣传组织工作,稳定旅客情绪,乘警要加强车内流动,确保车内秩序良好。

组织疏散。下车疏散旅客必须接到调度员扣停邻线列车的命令后办理，接受列车调度员指挥。

确定方向。列车长通过车辆乘务员或司机及时联系列车调度员，根据调度指挥确定列车停车位置，判断疏散时机。列车长根据调度指挥确定开启车门方向（情况危急联系中断时，要开启列车运行方向左侧无临线一侧车门），确认疏散方向地段安全后，组织旅客下车。动车组列车依据车内旅客分布情况，选择适当位置车门安装应急梯，做到一人安装、一人防护并再次确认安装是否牢固，CRH5 型动车组列车开启车门，打开翻板组织旅客下车，做好帮扶（如情况十分危急，可使用安全锤破窗，紧急疏散）。

做好防护。旅客下车时车上车下同时防护，做好宣传，防止拥挤踩踏，重点旅客加强盯控。列车乘务人员要组织车内军人、青壮年旅客共同参与车门逃生时的扶老携幼防护工作。

有序撤离。列车工作人员要加强宣传和组织，宣传旅客不要携带行李物品，尽快撤离。旅客向安全地带疏散时，乘务员要做好防护，跨越线路时要再次确认邻线安全状态。

保持联络。列车工作人员要携带通信设备，在疏散过程中随时保持通信联系，做到信息畅通，处理及时。

清点人数。全部旅客转移至安全地带时，列车长要逐个清点人数，发现人数不吻合时要积极处置，根据情况决定是否返回现场寻找。

后续处理。列车长及时向上级部门汇报，请示后续救援工作安排，同时乘务员做好旅客安抚组织工作，积极救护伤员，等待救援人员到达。

15. 旅客列车在长大隧道内运行时发生火情或火灾的应急处置办法是什么？

答：长大隧道内发生火情或火灾要做到发生火灾后，隧道内的氧气会随大火燃烧迅速减少，烟雾不易排除，极易导致人员窒息死亡。

迅速判明旅客列车所处位置，立即请求运转车长协助，由运转车长即使通知机车司机，使旅客列车迅速停于安全地带，如来不及通知时，在安全地带使用紧急制动阀停车。

迅速集中和使用灭火器进行扑救，同时向两端车厢疏散旅客，关闭起火车厢两端车门。

旅客列车到达安全地带停车后按照"四十字"火灾处理过程组织扑救。

16. 发现旅客携带，夹带危险物品的应急处置办法是什么?

答：乘务员发现旅客携带、夹带危险物品时应首先查清危险品的品名、种类、数量，进行妥善放置，并及时汇报列车长乘警，按规定处理，对无人认领的可疑物品，在处理时要高度警惕，要及时通知列车长和乘警到场处置，切不可随意进行开包检查。对不能判明性质的可疑物品，并做好安全防范准备，必要时有乘警向前方站公安机关汇报，请求支援。

17. 使用紧急制动阀有何规定?

答：凡符合《技规》规定使用紧急制动阀的情况时，列车有关人员应使用紧急制动阀停车，客运乘务人员使用紧急制动阀后应做到：

(1)查明原因，分清责任；

(2)报告列车长，通知车辆乘务员；

(3)尽快组织开车；

(4)现场取证；

(5)返程后向段派班室汇报。

18. 遇有滥用列车紧急制动阀停车的处理办法是什么?

答：《技规》规定：滥用紧急制动阀耽误列车，即构成行车一般

事故。遇有滥用紧急制动阀停车人时,应做到:

(1)查明原因,分清责任。

(2)立即组织开车。

(3)报告列车长,通知车辆乘务员。

(4)取得责任人的姓名,年龄身份,工作单位,证件号码和书面材料及旁证材料,必要时会同乘警共同取证。

(5)立即向本段汇报。

19. 发生行包偏载或超载造成钩差超限时的应急处置办法是什么?

答:列车长接到行包偏载或超载造成钩差超限报告后,应及时赶赴行李车组织列车和车站进行整理或卸载,直到消除隐患,钩差恢复到规定限度内,由检车员确认后方可开车,必要时要向前方停车站拍发电报,通知前方停车站停止向本列装车。

20. 列车超员压死弹簧或钩差超限时的应急处置办法是什么?

答:列车长接到弹簧压死或钩差超限的报告时,要立即前往问题地点,协同车站及检车人员联合查找发生问题的原因,对因严重超员造成的问题,要与车站密切配合组织疏散旅客,消除隐患,经检车人员检查确认弹簧及钩差状态恢复后方可开车:如属车辆设备时,应由车辆乘务员提出处置办法,列车长和车站配合做好相关具体工作,消除隐患,确保安全。

21. 对精神异常旅客的应急处理办法是什么?

答:列车上发现无人护送的精神异常旅客或多名精神异常人员同乘一车等情况时,列车长应将异常旅客安置在适当位置,指派专人看护,锁闭相关的车厢,异常旅客去厕所时,要防止其把厕所门锁死而发生意外,列车长要及时通知乘警检查本旅客随身携带物品中有无凶器,清理周围物品,防止发生意外,编制客运记录移交到站或换车站处理,不得移交中途站,如不能判明其到站时,可交前方三等及以上车站处理,有人护送的精神病旅客乘车时,列车员应对护送人员交代安全注意事项,并通知列车长,作为重点经常巡视,了解掌握动态,防止发生意外。

22. 发生挤、烫、砸、摔、碰等伤情时的应急处理办法是什么?

答:旅客在列车上发生挤伤、烫伤、砸伤、摔伤、碰伤后,列车长应迅速到达现场了解伤情,积极救治,查明原因,收集旁证材料,需要交站处理时,列车长编制客运记录交前方三等以上车站处理并及时拍发事故电报。

23. 对第三者责任造成旅客伤害时的应急处理办法是什么?

答:列车上发生因第三者责任造成旅客烫伤、挤伤、砸伤等伤害时(打架,斗殴等治安问题除外),列车应按规定编写客运记录,连同双方人员一并交站处理,对于旅客要求协商解决不下车处理的应由旅客双方自行协商解决,列车工作人员不得参与意见,达成协议后,列车长必须要求双方旅客在已编好的客运记录下方注明“双方自愿达成协议,不下车处理,今后出现问题与铁路无关”,并签字盖章(注意妥善保管,保存期三年)。

24. 遇少数民族旅客在列车上发生疾病死亡的应急处理办法是什么?

答:遇有少数民族旅客在列车上发生疾病死亡时首先要按规定移交车站处理。因少数民族习惯出现抵触不能按规定移交车站时,要尊重少数民族风俗习惯,不得激化矛盾,对死者遗体要提前通知前方站采取措施同时尽可能安排该车厢其他旅客回避到其他车厢,对该车厢进行隔离,动员其他旅客不要对少数民族习惯进行指责或评论,以免扩大事态,要及时向上级请示,听候指示。

25. 发生旅客食物中毒的应急处理办法是什么?

答:(1)及时报告。列车发生 3 名以上旅客食物中毒时,列车长应向有关部门即使拍发电报，主送处理站及处理站所属局疾病控制中心，抄送铁路局集团公司客运部。

（2）安置病人。列车长做好记录移交车站，由车站及时将病人送当地有救治能力的医院进行抢救。

（3）保护现场。稳定旅客情绪，封存可疑食物，呕吐物样品，停止销售可疑食物，追回售出可疑食物，等待卫生（防疫）监督人员到现场查验。

（4）调查取证。调查发病原因及其他餐饮食物，取得被取证人包括发病人证明材料，多人发病时取证发病人材料2份以上，同行人或周围旅客材料两份，有关工作人员材料1份。

（5）在运行途中列车长根据掌握的情况及时向上级有关部门汇报，听取指示要求，退乘后写出书面报告，连同有关取证材料一并上交。

26. 列车上发生旅客分娩时的应急处理办法是什么？

答：旅客在列车分娩时，列车员应及时汇报列车长，列车长会同乘警立即赶到现场了解情况，通过广播找大夫救治，并尽可能提供场所，为旅客创造好的条件。同时通过运转车长或其他方式告知前方停车站（三等以上）做好救护准备，列车长要做好相关材料及物品的移交准备，编制客运记录交旅客下车站。

27. 列车途中甩车的应急处理办法是什么？

答：遇有车辆故障途中需甩车时，应做到：

（1）故障车的茶炉，采暖炉熄火，电器断电（采暖期内对采暖炉及水箱排水）；

（2）收取故障车的备品，卧具（并视具体情况指派专人看车）；

（3）向有关车站及相关局拍发电报，停止出售故障车的车票；

（4）妥善安排故障车的旅客继续旅行，对软卧变硬卧，硬卧变硬座，软座变硬座等降低票价的要编写客运记录，作为旅客到站

退还差价的凭据;

(5)立即向本段汇报。

28. 因天气不良或其他原因造成始发列车晚点时的应急处理办法是什么?

答:雪天或暴雨天造成动车组列车晚点,动车组候车室(或专用候车区)要利用广播做好解释和疏导工作。对晚点列车时间较长的,要安排好旅客。

当晚点列车较多,动车组候车室(或专用候车区)放行有困难时,要组织专人带队到检票口放行,以确保动车组列车有序乘车。

由于特殊原因造成动车组列车停运时,要向旅客做好宣传解释,组织旅客办理退票手续。售票部门要提前准备好退票窗口和零钱,方便旅客在最短时间内办理退票手续。

车站广播室在列车晚点时,按照规定播放站长的道歉广播词。车站各部门要积极协调,为乘坐动车组列车的旅客提供信息。

29. 因事故影响或其他特殊情况造成动车组列车晚点时如何处理?

答:出站口要开全口疏导旅客出站,客运干部要重点盯控出站口,及时解决现场出现的问题。

对到达列车晚点,车站在接到上级通知和列车客运记录时,认真做好旅客退票组织工作,及时准确执行上级有关命令。

出现特殊情况时,要稳定旅客情绪,及时向上级领导部门汇报情况。

30. 动车组列车晚点行车组织预案是什么?

答:(1)动车组列车晚点,要逐级汇报。车站主管领导要亲自到达现场,加强组织。

(2)运转要主动与铁路局集团公司调度联系,摸清动车组列车晚点的情况。

(3)运转及时将动车组列车晚点详细情况,通报站长及主管站长,运转部门根据列车晚点情况,认真编制车站到发线运用调整计划,并将调整好的计划通知有关车间,做好向旅客公告的准备。

(4)根据晚点列车实际到达情况,进行运行调整,在符合技术作业的基础上,以最短的时间恢复动车组列车行车秩序。

31. 动车组列车发生旅客集体拒绝下车的应急处理办法是什么?

答:车站在接到因动车组列车晚点旅客集体拒绝下车的信息时,车站站长(副站长)及有关车间干部要立即赶到现场,了解情况,亲自指挥。立即组织部署客运、公安增加人员接车。

32. 发生突发紧急情况(火灾、爆炸)时的疏散方式是什么?

答:动车组候车室:由专人带队引导,迅速有序地撤离现场。

现场要将情况及时向车站汇报,以保证各级领导及公安段(所)采取必要的措施。

需要改变放行地点时,原检票地点要留一名客运职工坚守岗位,向旅客通报。

在组织旅客从新的检票地点进站时,各部位客运职工要服从统一指挥,保证旅客进站安全。

33. 动车组列车临时停靠低站台旅客乘降组织预案是什么?

答:车站应按动车组车门数量配备相应数量的木梯,梯面加装橡胶防滑垫,妥善保存以备应急。

车站运转室接到动车组进入低站台的通知后,应立即通知值班站长和客运广播室,广播室要加强与运转集中楼联系,确认动车组列车进入股道及停靠站台,并及时通知客运值班干部及有关作业人员。

接到通知后,车站值班干部、客运值班员、执勤民警及其他人员要做好接车前的各项准备工作,提前 20 min 上岗,到达指定位置。并巡视责任区范围内站台、线路有无闲杂车辆、物品、人员，做到清理及时。

客运接车人员上岗要携带便于旅客上下的木梯等备品，根据停车标，确定木梯放置位置，做好旅客乘降的准备工作。

检票口要做好对旅客的宣传组织工作，检票前告知旅客动车组即将停靠的站台，宣传低站台上车注意事项，检票后要有专人引导旅客到达指定站台。

34. 车站应如何对售票系统突发故障应急处理?

答:车站在遇到售票系统突然发生故障导致中断售票业务时，车站站长(副站长)要立即到达现场，负责指挥客运组织及故障处置工作，车站要利用各种渠道及方式，做好乘坐动车组旅客解释、疏导工作，指派专人在售票厅等旅客主要聚集地维持秩序。

车站立即开启应急动车组售票专用窗口，使用代用票发售当日各次动车组列车无座席位。根据售票及客流情况，可安排乘坐本局担当动车组的旅客直接上车补票。

车站安排专人负责及时通知当日本局担当的各次动车组列车长，通报车站售票系统故障及采取的相应措施。列车长接到通知后，立即到岗到位，与车站配合，确保旅客乘降安全，及时安排旅客办理动车组补票业务。

35. 旅客或行李物品跌落站台，如何处理?

答:旅客或行李物品跌落在站台与车体之间的缝隙时，列车乘务员(列车长、随车机械师)应立即通知司机和车站客运值班员，对旅客施救或使用专用工具取出行李物品。完毕后，按规定程序关门。如物品掉落站台，确认不危及列车安全时，可待列车出发后由车站处理。

36. 旅客与列车发生矛盾，在站拦截列车，如何处理?

答:立即汇报领导及公安部门;采取强硬措施劝阻旅客，保证列车正点;联系列车,配合公安处理此案。

37. 列车严重超员,旅客上不去车,如何处理?

答:车站要严格按票额售票,客运人员积极组织旅客上车,帮助列车员关好车门;对特殊情况的重点旅客,与列车长联系,安排适当口上车;利用广播做好宣传工作,稳定旅客情绪;注意旅客动态,防止列车启动时有人抓车;及时组织不能上车的旅客出站;妥善办理改签或退票手续。

38. 行包超量到达或大件多,造成卸不下或装不上,如何处理?

答:如接到卸车预报,应积极组织人员抢卸,确保列车安全正点;严格执行先卸后装或只卸不装,不得因抢装造成晚点;如在规定停点内不能全部卸下,征得列车同意,将货卸前方站,并联系适当列车返回。

39. 车站发现无人护送的精神异常者如何处理?

答:车站发现无人护送的精神异常者,应严禁乘车,对有人护送的应通知列车长,协助护送人员防止发生意外。

对列车上交下无人护送的精神异常者由车站客运、公安共同负责妥善处理,如继续乘车时,车站客运、公安共同派人护送至到站转地方处理,如无直通车时,送至第一个换车站,由换车站继续转送。

40. 车站有犯人乘车时如何处理?

答:押送犯人乘车时,车站和押送人员应与列车长联系,安排在列车一端,公安人员予以协助。

第十九部分　铁路交通事故调查处理

【导读】

本部分主要介绍了铁路交通事故的等级标准、事故调查、事故责任判定、事故认定等内容。通过本部分的学习，使客运人员在发生铁路交通事故时，对事故的等级、责任和应关注的重点事项有个大体的了解。

1. 事故有几个等级?

答：事故分为以下四个等级：

(1)特别重大事故。

(2)重大事故。

(3)较大事故。

(4)一般事故。

2. 哪些情形构成特别重大事故?

答：有下列情形之一的，为特别重大事故：

(1)造成 30 人以上死亡。

(2)造成 100 人以上重伤(包括急性工业中毒，下同)。

(3)造成 1 亿元以上直接经济损失。

(4)繁忙干线客运列车脱轨 18 辆以上并中断铁路行车 48 h 以上。

(5)繁忙干线货运列车脱轨 60 辆以上并中断铁路行车 48 h 以上。

3. 哪些情形构成重大事故?

答：有下列情形之一的，为重大事故：

(1)造成 10 人以上 30 人以下死亡。

(2)造成 50 人以上 100 人以下重伤。

(3)造成5 000万元以上1亿元以下直接经济损失。

(4)客运列车脱轨18辆以上。

(5)货运列车脱轨60辆以上。

(6)客运列车脱轨2辆以上18辆以下,并中断繁忙干线铁路行车24 h以上或者中断其他线路铁路行车48 h以上。

(7)货运列车脱轨6辆以上60辆以下,并中断繁忙干线铁路行车24 h以上或者中断其他线路铁路行车48 h以上。

4. 哪些情形构成较大事故?

答:有下列情形之一的,为较大事故:

(1)造成3人以上10人以下死亡。

(2)造成10人以上50人以下重伤。

(3)造成1 000万元以上5 000万元以下直接经济损失。

(4)客运列车脱轨2辆以上18辆以下。

(5)货运列车脱轨6辆以上60辆以下。

(6)中断繁忙干线铁路行车6 h以上。

(7)中断其他线路铁路行车10 h以上。

5. 一般事故如何分类?

答:一般事故分为:

(1)一般A类事故。

(2)一般B类事故。

(3)一般C类事故。

(4)一般D类事故。

6. 事故报告的主要内容是什么?

答:事故报告的主要内容:

(1)事故发生的时间、地点、区间(线名、公里、米)、线路条件、事故相关单位和人员。

(2)发生事故的列车种类、车次、机车型号、部位、牵引辆数、吨数、计长及运行速度。

(3)旅客人数,伤亡人数、性别、年龄以及救助情况,是否涉及境外人员伤亡。

(4)货物品名、装载情况,易燃、易爆等危险货物情况。

(5)机车车辆脱轨辆数、线路设备损坏程度等情况。

(6)对铁路行车的影响情况。

(7)事故原因的初步判断,事故发生后采取的措施及事故控制情况。

(8)应当立即报告的其他情况。

7. 事故调查组有哪些职责?

答:事故调查组履行下列职责:

(1)查明事故发生的经过、原因、人员伤亡情况及直接经济损失。

(2)认定事故的性质和事故责任。

(3)提出对事故责任者的处理建议。

(4)总结事故教训,提出防范和整改措施建议。

(5)提交事故调查报告。

8.《铁路交通事故调查报告》的内容是什么?

答:《铁路交通事故调查报告》应包括下列内容:

(1)事故概况。

(2)事故造成的人员伤亡和直接经济损失。

(3)事故发生的原因和事故性质。

(4)事故责任的认定以及对事故责任者的处理建议。

(5)事故防范和整改措施建议。

(6)与事故有关的证明材料。

9. 事故调查组向组织事故调查组的机关提交《铁路交通事故调查报告》有何期限?

答:事故调查组应在下列期限内向组织事故调查组的机关提

交《铁路交通事故调查报告》：

（1）特别重大事故的调查期限为60日。

（2）重大事故的调查期限为30日。

（3）较大事故的调查期限为20日。

（4）一般事故的调查期限为10日。

事故调查期限自事故发生之日起计算。

10.《铁路交通事故认定书》包括哪些内容？

答：《铁路交通事故认定书》应按照《铁路交通事故调查处理规则》规定的统一格式制作，内容包括：

（1）事故发生的原因和事故性质。

（2）事故造成的人员伤亡和直接经济损失。

（3）事故责任的认定。

（4）对有关责任单位及人员的处理决定或建议。

11. 事故如何分类？

答：事故分为：

（1）责任事故。

（2）非责任事故。

事故责任分为：

（1）全部责任。

（2）主要责任。

（3）重要责任。

（4）次要责任。

（5）同等责任。

12. 铁路机车车辆与行人、机动车、非机动车、牲畜及其他障碍物相撞造成事故如何判定责任？

答：（1）事故当事人违章通过平交道口或者人行过道，或者在铁路线路上行走、坐卧造成人身伤亡，定事故当事人责任。

(2)事故当事人逃逸或者有证据证明当事人故意破坏、伪造现场、毁坏证据,定事故当事人责任。

(3)事故当事人违反国家法律法规,有明显过失的,按过错的严重程度,分别承担责任。

第二十部分　铁路国际旅客联运

【导读】

本部分主要介绍了国际旅客联运的相关内容，包括参与国际旅客联运的国家、国际联运的乘车票据、国际联运客票的有效期、涉外旅客运输、国际联运的通用货币等相关知识。

1. 参加国际旅客联运的国家有哪些?

答:参加国际旅客联运的国家有:阿塞拜疆共和国、阿富汗伊斯兰共和国、阿尔巴尼亚共和国、白俄罗斯共和国、保加利亚共和国、越南社会主义共和国、格鲁吉亚共和国、哈萨克斯坦共和国、中华人民共和国、朝鲜民主主义人民共和国，拉脱维亚共和国，立陶宛共和国、摩尔多瓦共和国、蒙古国、波兰共和国、俄罗斯联邦、斯洛伐克共和国、土库曼斯坦、乌兹别克斯坦共和国、乌克兰、捷克共和国、爱沙尼亚共和国、吉尔吉斯共和国、塔吉克斯坦共和国共 24 个国家。

2. 国际联运的乘车票据由哪些收据组成?

答:乘车票据由客票以及下列情况时的卧铺票和/或补加费收据组成。

客票可按运送经路全程办理，也可按某一区段办理。

卧铺票用于乘坐卧铺车、座卧车，以及规定需预留席位的座席车，运输条件的变更由补加费收据予以证明。

客票和卧铺票可用一张空白乘车凭据办理。

3. 客票和补加费收据可乘坐哪些车厢?

答:客票和补加费收据用以乘坐以下车厢:

(1)一等车厢。

(2)二等车厢。

4. 客票和补加费收据应载有哪些主要事项?

答:客票和补加费收据应载有下列主要事项:

(1)发站和到站名称。

(2)运输合同规定的运行经路及接续承运人代号。

(3)车厢等级。

(4)人数。

(5)乘车票价。

(6)有效期。

(7)客票、补加费收据办理日期和地点。

(8)合同承运人(填发补加费收据的承运人)代号。

5. 卧铺票应载明有哪些主要事项?

答:卧铺票应载有下列主要事项:

(1)承运人代号。

(2)发站和到站名称。

(3)运行经路。

(4)发车日期和时分、车次、车厢号和铺位号。

(5)车厢等级和铺位种类。

(6)人数。

(7)卧铺票票价。

(8)卧铺票发售日期和地点。

(9)客车经营人代号。

6. 客票有效期有何规定?

答:客票有效期为 2 个月。

客票有效期起算日期规定如下：

(1)如无卧铺票或针孔(戳记)，自旅客表明并由合同承运人(售票处)在客票上标注之日起算。办理客票日期与客票有效期起算日期之间的间隔天数不得超出承运人规定的乘车票据预售期限。

(2)如册页票本中订有卧铺票或客票上有针孔(戳记)，自发送旅客当日起算。

7. 儿童乘车条件有何规定?

答:在乘坐非必须预留席位的车厢时，每名旅客有权免费携带不超过 4 周岁且不单独占用席位的儿童 1 名，单独占用席位的儿童必须购买儿童客票。

如果旅客携带不超过 4 周岁的儿童超过 1 名时，除 1 名儿童外，其他儿童均应购买儿童客票。1 名或数名 4～12 周岁的儿童乘车时，每名儿童必须购买儿童客票。

乘坐规定必须预留席位的车厢时，每名旅客有权免费携带不超过 4 周岁且不单独占用席位的儿童 1 名，占用席位的不超过 4 周岁的儿童必须购买卧铺票和儿童客票。

如果旅客携带不超过 4 周岁的儿童超过 1 名时，除 1 名儿童外，其他儿童均应购买儿童客票。1 名或数名 4～12 周岁的儿童乘车时，每名儿童必须购买卧铺票和儿童客票。

12 周岁以下的儿童在没有陪同的情况下不允许乘车。

在确定儿童乘车运费时，以乘车开始之日的儿童年龄为准。

8. 国际旅客联运中免费运送携带品有哪些规定?

答:免费运送携带品的总重量，对每张办理的客票，成人旅客不超过 36 kg，未满 12 周岁的儿童不得超过 1 5 kg。

如超出携带品规定标准的童车属于乘车儿童，以及活动受限人士辅助行动的必要设备，则允许免费运送。

多出的携带品，旅客应作为行李托运。

9. 国际旅客联运中禁止哪些物品按携带品运送？

答：(1)能损坏或弄脏车厢、给其他旅客或其携带品造成损害的物品。

(2)易燃品、易发火品、自燃品、爆炸品、放射性物质、毒害性和腐蚀性物品。

(3)装有弹药的武器。

(4)能引起感染或具有恶臭气味的物品。

(5)海关和其他规定禁止运送的物品。

(6)三个方向长度总和超过 200 cm 的大件物品。

10. 行李运送标准有何规定？

答：凭一张乘车票据托运的行李，总重量标准不得超过 100 kg，多名旅客凭一张客票乘车时，该标准按团体人数相应提高，承运外交行李，无重量限制。

一件行李的重量不得少于 5 kg 且不得超过 75 kg，并应能迅速和毫无困难地装入旅客列车的行李车内。

11. 哪些物品禁止按行李、包裹托运？

答：(1)易燃品、易发火品、自燃品、爆炸品、放射性物质、腐蚀性和毒害性物品、枪炮、弹药和其他能使其他旅客的行李或运送过程参加者受到损害的物品。

(2)能造成感染或具有恶臭气味的物品。

(3)动物。

(4)属于参加运送的承运人所在的任何一国邮政专运的物品。

(5)易腐产品。

12. 准许按包裹运送的物品有哪些?

答:在行李车中有空闲地方且对行李和包裹的运送不会产生损害的情况下,能迅速容易地装入并放置在行李车中的物品准许按包裹承运。

第二十一部分　卫生防疫及红十字应急抢救

【导读】

本部分以《铁路车站、旅客列车卫生监督管理办法》等相关规定为基础，包括站容卫生标准，车站卫生设施配备和保洁工作，供水卫生，候车、购票处所的环境卫生以及红十字应急抢救原则，现场心肺复苏等相关知识。

1. 站容卫生要达到什么标准？

答：(1)站容整洁，标志齐全，窗明地净，备品定位，清扫工具隐蔽。

(2)候车室应有防虫、防鼠设施并保持完好有效。按规定进行“消、杀、灭”蚊、蝇、蟑螂等病媒昆虫。

(3)候车室、站台、股道保持卫生清洁。

(4)因地制宜，绿化环境。

(5)卫生管理有制度，专人负责，定期考核。

(6)各服务处所应设置 垃圾桶并保持清洁。

(7)发布广告内容应符合《中华人民共和国广告法》的有关规定。广告设置规范安全，美观大方，与车站环境协调。不挤占规定的铁路图形标志、业务揭示、安全宣传等内容和位置，不影响站容站貌和车站应有的服务功能。

(8)旅客场所禁止吸烟，候车室(厅)应保持空气清新，有良好的防暑通风装置。

2. 车站饮食供应要达到什么卫生标准？

答：(1)卫生管理制度健全，有卫生许可证，从业人员有健康证，个人卫生合格，按规定着装，佩戴标志。

(2)严格执行《中华人民共和国食品安全法》。环境卫生整洁,餐、饮、茶具消毒合格,食品卫生达标。严禁出售无生产单位、日期、保质期和过期、变质食品。销售无包装直接食用食品有防蝇、防尘设施,不徒手接触食品。

3.《铁路车站、旅客列车卫生监督管理办法》对车站卫生设施配备和保洁工作有何要求?

答:车站应有相应的卫生设施,二等和二等以上的车站必须在适当处所设有一定数量的卫生设备设施,并做好经常性的保洁工作。车站垃圾应做到日产日清,严禁随意堆放。厕所应有通风、防蝇和洗手设备。车站的客车到发线路、站台要保持清洁卫生。

4.《铁路车站、旅客列车卫生监督管理办法》对车站供水卫生有何要求?

答:候车室要提供饮用水,公用水杯要一客一消毒,未经消毒的水杯不得供旅客使用。列车上水站必须按规章向旅客列车上水,上水胶管管口必须离开地面,并保持清洁。

5.《铁路车站、旅客列车卫生监督管理办法》对车站候车、购票处所的环境卫生有何要求?

答:执行候车室内禁止随地吐痰、禁止乱扔脏物及不吸烟候车室内禁止吸烟的规定。候车室、售票厅(处)的微小气候、空气质量、噪声、照明均要符合国家《公共交通等候卫生标准》,母婴候车室备有的玩具等要定期洗刷和消毒。

6. 什么是铁路突发公共卫生事件?

答:铁路突发公共卫生事件是指国内突然发生重大传染病疫情、群体性不明原因疾病,造成或者可能造成社会公共健康严重损害,并有借铁路传播的事件;铁路车站、列车发生 3 人以上集体性或者有死亡的食物中毒事件;铁路单位内部发生的 3 人以上集体性职业中毒、食物中毒、传染病暴发流行事件。

7. 红十字应急抢救原则是什么?

答:(1)沉着,心细,分清轻、重、缓、急;

(2)先处理危重病人,再处理轻伤病人;

(3)观察现场,确保自身安全;

(4)充分运用现场可支配的人力、物力。

8. 现场心肺复苏的目的是什么?

答:迅速建立有效的循环和呼吸恢复全身血氧供应防止加重脑缺氧促进脑功能的恢复挽救生命。

9. 现场心肺复苏操作步骤有哪些?

答:(1)判断意识:轻拍伤病者肩部、面部判断有无意识 。婴儿拍击足跟,掐合谷判断有无意识。

(2)呼吸:高声呼救,拨打急救电话 120。

(3)摆放仰卧体位:伤病者仰卧或侧卧,应翻转为仰卧在硬地面上。注意保护头颈部。

(4)抢救者体位:抢救者位于伤病者一侧,跪于伤病者肩腰部水平位。

(5)打开气道:抢救者一手置放于伤病者前额并下压,使头部后仰,另一手的食指中指放于伤病者下颌骨下方,将颈部向上抬起,帮助头部后仰。

(6)呼吸:抢救者采用仰头举颈法保持伤病者气道通畅,利用视、听、感觉方法 3~5 s,检查伤病者有无自主呼吸。

(7)循环:抢救者在 5~10 s 内用触摸颈动脉,颈动脉是否有搏动,判断伤病者有无心跳,婴儿触摸动脉。

(8)人工呼吸:保持气道开放,捏住伤病者的鼻孔,深吸一口气缓慢而持续地将气体吹入伤病者口中,每次吹气时间为 1~1.5 s,气量为 800 mL。

第二十二部分　旅客运输服务心理

【导读】

本部分就旅客运输过程中的心理需求做了探讨，介绍了八种不同类型的旅客心理需求，针对不同类型的旅客，客运人员的服务特点也不同。通过学习，读者可以大致了解不同的旅客心理活动，并针对此提供不同的服务。

1. 旅客的共性心理需求有哪些?

答：旅客的共性心理需求有：

(1)安全心理需求。

(2)顺畅心理需求。

(3)快捷心理需求。

(4)方便心理需求。

(5)经济心理需求。

(6)舒适心理需求。

(7)安静心理需求。

(8)被尊重心理需求。

2. 旅客的安全心理需求有哪些?

答：旅客乘车旅行最根本的心理需求就是安全的需要，它包括人身安全心理需求和财产安全心理需求两方面。

人身安全心理需求是指旅客不希望发生任何危及人身安全的意外事故，主要包括人身碰伤、挤伤、摔伤、烫伤等情况。

财产安全心理需求是指旅客希望旅行中所携带的财物、行李、文件资料等保持完整、不丢失或损坏。

3. 承运人应如何满足旅客的安全心理需求?

答:在旅客运输服务过程中,承运人应努力满足旅客旅行安全心理需求,这也是所有客运服务人员的首要工作。铁路运输部门应加强社会、铁路沿线、车站和列车的治安管理,从技术装备上提高运输载体的安全性,从安全管理上提高客运服务人员对不安全因素的预测和应急处理的能力,让旅客有足够的安全感。

4. 旅客的顺畅心理需求是指什么?

答:旅客的顺畅心理需求是指旅客希望旅行中的各个环节顺利、愉快。即从旅行开始,旅客希望顺利买到理想的车票,顺利检票上车,顺利找到自己的座位;到用餐时间,承运人能够提供经济、卫生、可口的食品;食用自带食品时,能够随时提供开水;列车在运行途中,因意外情况耽搁时,火车能正点到达终点;中转乘车时,有充裕的时间赶上换乘的列车等。这些都是旅客出门旅行的顺畅心理需求。

5. 承运人如何满足旅客的顺畅心理需求?

答:从旅客运输服务管理角度,应尽最大的努力满足旅客的需要。与此同时,承运人还要做好宣传工作。对旅客要有良好的服务态度,如不能满足旅客要求,要耐心解释。在旅客旅行的过程中,由于运输部门的原因而发生的延误,影响到旅客旅行的顺利进行时,旅客有权了解发生的原因,运输服务人员必须把事情的真相通告给旅客,让旅客对自己下一步的行为预先进行计划。

6. 旅客的快捷心理需求是指什么?

答:随着社会的发展,人们的时间观念发生了重大的变化,“快捷”成为旅客的一个主要要求。旅客希望缩短旅行时间,迅速到达目的地,既可以节约时间,同时又可以减少旅客的旅途疲劳。

7. 旅客的方便心理需求是指什么?

答:旅客的方便心理需求表现在购票、进出站、上下车以及中转乘车等方面的便捷性。“方便”要求减少旅行中的各种中间环节,达到“快捷”的目的。

8. 承运人如何满足旅客的方便心理需求?

答:为了适应旅客的方便心理,承运人可以采取以下一些措施:

(1)售票处多开售票窗口,减少旅客排队等候时间。

(2)延长售票时间,使旅客随时都能购票。

(3)妥善设置候车室、检票口、站内通道引导牌等,减少旅客进站上车的走行距离。

(4)列车上每节车厢保证开水及时供应等。满足旅客的方便心理要求,使旅客感到处处、事事、时时方便,节省时间,使事情顺利办成。

9. 旅客的经济心理需求是指什么?

答:旅客的经济心理需求是指旅行需要的满足程度与所付出的费用和时间相比较,旅客希望在旅行需求满足的前提下所付出的费用和时间最少。

10. 旅客的舒适心理需求是指什么?

答:旅客的舒适心理需求是指旅客对乘车环境、文化娱乐、饮食、休息睡眠等要求。这种需要的强度和水平受多种因素影响,旅行时间的长短往往起决定作用,时间越长,舒适性越差。

11. 旅客的安静心理需求是指什么?

答:旅客的安静心理需求是指旅客在旅行时,希望环境保持安静,减少喧哗。从而保持内心平静,情绪稳定。

12. 承运人如何满足旅客的安静心理需求?

答:要保持旅客旅行中安静环境,一方面旅客本身要约束自己,不要大声说话、喝酒猜拳、来回走动等。另一方面客运服务人员有责任加强对乘车环境的管理,制止不利于安静的事件,避免旅客大声喧哗、吵闹,更要避免与旅客发生口角、争吵,影响旅客休息。

13. 旅客的尊重心理需求是指什么?

答:旅客的尊重心理需求是指旅客希望自己的人格、习俗、信仰、愿望、要求受到客运服务人员的尊重,希望看到热情的笑脸,听到友善的话语。一旦人格受到屈辱,自尊心受到伤害,便会产生反感,甚至可能导致双方的冲突。

14. 如何为急躁型旅客服务?

答:急躁型旅客对人热情、感情外露、说话直率而快、言谈中表现自信,这种类型的旅客容易激动,喜欢与人争论问题,而且力求争赢。对服务的评价易走极端。在旅行中比较粗心,经常丢东西。

客运人员在服务工作中,言谈应注意谦让,不要激怒此种类型的旅客,不要计较他们的冲动言语,一旦出现矛盾,应尽量回避。随时提醒他们别乱扔、乱放和乱丢东西。

15. 如何为活泼型旅客服务?

答:活泼型旅客表现活泼好动、反应快、理解力强、聪明伶俐、动作敏捷、灵活多变。旅行中对人热情大方,喜欢与人交往、聊天,喜欢打听各种新闻。他们情感外露,并且变化多端,经常处于愉快的心境之中。

客运人员在对活泼型旅客进行服务时,尽量满足他们爱交往、爱讲话的特点。主动向他们介绍站车设施及娱乐场所,以及各地风光和特产,以满足他们喜欢活动的心理。

16. 如何为稳重型旅客服务?

答:稳重型旅客表现安静,喜欢清静的环境。很少主动与人交往,情感很少外露,客运服务人员猜不透他们想什么或者需要什么。但稳重型旅客自制能力很强,做事不慌不忙,力求稳妥,生活有固定的规律,很少打扰别人。他们反应慢,希望别人讲话慢些或重复几次，自己讲话也慢条斯理，显得深思熟虑。他们的注意力比较稳定，对新环境不易适应，一旦适应就会对乘坐过的列车或打过交道的服务人员产生留恋之感。

客运人员在服务工作中，对稳重型旅客介绍或交代事情时，应当注意讲话的速度，重点事件适当重复一下。

17. 如何为忧郁型旅客服务？

答：忧郁型旅客感情很少向外流露，心里有事一般不愿意对别人讲，旅行中性情孤僻、不合群、沉默寡言、不喜欢在公共场合与人聊天。这类旅客在遇到困难或挫折时，会表现得非常痛苦，行动迟缓、反应慢。

客运人员在服务工作中，应当对他们讲话清楚明了，和蔼可亲，尽量少在他们面前谈话，以免产生误会和猜疑。当他们遗失物品时，应当特别关心和给予帮助，想办法安慰他们，使之感到温暖。

18. 如何为老年旅客服务？

答：老年旅客活动不灵活，体力差，喜静不喜动。旅行要求不高，不希望给客运服务人员添麻烦。

老年旅客是客运服务人员的重点服务对象，在服务中要为他们提供方便，多给予照顾。

19. 如何为中年旅客服务？

答：中年旅客占旅客流量的比重较大。中年旅客比老年旅客行动灵活，比青年旅客稳重。

客运人员在满足中年旅客需要的同时，应虚心向中年旅客请教，接受他们对客运工作提出的意见和建议，以此改进服务方式，提高服务质量。

20. 如何为青年旅客服务？

答：青年旅客指青少年、儿童旅客。他们乘车的好奇心强，非常活跃,喜欢说笑、娱乐、热闹,喜欢下车散步买东西。

客运服务人员应做好提醒工作,以免他们中途下车造成漏乘,或者说笑、娱乐时影响其他旅客。

21. 旅客群体有什么特点?

答:(1)松散大群体。旅客群体没有形成统一的规范制约他们的行为,在这一群体中,人们受到社会舆论、道德和观念的制约,起作用的是公平感和正义感。

(2)紧密小群体。在旅客大群体中存在一些相识或结伴同行的小群体。他们有一定的思想交流,情感较深。因此,当他们其中的一位与其他旅客或与客运服务人员发生摩擦时,他们更加表现态度与行为的一致性。

22. 如何为群体旅客服务?

答:(1)加强对紧密小群体的关注。他们有相同的旅行目的、相同的言行,旅客小群体同行、同住、同食。因此,加强团体售票、团体候车、团体上车的工作,尽量使小群体成员在站、车内都能在一起;避免与小群体内部人员发生争执。

当旅客提出不合理的要求时,客运服务人员尽可能和蔼、礼貌的给予解释和说明;在遇到严重问题时,在公正而讲道理的基础,给予严肃处理。尽量把他们与其他旅客分开,一方面可以避免对其他旅客产生不良影响,另一方面可以使问题得以有效处理。

(2)用亲切、和蔼、礼貌的态度为大群体服务。大群体的一致行为往往是在旅客之间或者旅客与客运服务人员之间发生冲突时产生。

客运服务人员应以亲切、和蔼、礼貌的态度为旅客营造轻松、愉快的乘车环境,避免冲突的发生。

23. 如何掌握旅客的心理活动?

答:(1)从旅客的外貌、形象和动作,可以识别性别、大体上的年岁、身体是否有重病或残疾、性格是否爱动、是本地人还是外籍旅客等。

(2)从旅客的车票票面可以识别是长途还是短途、始发还是中转、买票还是持公用乘车证等。

(3)从观察旅客的表情、神态、可以分析判断其心理活动。急切的旅客坐立不安,心慌意乱;忧郁的旅客愁眉苦脸,闷闷不乐;逃票旅客精神紧张,回避工作人员等。

(4)通过接触、交谈,可以听出旅客来自哪里,旅客性格、情绪以及对铁路工作的意见和要求。

24. 旅客投诉的原因有哪些?

答:旅客投诉涉及因素较多,如对旅客不尊重、态度不好、工作不负责、车上食品价格高、设施不配套、服务项目种类少等。但大致可分为客观原因和主观原因。

(1)客观原因。

①设施设备不完善引起的不方便;

②设施设备损坏无法使用;

③非铁路责任造成的事件,如自然灾害造成的列车晚点或运输阻碍等。

(2)主观原因。主要集中在服务质量、服务态度、服务方式、服务技巧等方面。

25. 旅客投诉心理现象有哪些?

答:(1)求尊重的心理。旅客投诉之后希望别人认同他的投诉,希望得到同情、帮助、尊重,希望客运服务人员重视他的意见,并立即采取相应的措施。

(2)求发泄的心理。旅客在碰到烦恼的事情,或是被讽刺挖苦、辱骂之后,心理充满怨气与怒火,想利用投诉的机会发泄出来,以维持他们的心理平衡。

(3)求补偿的心理。旅客受到一定的损失,希望能得到物质或精神的补偿,这是普遍的心理。

(4)求公平的心理。根据“公平理论”旅客花了钱却没获得相应的利益,如价格不合理,服务设施不完善,服务不到位等,就会寻找一种公平的机会来满足自己的心理。

26. 残疾人的共同心理特征是什么?

答:(1)孤独心理。这是残疾人普遍存在的一种情感体验。残疾人在生理或心理上有某种缺陷,活动场所太少,交流对象有限,久而久之就会产生孤独感,随着年龄的增长,孤独的体验会日益增强。

(2)自卑感。残疾人心理或生理上的缺陷时他们在学习、生活和就业方面会遇到诸多困难,如果他们从亲属及其他社会关系中得到足够的支持和帮助,甚至遭到厌弃或受到歧视,就会产生自卑心理。

(3)敏感。残疾状态会导致残疾人过多地注意别人对自己的态度,并且极为敏感,尤其是别人对自己带有贬义的、不恰当的称呼。如果有人做出有损于他们自尊心的事情,他们往往难以忍受会当即流露出愤怒情绪或采取自卫的手段加以报复。

(4)情绪反应强且不稳定。这种特点在许多残疾人身上都相当突出。如聋哑人情绪反应强烈,且多表现于外,容易与别人发生冲突;盲人情绪反应多隐藏于内心,虽然情感体验很激烈,但情绪表现却不十分明显,而且爆发性情感较少。

(5)富有同情心。残疾人对自己的同类有特别深厚的同情心,与不是同类的人却很少交流。

27. 如何为残疾人服务?

答:(1)完善服务设施设备。车站应设重点旅客售票窗口、候车室;凡是为重点旅客服务的场所,应设立规范、明显的标志。

(2)完善服务作业程序。车站应优先满足重点旅客购票。对重点旅客应当优先检票进站。列车上发现重点旅客,应优先安排席位,列车超员可安排到餐厅就座。列车员应主动提供服务,重点照顾。

第二十三部分　客运相关文电

【导读】

“本部分主要对《铁路行包运输管理办法》《高铁快运业务管理办法》《旅客列车给水工作管理办法》等文件与客运业务相关的重点内容进行分析、讲解。”

1.《高铁快运业务管理办法》(铁总运〔2016〕220 号)**对高铁快运如何定义?**

答:高铁快运,全称高铁快运包裹,是指铁路企业依托但不限于利用高铁列车(含确认列车)等运输资源,为客户提供的小件物品全程运送服务。

高铁快运作为新服务类型纳入铁路包裹业务范畴,由快运公司作为高铁快运业务经营主体对外经营,经铁路运输时向铁路局办理托运手续。

2. 办理高铁快运业务的车站应满足哪些条件?

答:(1)高铁车站应提供高铁快运运输生 产基本服务设施。作业场地应满足高铁快运集散分拣、装卸作业、物品和集装容器暂存等作业要求,位置应选择方便、快捷进出车站和站台的地点。直辖市、省会城市和计划单列市高铁车站作业场地面积原则上应不小于 150 m^2,其他车站原则上面积不小于 50 m^2。

(2)高铁车站应提供运送高铁快运物品车辆停放场地,指定高铁快运物品进出车站、站台通道和安检通道。

在具备条件的车站,快运公司可在进站口外设置高铁快运业务办理点;条件困难的车站,可在候车区域设置高铁快运业务办理点。

3. 办理高铁快运业务的列车应满足哪些条件?

答:(1)选用的列车应满足高铁快运产品的时效要求。

(2)原则上所有列车均允许装运高铁快运集装件。遇执行专运警卫任务时,由任务担当局专运办通知高铁快运作业相关单位和部门,任务列车及其待用车底全程停办高铁快运业务。遇其他特殊情况需要临时停装时,由发送局以调度命令方式下达。

4. 哪些物品不能办理高铁快运?

答:快运公司应对外公布高铁快运的办理范围,以下物品不能办理高铁快运:

(1)法律法规规定禁止或 限制运输的物品;

(2)危险品及承运人不能判明性质的化工产品;

(3)动物、有异常气味及妨碍公共卫生的物品;

(4)可能损坏或污染车辆的物品;

(5)其他不符合高铁快运装载条件的物品。

5. 行包运输业务标签费、装卸费如何核收?

答:标签费、装卸费等由发站以行李票、包裹票核收,在票据"保价费"一栏下方打印"杂项计",并在记事栏内分项注明费目和金额;到站产生的保管费、搬运费等使用客运运价杂费收据核收。

6.《铁路行包运输管理办法》(铁总运〔2016〕259 号)**规定行包运输组织原则是什么?**

答:车站应当根据行包运输方案编制装车计划,按照"先行李、后包裹,先中转、后始发,快运包裹优先"的原则,经济、合理、均衡地组织行包运输。

7. 超重包裹办理范围是什么?

答:超重包裹办理范围如下:

(1)到站为列车终到站时。单件包裹最大重量不得超过 300 kg;200 kg 及以内的超重包裹每趟列车最多不超过 3 件,201 kg 及以上的超重包裹限在列车始发、终到站间办理，且每趟列车限装1件。

（2）到站为列车中途停站时。列车站停时间在10 min及以上时，单件超重包裹的最大重量不得超过150 kg，每个到站、每趟列车限装1件；列车站停时间在5 min以上10 min以下时，单件超重包裹的最大重量不得超过100 kg，每个到站、每趟列车限装1件；列车停站时间在5 min及以下时，不办理超重包裹。

超过上述范围的超重包裹，由发送铁路局向国铁集团申请。以上规定也适用于符合条件的中转超重货物运输。

对100 kg及以内的超重包裹，车站按照“敞开受理，先承运后请令”的原则办理承运手续。

8.《关于加强行包装卸作业管理的通知》（运营专业电〔2013〕2659号）**对行包装卸车作业有何要求？**

答：装卸车时应执行先卸后装，卸车时发现有损坏或异状的货件时，应直接落地检查确认后，方可上拖车运输。装车时装车人员要听从列车行李员的指挥，分方向按站顺装车，做到“报站唱数”，装一站报一站，装一件唱一件。装卸车后，应检查站台、车底下，确认无遗落货物。

9. 搬运、装卸行包有何要求？

答：装卸人员在搬运、装卸货物时要坚持做到：双手稳拿、弯腰轻放，禁止砸、摔、抛、掷货物；拆解货垛时应自上而下搬运，禁止从底部将货垛推倒或抽芯使货垛坍塌后搬运。在装卸重件货物或大件货物时应适当调配装卸力量，要有专人指挥、防护，实行呼唤应答，抬搬货物及落地时，须喊号一齐动作防止碰伤和砸伤手脚。

10. 行包作业使用拖车有何要求？

答：使用拖车时，拖挂车数量重车不超过4辆，空车不超过5辆，在条件困难区域作业时，应适当减少拖挂车数量，具体数量由各铁路局集团公司根据车站实际情况确定。使用拖车搬运货物时，堆码行包不超高、不超载、不超宽，四周护栏拖车应保持侧护栏锁闭，前后护栏拖车以及四周护栏拖车装载货物重心高于护栏顶端时，货物应加盖防护网(绳)，确保货物运输途中不掉落。

11. 行包牵引车、叉车在站台作业有何要求?

答:牵引车、叉车在站台作业必须执行“五严禁”:

(1)严禁牵引车在站台内行驶速度超过 10 km/n。

(2)严禁牵引车在站台同侧有列车运行时行驶。

(3)严禁在装卸车作业时以牵引车、叉车代替人力将拖车靠近行李车。

(4)严禁牵引车在行驶时摘挂拖车。

(5)严禁牵引车在坡道停留时司机离开驾驶室。

进入站台的装卸机具不得影响旅客乘降，不得堵塞通道;停放时，应在安全线内定位顺向摆放，并采取制动措施，严禁垂直线路方向停放。

通过平过道时，必须严格执行“一停、二看、三引导、四通过”制度，牵引车在进入平过道前必须一度停车，由专人进行瞭望并引导通过;牵引车严禁在运行的机车车辆前抢行;在平过道上，司机不得离开驾驶室，不准熄火灭灯等候，不准摘挂拖车;严禁两台牵引车并排行驶或逆向交叉通过平过道;行包装卸人员严禁站在拖车上，必须下车步行通过;牵引车牵引重拖车通过时应有人防护。

12.《关于明确退票改签收费有关事项的通知》(铁客〔2021〕15 号)**对退票费收费标准有何规定?**

答:退票费按如下梯次标准核收:距票面乘车站开车前 8 天以上(含本数，下同)的不收退票费;开车前 48 h 以上、不足 8 天的，按票面价格5%计；开车前24 h以上、不足48 h的，按票面价格10%计；开车前不足24 h的，按票面价格20%计。

距票面乘车站开车前48 h以上、不足8天的车票，改签或变更到站至开车前8天以上的列车，又在距开车前8天以上退票的，核收5%的退票费。

改签后的车票乘车日期在春运期间的，退票费按开车前不足24 h标准核收。

退票费以5角为单位，尾数小于2.5角的舍去、2.5角以上且小于7.5角的计为5角、7.5角以上的进为1元。

退票费最低按2元计收，当车票票面价格不足2元时按票面价格计收。

13.《关于实行“变更到站”服务有关事项的通知》(铁总运电〔2015〕108号)**中“变更到站”如何定义?**

答:“变更到站”服务，即旅客购票后，可根据行程变化，重新选择新的目的地，在车票预售期内变更到站及乘车日期、车次、席位。

14.“变更到站”有何条件?

答:在原车票开车前48 h以上，旅客可任意选择有余票的列车。已取得纸质车票的，可在车站指定售票窗口办理；未换取纸质车票的，也可在12306网站办理。

15.“变更到站”如何办理?

答:理“变更到站”不收取手续费。

“变更到站”只办理一次。已经办理“变更到站”的车票，不再办理改签。对已改签车票、团体票及通票暂不提供此项服务。

办理“变更到站”时，新车票票价高于原车票的，补收差额；新车票票价低于原车票的，退还差额，对差额部分核收退票费并执行现行退票费标准。

16. 办理“车票改签”如何计算票价?

答:办理“车票改签”时(即到站不变),新车票票价高于原车票的,补收差额;新车票票价低于原车票的,退还差额,同样对差额部分核收退票费并执行现行退票费标准。

17.《关于重新确定动车组车厢地面标识的通知》(运营客管电〔2014〕1034 号)**对动车组车厢标识位置有何规定?**

答:车站应根据动车组停车标位置、停靠动车组编组长短、正反向运行等情况,按照“突出主要车型、实行后上前下”的原则设置各车厢位置指示标识。运行车型较多的线路,按主要车型对应车厢后门、其他车型在本车厢对应区域尽量靠近后门来设置车厢位置指示标识;仅停靠始发动车组列车的站台可不设置车厢位置指示标识。

18. 动车组车厢标识颜色有何规定?

答:(1)大编组或重联动车组停靠时,采用橘黄底黑字(R255,G160,B0)标识指示车厢停靠位置;短编组动车组停靠时,采用蓝底白字(R0,G0,B255)标识指示车厢停靠位置。

(2)若站内有反编组动车组运行时,可增加绿底黑字(R0,G180,B50)标识指示大编组或重联动车组车厢停靠位置,紫底白字(R150,G50,B100)标识指示短编组动车组车厢停靠位置。

(3)对于运行车型较多的车站,各铁路局集团公司可以根据实际按照规定样式,增加其他旅客容易辨别的颜色。

(4)所有字符采用反光材料,增强旅客辨识度。

19. 动车组列车上水、吸污有何原则?

答:(1)动车组列车单程运行时间 10～14 h 的,途中安排重点车厢上水 1 次,具体方案如下:

①16 辆编组的,安排紧邻餐车的前部 2 辆、后部 2 辆车厢上水;

②8 辆编组及重联的，每组安排紧邻餐车的前部 1 辆、后部 1 辆车厢上水；

③部分车型紧邻餐车车厢没有厕所的，向临近车厢顺延。

(2)动车组列车单程运行时间在 14 h 以上的，途中(运行 7 h 前后)安排 1 次全列上水。

(3)动车组车底连续套跑 10 h 以上的，中间(运行 6 h 前后)安排 1 次折返站全列上水。

(4)动车组上水的同时安排吸污作业，吸污车站、车厢数与上水作业相同。

(5)动车组列车途中上水、吸污作业停站时间 6 min。

20.《旅客列车给水工作管理办法》(铁总运〔2014〕224 号)**对旅客列车给水站给水设备的能力有何要求?**

答：旅客列车给水站给水设备的能力，应满足同一时间最高聚集旅客列车列数的给水需要。

(1)水井数量应满足图定旅客列车最大编组需要。设置水井间距以 25 m 为宜。

(2)给水量较大的车站还应配置一井双栓(仅停靠动车组列车线路一井一栓)，一栓一管。

(3)旅客列车给水站的水栓应设置检查井。

(4)给水管路的适当位置设置水表。

(5)根据需要设置防寒设施。

21. 普速旅客列车给水原则是什么?

答：(1)始发应保证辆辆满水。

(2)原则上每运行 5～6 h 应满水一次，每运行 3～4 h 应补水一次。夜间运行(23:00～4:00)的旅客列车可根据实际需要，酌情延长给水间隔时间。

(3)在给水站停时 8 min 及以上的应全列辆辆满水；停时 6～

8 min的应全列辆辆补水；停时 4～5 min 的，座、卧车隔 2 辆补水 2 辆，餐车应补水；停时 3 min 及以下的，不安排给水作业。在给水车厢总数不变的前提下，非空调列车应优先安排装备茶炉设施的车厢给水。

（4）早点或晚点的旅客列车在途中给水站实际停留时间 8 min 及以上、6～8 min、4～5 min 时，按第（2）、（3）款规定增加给水作业。

（5）XL、UZ、KD 等非载客车辆途中不上水。

（6）临时旅客列车和旅游列车按第（2）、第（3）款规定执行，管内旅客列车由各铁路运输企业自定。

22. 车站给水作业程序是什么？

答：（1）提前。必须提前上岗（列车停留的到发线不邻靠正线的，客车给水人员应提前下股道到线间指定位置接车，具体时间由铁路运输企业自定），检查给水设备，清理股道中的障碍物和闲杂人员，做好给水准备工作。紧邻高速铁路（客运专线）正线且无隔离的到发线不得安排上水作业。

（2）接车。在规定地点目迎列车进站，列车停稳，迅速作业。

（3）给水。人定岗、岗定栓、栓定车，落实岗位职责。

（4）整理。作业完毕，做到水阀关闭，水管拔下、摆放整齐。

（5）报告。作业完毕后，通过对讲机向客运值班员（客运员、站务员）报告：“××次上水作业完毕”，客运值班员（客运员、站务员）应答：“××次上水作业完毕，客运值班员（客运员、站务员）明白”。

23. 关于限制携带自行车进站上车的公告内容是什么？

答：根据广大旅客反映少数人携带自行车进站上车，挤占站车公共空间，妨碍旅客通行以及由此造成多起旅客，特别是儿童旅客意外伤害事件的实际情况，为确保广大旅客乘车安全，切实保障绝大多数旅客的合法权益，落实好国家关于做好安全生产和人员密集场所安全管理工作的要求，现公告如下：

(1)根据有关规定和铁路旅客《乘车须知》(见车票背面)，旅客携带品长、宽、高之和不得超过160 cm，乘坐动车组列车不得超过130 cm。请您不要携带超过规定尺寸的自行车进站乘车，超过规定的应办理托运。

(2)携带允许尺寸范围内的自行车，请使用纸箱等硬质包装物妥善包装完整，且在车站内和列车上不要拆卸包装，以免运输过程中对旅客造成意外伤害。

(3)请您将包装好的自行车妥善放置在大件行李处、座椅铺位下部或列车工作人员指定处。不要放在过道、洗脸间、车门口及车厢连接处，以免影响旅客通行或应急疏散；也不要放在行李架上，以免坠落砸伤旅客。

为了维护良好乘车环境，请广大旅客给予理解、支持和配合。

24. 在列车运行途中发现客车车窗(门)玻璃破损后如何处理？

答：列车工作人员在列车运行途中发现客车车窗(门)玻璃破损后，要立即将发现时间、运行区间、运行方向的左/右侧及破损情况报车辆乘务员(随车机械师)及列车长、乘警。车辆乘务员须确认破损玻璃有无脱落危险，若破损玻璃位于交会侧(含折角运行后)，且存在脱落风险的，须在前方站停车处理。对暂无脱落风险的，列车员要注意观察变化情况，有异常时及时通知车辆乘务员确认。

25. 在列车运行途中发现客车车窗(门)玻璃破损后通报程序如何规定？

答：对需要在前方站停车处理的，由车辆乘务员按以下规范用语向司机报告：“××次司机，机后×位运行方向×侧车窗玻璃破损，请求在前方停车处理。”对不需要停车处理的，由车辆乘务员按以下规范用语向司机报告：“××次司机，机后×位运行方向

×侧车窗玻璃破损，观察运行”。

动车组列车车窗玻璃破损影响车厢气密性时，随车机械师要立即通知司机限速 160 km/h 运行，规范用语为“××次动车组司机，×号车车窗玻璃破损，请求限速 160 km/h 运行”，司机接到随车机械师要求限速运行时，要严格控诉运行，并及时报告列车调度员；在具备条件的车站更换车底。

司机接到通知后要立即报告车站值班员或列车调度员，车站值班员要立即报列车调度员，由列车调度员填报“安监报—1”，并立即向值班主任报告，值班主任要立即通知安监、公安等部门。车辆乘务员（随车机械师）、列车长、乘警要分别向所属单位汇报，由所属单位逐级上报，动车组随车机械师还须向发生地铁路局集团公司动车调度员报告。

机车车窗（门）玻璃破损时，由司机直接向车站值班员或列车调度员报告。

26. 在列车运行途中发现客车车窗（门）玻璃破损，停车后如何处理？

答：列车调度员接到普速旅客列车司机请求停车的报告后，要立即安排列车在前方车站侧线停车，并安排破损车窗侧停靠站台。仅为外层玻璃破损时，车辆乘务员负责将破损玻璃全部清除；内外层玻璃均破损时，车辆乘务员要清除内外层破损玻璃，并采取木板封堵等安全措施。前方停靠站为低站台时，车站要提供稳固的登高工具，并协助处理。处理结束后，车辆乘务员要及时报告司机，司机接到通知后，立即报告车站值班员或列车调度员。

27. 在列车运行途中发现客车车窗（门）玻璃破损后，终到处理如何规定？

答：普速旅客列车终到后，车辆乘务员要在站折开行前，对途中未经处理的破损玻璃进行清除；对本属入库列车车窗玻璃及时更换处理；对折返入库列车由配属局与折返局商定车窗玻璃更换事宜。动车组旅客列车单层玻璃破损时，在本属终到入库后对破损车窗玻璃更换处理。

28. 铁路客运各单位对特殊重点旅客服务及视力残疾旅客携带导盲犬购票乘车服务工作有何要求？

答：(1)旅客在车站售票窗口购票、提出携带导盲犬进站乘车的需求时，售票人员要按照《关于做好铁路残疾人旅客专用票额车票发售工作的通知》(铁办运〔2011〕62 号)等有关规定，对符合条件的旅客发售残疾人旅客专用票额车票；对在开车前 24 h 之内购票的旅客，在发售车票后，应及时将旅客车票、乘车等信息通知客运车间、服务台等后续环节服务部门，以便提前准备、做好相应服务工作。

(2)铁路客服中心受理旅客电话时，按照特殊重点旅客预约服务有关要求，及时记录并流转有关信息。相关站、车要及时接收，并提前组织做好服务准备工作。

(3)站车工作人员发现携带导盲犬进站乘车的视力残疾旅客时，要按照特殊重点旅客服务有关要求，了解旅客需求，提供相应服务，及时将有关信息通知后续环节服务单位，办理站车交接，努力做好全流程服务。

29. 对携带导盲犬进站乘车的视力残疾旅客，需核验旅客本人哪些信息和证件？

(1)导盲犬须与视力残疾旅客同行，各类证件均载有视力残疾人旅客姓名、住址等信息，须相互一致。

(2)《中华人民共和国残疾人证》为全国统一样式，视力残疾人证的封皮为红色，内页“残疾类别”栏标明“视力残疾”。

(3)目前，导盲犬工作证、动物健康免疫证明的名称、样式可能不同(图 23-1～图 23-6)，但要注意：

①导盲犬工作证或使用证上须有公安部门或残联的公章(附件工作证需增加);

②检疫部门出具的免疫证明或记录,标明出具证明或检疫的时间。

图 23-1　导盲犬工作证(正面)

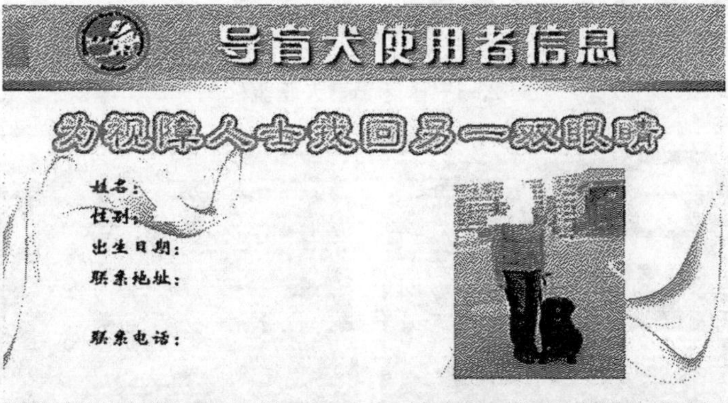

图 23-2　导盲犬工作证(背面)

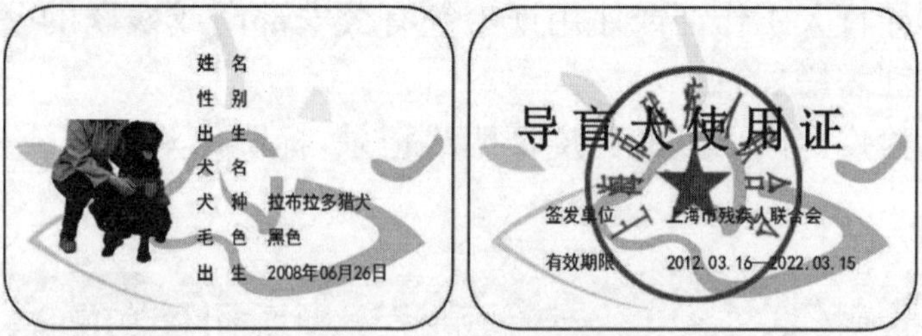

图 23-3　导盲犬使用证

图 23-4　国际导盲犬联盟标识

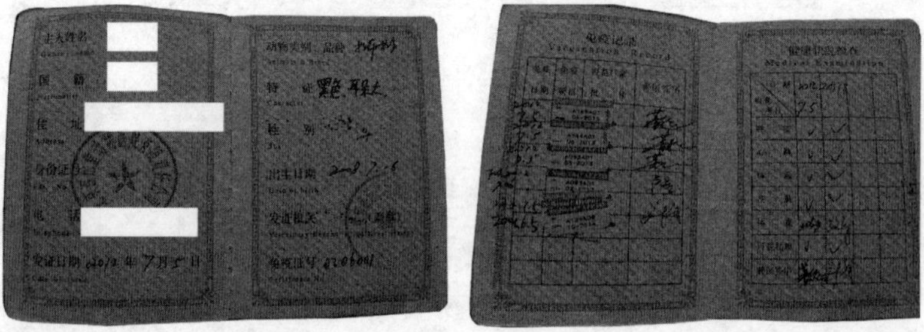

图 23-5　免疫证明(北京)

图 23-6　免疫证明(上海)

(4)非中华人民共和国公民没有《中华人民共和国残疾人证》,但应持有导盲犬工作证、动物健康免疫证明等相关证件。由于外文难以识别,现场核验时主要看:

①有相关证件;

②相关证件上带有国际导盲犬联盟标识。

30. 对导盲犬候车、乘车期间,有何要求?

答:应由旅客本人或同行成年人负责照看导盲犬及照顾导盲犬吃、喝、排泄。现场工作人员可提供其他帮助,但不宜提供喂食、收集排泄物等服务;对周边旅客,也可做一些请勿触摸、抚弄、逗玩等适当的提醒。

参考文献

[1] 中华人民共和国铁道部．铁路旅客运输规程[M]. 北京：中国铁道出版社，2010.

[2] 中华人民共和国铁道部．铁路旅客运输办理细则[M]. 北京：中国铁道出版社，2010.

[3] 中华人民共和国铁道部．铁路客运运价规则[M]. 北京：中国铁道出版社有限公司，2021.

[4] 中华人民共和国铁道部．铁路旅客运输管理规则[M]. 北京：中国铁道出版社，1995.

[5] 中华人民共和国铁道部．中国铁路运输收入管理规定[M]. 北京：中国铁道出版社有限公司，2020.

[6] 中国铁路总公司．铁路旅客运输服务质量规范(车站部分). 北京：中国铁道出版社，2018.

[7] 中国铁路总公司．铁路旅客运输服务质量规范(列车部分). 北京：中国铁道出版社，2018.

[8] 中国铁路总公司．铁路技术管理规程(普速铁路部分). 北京：中国铁道出版社，2018.

[9] 中国铁路总公司．铁路技术管理规程(高速铁路部分). 北京：中国铁道出版社，2018.